科学禅定

高月明 著

图书在版编目(CIP)数据

科学禅定/高月明著. —郑州:河南人民出版社,
2010. 6(2014.4 重印)
ISBN 978-7-215-07250-3

Ⅰ.①科… Ⅱ.①高… Ⅲ.①禅宗—研究 Ⅳ.
①B946. 5

中国版本图书馆 CIP 数据核字(2010)第 124051 号

河南人民出版社出版发行
(地址:郑州市经五路 66 号 邮政编码:450002 电话:65788060)
新华书店经销 河南省瑞光印务股份有限公司印刷
开本 660 毫米×960 毫米 1/16 印张 19
字数 320 千字 印数 1-10000 册
2010 年 6 月第 1 版 2014 年 4 月第 3 次印刷

定价:198.00 元

前　　言

健康　禅定

当代生命科学、医学研究指出：一个人能够从疾病中康复，90%依靠人体本身自有的“自我痊愈机能”（包括“免疫力”在内的人体生命机能）的正常发挥，剩下10%才是药物的作用。今天的科学家们预言：“未来把人体放在一个免除外界干扰的容器中，大脑将会自动发挥应有的生命机能进而治愈一切疾病。”也就是说，大脑控制着人体的一切生命机能。大脑——“心灵”拥有对生命机能控制的无限潜能。因此，只要你拥有强劲的“心灵力量”，就可以激发生命机能进而获得健康。那么有什么可实际操作的、获得心灵力量的科学方法吗?

经过两千多年的无数圣贤智者和高僧大德们的实修证实：如同通过挺举哑铃的体育运动就可以获得肌肉力量一样，佛学中的“禅定”是获得“心灵力量”最科学、最切实有效的“心育运动”的锻炼方法。

我曾身患三种严重疾病（急性脑膜炎、双侧股骨头坏死、乙肝大三阳），直面多次死亡的绝境，以今天最前沿的生命科学为利器，在彻底清除和走出自古人们在修习禅定上的诸多障碍和误区后，通过科学实践、亲身体证，掌握了获得禅定力量的科学方法。

对于修入禅定，我以科学实践、实修禅定为基础，从自古以来修习禅定的众多法门中，精炼和萃取出禅定的“核心秘诀”，力图以非常清晰的方式，向世人指出修入禅定的科学捷径。

对于获得健康，本书主旨在于通过科学认识和训练禅定，进而获得禅定力量——即强大的心灵力量，在生命科学的框架下运用这种力量，激发人体自我痊愈机能的超强发挥，进而服务于人类的生命健康。这种通过心灵力量获得健康的心身健康方法，与现代医学、医药对疾病的治疗相辅相成，是治愈严重疾病、挽救生命的最佳配合手段。

悟道　实相

自远古有文化记载以来，人类一直在追问的终极奥秘是："我是谁？宇宙中为什么会有我的存在？生命的意义到底是什么？我死了以后到底去了哪里？"为了回答这一问题，世界上不同区域的人们创建出了数百种不同形式和内容的宗教。

在距今2500年前，古印度的一位圣者释迦牟尼，经过多年苦修后，通过"禅定"力量，最终"证悟"到了生命宇宙的"终极真相（实相）"。这种证悟——音译为"般若"、意译为"智慧"，彻底解决了人类一直以来的所有追问。这种智慧不但可以让人们远离一切世间诸苦，而且还可以让人们彻底解脱生死。

然而，对于这一"实相"，自古高僧大德们每当在谈及"此物"时，说的最多的一句话就是"不可说"。为什么会是"不可说"呢？原因很简单：如同"盲人求白"①的故事一样，描述实相的语言可

①盲人求白：一个盲人求问别人："你们讲白，白是什么样子？请你告诉我。"一个人就告诉他："白就像冬天的雪一样白。"盲人没见过雪，还是不懂"白"是什么，就又去问了第二个人："白雪"的白是什么。第二个人告诉他："白雪呀，就像面粉一样白。"盲人也没有见过面粉是啥样子，又去问了第三个人。刚好这时有一只白鹅在那里，第三个人就说："白雪和面粉都像白鹅一样白"。然后这个人拉着盲人的手摸摸白鹅的样子，这时白鹅由于受到了惊吓就"嘎！嘎！"地叫了两声，盲人"恍然大悟"地说道："哎呀！早不说，白就是'嘎、嘎'嘛。"——对于盲人来说，"白"永远是"不可说"的。

以复制，但对实相的证悟却不能被复制。所以，佛经中讲的都是实相带给人们的结果——即对“性空缘起”的描述，以及如何去证悟到实相的途径（戒、定、慧）。因此，实相不是“神秘得”不可说，而是需要一个人去“体证”才能“悟”。

今天让人们感到庆幸的是，随着科学、尤其是量子物理学的高速发展，终于让人类拥有了前所未有的表达方式，一窥“实相”究竟是什么？

本书以本人在深入研究心理学、脑科学、物理学等科学框架下以禅定的实践修证为基础，从当代科技发展认知的角度，对如何“悟道”，以及“实相”是什么，用当今最前沿的生命科学和物理科学原理勾勒出了最清晰的答案。

本书共分十二章。第一至六章论述了“什么是禅定”，以及“修入禅定的基本步骤及秘诀”。第七至十章论述了“什么是般若”、“如何悟道”，以及“生命宇宙的终极实相到底是什么”？第十一、十二章论述了“如何运用心灵力量控制生命机能获得健康”的心理学、生理学和脑科学原理，及其具体的操作方法。

最后，愿“科学禅定”这一新理念，能够破除迷信、普及科学知识、造福人类心身健康和在创建和谐社会方面作出贡献。

高月明　2010年6月27日于北京

新浪博客评论：

恒河砂：一口气看完48篇文章，已经早7点了，整整8个小时未离开椅子。震撼，痛快，欢喜。真理就在这里了。忍不住今晨5：30打您的电话但未接，人生为一大事而来，您做到了！

善财童子：佛法到底是不是迷信？用科学揭示的生命宇宙真相是否真的验证了佛经？高老师的文章让我找到了答案！十分感谢老师！

F13：高老师的文章言简意赅，把深奥的理论讲得透彻而通俗易懂。我一直苦思冥想的问题，居然在您这里都找到了答案。真是受益匪浅！真是三生有幸！

佛教徒：当世能够以禅定境界论述佛经的真正奇才，唯见南怀瑾师傅与您！南无阿弥陀佛！

我心向佛：本文笔锋如刀、入木三分，直截通透的点化，留给我无尽的思考和觉悟！感谢老师！

一心修行：我学佛多年，收效甚微，原因是陷于古人的条条框框而无所进步。现在，老师就像黑夜中的一盏明灯，破旧出新，带来了光明！

明空无二：《科学禅定》注定会成为佛学史上一个里程碑的事件。这不仅因为它的理论源自佛法正流，更在于它所树立起的科学修习禅定和悟道的全新理念。

书生意气：读过高老师的文章，感觉用“笔落惊风雨，文成泣鬼神”，已不足以表达我的激动与震撼。那些曾经让我百思不得其解的佛经，此刻已全然化为了“拈花一笑”的智慧！

网站网址：www.gaoyueming.com
新浪博客网址：http://blog.sina.com.cn/gaoyueming123

目　录

第一章

什么是禅定

第一章 什么是禅定

古希腊哲学家苏格拉底说的一句话非常好："除了乘法口诀以外，没有任何东西可以保证是正确的。"这当然包括道教、佛教、天主教、伊斯兰教等宗教。

一个错误的理念肯定是没有用的，而一个完全正确的理念（比如许许多多的哲学理论），则可能是非常神秘的、非常深奥的或让人崇拜的。然而这些正确的理论，同一个对心身健康及科学发展十分有用的理念相比，却有着本质意义的区别。

进一步说，就像是"一个人在酷热的沙漠中快要渴死的时候，黄金、权力、电视剧和绘画艺术对他来说毫无意义，而他要的只有水"一样，曾经的我要的不是信仰、科学、佛学、物理学和诗情画意之类的东西，我要的是有用的东西。

那么什么是有用的？佛学哲理是深奥的，但深奥并不代表有用，有时反而是负担——比如你想买齐绝不重复的佛学著作，恐怕会把你家所有房间都堆满也装不下，而要看完这些书甚至需要你用几辈子的时间。

佛学的最终目的是让人悟到生命的实相，修习禅定与修身养性是佛学中的重要组成部分。如何借助修习禅定获得心身健康，是我们现实生活中极为需要的。

所以关键的一点是：佛学思想是有用的，佛经的绝大部分内容是讲如何修习禅定和修身养性的，而这又是现实之中我们非常需要的。

接下来的关键问题是：如何在几辈子也看不完的佛学经书中，精炼和萃取出有用的东西？

所谓"废嗑不唠、大巧无工"。一句话，如果追根溯源的话，密宗活佛、禅宗老祖、道家真人、瑜伽上师、冥想导师和古代的先知圣哲们对"心"的修炼全部源自佛家禅定。下面，我们就看一下，真实的佛学禅定到底是个什么东西，又有什么超强功用。

第一节　什么是禅定

“禅”是梵文dhyana的发音，读作“禅”，可翻译成静虑（安静地思虑）或思维修（思维的修炼）。清楚地说，禅就是一种在身心安静的状态下进行思考的过程。例如，我们经常在书中看到有人“禅悟”出了什么，他的意思是说：这个人在深入的思索当中领悟出了什么哲理。后来人们将“禅”的含义进行了引申，并把绘画、书法和其他哲理方面的思考都称为“禅”了。这就是为什么我们经常会在书店中看到很多书的封面都带“禅”字，而没有“定”字的原因。仅从这一点，你就可以一窥“禅”是什么了。

梵文samadhi的发音读作“三昧”，可翻译成“定”或“等持”。“定”指的就是将心专注一境、达到不散乱的精神境界。清楚说，“定”就是心经过训练之后获得的一种超高度的聚焦状态。

在佛学中，“定”是用来悟到生命实相的工具，而在“定”中对佛法领悟的过程则称之为“禅”。“禅”与“定”的区别在于：“禅”专指对一个事物进行深入思维审虑的过程，而把经过息虑凝心后“心”所达到“止心一处”的专注状态称为“定”。

佛学中的这种用来悟道的修习方法，如果按照发音应译为“禅三昧”，按意思应译为“静虑定”。古人通过音译与意译的结合，“禅定”一语就此诞生。

梵语yoga的发音读作“瑜伽”，意思是牛拉车时架在脖子上的短粗曲木，后引申为“驾驭调制心意”的意思。西藏密宗多以“瑜伽”为其修炼方法命名，显教（指密宗以外的佛教）则称为“禅定”。名称不同，实质上是一回事。

第二节　禅定有什么用

一、悟道的工具

佛法的全部内容只有三个字：**戒、定、慧**。三者是一个有机的整体，缺一不可。比如，要想修入“禅定”必须“持戒”，以获得“清净心”。“持戒”是修入“禅定”的根基，而“禅定”又是生起“大智慧”的必由之路。不修定，智慧无由生起，一切烦恼皆由大智慧砍断。修道的全部目的就是为了“断惑”（惑，即烦恼）——断灭感召三界“果报”的“因”，达到超脱三界、不再降生轮回的“阿罗汉道果”。

例如，《金刚经》又译作《金刚能断般若波罗蜜经》，其意思是说：按照此经修持，可成就金刚不坏之本质，以砍断“惑”，乘智慧之舟到达解脱的彼岸。因此“禅定”是佛家用来悟道的工具。

为什么禅定会有这样的功用？

今天的心理及脑科学研究显示，一个天生聪敏的人（如科学家、艺术家）在思考问题时，比平常人能够较持久和深入。例如，我们可以想一想，哲学家和发明家的“想法”只是比平常人更“深远”一些而已。大脑神经科学研究显示，“天才”对一个问题的思考，其大脑神经电路程序不容易“断路”，平常人就很难深入地想一个问题。而这种道理就像是，要烧开一壶水，结果每每烧到90度时，由于“大脑没能力”持续加温，所以就算是烧100壶也是“白烧”一样。所谓天才，就是在烧每一壶水时，都会在大脑神经电路不断路的情况下烧得“大开”、“特开”。

例如著名数学家陈景润一次在边走边思考问题时，竟然将头撞到电线杆上。就是说，由于过深思考问题，导致其“瞪眼瞎”地撞到电线杆上。

不仅仅是科学家，很多人都拥有这种深入思考的能力。有人将这种能力用在科学上，成为了科学家；有人用在服装上，成为了服装设计大师。

总的说来，拥有“聪慧能力”的训练，就是人们对于深入思考（意识专注）能力的训练。这种能力即是强大的“心灵力量”，而对于如何训练心灵，获得心灵力量，经过两千多年高僧大德们的验证可知，“禅定”就是训练心灵获得这种深入思考能力的最佳工具。

一旦通过一个法门而入得“定境”，大脑就会拥有一种超常的能力。当用这种“定力”去思考科学、绘画、诗词、经商理念和实际控制生命机能时，就会使个人能力超常发挥而取得极高造诣（这也是古代在禅定上有修为的诗人墨客，在书法、绘画和诗词文章上都有很高造诣的原因）。“取得”，并不是可以面面俱到，而是说很容易得到，毕竟需“取”才能“得”。这就如同一个体育冠军在任何体育项目上都会有好的表现，是一样的道理。

“禅定”从心理学层面上来讲，它拥有深入思考“逻辑性”问题的超强功用。但在“悟道”上，这种功用却只是一个“副产品”。因为所谓“悟道”证悟到的是一个“非逻辑性”的道理，这个道理被表达为“性空缘起”。

“性空缘起”的意思是说：宇宙中一切的善恶美丑、山河虚空大地都是由被称为“本心”的东西所显发出来的“幻”。最关键的是，这个本心不是一个类似“上帝”一样的造物者，而是这个“本心”就是“你自己”!!! 所以，人人本来就具足佛性，人人本质上都是佛!

因为每一个人的本心显现出的“幻”（世界），是以“因缘果报”的规律性出现和运作的，所以一个人心行恶就会得恶报，心行善就会得善报。进一步说，一个人的命运都是自己的心行所创造出的结果，而不是某一位“神”在控制着。所以佛祖来到世间说的第一句话就是：“天上天下，唯我独尊。”这句话的正确解释是：“每一个人都是自己生命的主宰。没有一个人可以把你推下地狱，也没有一个人可以把你拉上天堂。一个人的成败荣辱，完全取决于自己的努力与才智。”

进一步清楚地说，“性空缘起”并不是你思考出的一个道理。就像是苹果的甜味需要用嘴去品尝一样，本心显现出生命宇宙存在的“非逻辑性”（即实相），是需要进入甚深禅定中才能“品尝”到的。凡是证悟到这一实相（每一个人的世界都是由他的“心”所显现）的人就被称为“佛”。

二、心身健康的工具

简单地说，无论从心理学、神经学、脑科学和生理学的哪个层面来讲，心与身都是一个整体。大脑控制着人体一切的生命机能，心灵是大脑的“软件程序”，大脑是心灵的“硬件设备”，心灵与大脑是“一体”的两面，所以大脑、心灵、人体都是一体的。心灵的一丝一毫变化都会通过神经、激素直接对生命生理造成即时的影响（从分子水平来考虑）。当人们处于紧张、焦虑或抑郁时，就会诱发出以“心理—神经—内分泌”失调所导致的各种心身疾病，如原发性高血压、溃疡病、偏头痛和免疫力低下等。

例如人们都曾经经历过失恋、损失金钱或失去权力等导致一夜“上火”的现象，这就是最简单的“心身交融”导致疾病出现的现象。而其发病机制如下：

当一个人心灵处于紧张、焦躁时，就会引发神经控制的内分泌失调，导致糖皮质激素过量分泌。因糖皮质激素有分解免疫细胞的作用，所以就会导致免疫能力迅速下降（这一反应最快可用医学仪器在1分钟内检测到其效应的存在），其后果是，直接导致原来在控制范围内的细菌病毒开始大量繁殖。接下来，虚弱的免疫细胞又与病毒细菌在人体的上呼吸道（淋巴结、腺体和咽）等处“大决战”，最终就导致一个人出现了“上火”的症状。

如果回顾绝大部分癌症病人的病史，都会发现其在诊断出癌症前的1~3年，他的心灵都有超过半年以上的时间处于过度焦虑、紧张和抑郁状态中现象的存在。那么为什么会是这样的呢？

原因是，每一个人每天体内都会产生超过3000个癌细胞，而一个发挥正常的免疫系统是完全有能力杀灭这些癌细胞的，而一个人之所以会罹患癌症，完全是因为本来发挥正常的免疫力突然在很长一段时间被压抑而变得虚弱了，让原本应该完全被杀灭的癌细胞却不断地积攒了下来。当积攒到即使恢复到人体正常的免疫力水平也无法控制其“生长”时，这个人就会患上癌症。所以，最终的“罪魁祸首”就是这个人长期处于“心灵不快乐”的状态所引起的！

自古以来，用来“延年益寿，养生除病”的核心理论只有一句话：“天君泰然，百体从令。”那么什么是“天君泰然，百体从令”呢？

古代称“心”为思维器官，亦称“天君”；“泰然”，安定之态的意思；“百体从令”，是身体的各个器官听从“天君”指令的意思。

进一步说，一个人心境愉悦，人体生理各处器官机能就会自行调节到最佳状态。也可以说，生命生理受到心灵的影响而得到和谐的调整。心境恼火，生命生理自然就会受到心灵的影响而调节紊乱，一个人就会容易滋生疾病。因此，所有能够导致“天君泰然”的方法都可以达到“百体从令”的效果。

那么古代有多少种方法能让人达到“天君泰然”的状态呢？

众所周知，自古以来的养生方法包括守静、胎息、内视、导引行气、气功、禅定等。无论其修习形式看起来有多么不同，其引发心身健康的生理作用机制是一样的——即由“萃取”精神高度统一进而获得身体健康。这一“心身效应”的过程就是“天君泰然，百体从令”的效应过程。

所以非常简单地说，自古以来所有的养生秘术本质上都是以“天君泰然，百体从令”为理论支柱的。然而，自古以来能够达到“天君泰然”的方法，由于为了达到让人崇拜的目的，附加进去了太多“玄之又玄、妙之又妙”的东西，那些诸如要达到“成仙不死”境界的法门只能是虚幻不实的神话。

当然，禅定在“天君泰然，百体从令”这一机制下对人体健康的影响是超强的。原因很简单，一个人能够祛病延年的效果与其所达到“精神统一”的深度成正比例关系，因为禅定能够让人达到“天君泰然”的程度最深，所以“百体从令”的效果就会最强。

那么在古代，禅定对心身健康的影响有什么证明吗？当年我之所以会去修习禅定，就是因为以下的两句话。

第一句话是五百年前的宗喀巴所说的“每日晨吸一千数，定能摧坏其非时横死”。对这句话的解释如下：

“横死”指的是掉崖、溺水等意外死亡。所谓“无病不死人”，“非时横死”指的就是因病而死的事件。这句话的意思是说，如果你能够在每一天早晨专心致志地数一千次自己的呼吸的话，你就会摧坏所有“非时横死”的死亡事件。也就是，可以治愈任何疾病的意思。其后，宗喀巴又语重心长地说：“不知风瑜伽，或知而不修，彼为众苦逼，生死可怜虫！”（数呼吸的方法被称为“风瑜伽”）。

第二句话是佛祖释迦牟尼说的：“制心一处，无事不办。”这句话解释起来非常简单，如果你能够将自己的“心意”控制在一个地方，你就可以“办”任何的事情。这当然包括治愈任何疾病。

禅定无论修习到什么程度，都会对健康产生与之相对应的强有力的健康影响。然而，一直以来，人们通过修习禅定获得心身健康，在运用和效果上还是被局限了。不是禅定没有这样的能力，而是在“天君泰然，百体从令”的概念指导下发挥不出禅定的真正力量。真正发挥禅定对健康产生作用的科学秘诀，就是将“定力”直接运用到控制生命机能上。

那么为什么古代的人们没有将“定”力直接运用到控制生命机能上呢？原因是，如同古人虽然有钢铁和火药却没能造出手枪一样，因为古人没有今天的心理及脑科学等生命科学为指导，就没有将禅定真正的力量发挥出来。所以，在这方面“知识决定一切”。

那么如何修入禅定？所谓“以戒为定基”。那么什么又是戒？为什么要戒？如何“不戒而戒”？

第二章

如何不戒而戒

佛法的核心是“以戒为定基，因定而生慧”。如果把“戒”比喻成“船桨”（船是禅定），今天是否会有速度更快的“螺旋桨”呢？

佛祖在世时，戒律只是用来发“清净心”的辅助工具，故戒律条目并不多。然而，由于戒律有控制人行为的效用，所以就让一些古人“名正言顺”地使戒律越加越多。结果人们“本末倒置”地认为，如果你没持戒、念佛、念咒，就说你没发慈悲心、清净心、心中无佛……

而修学的实际真理是：**“发了清净心，就不用拘泥于持戒的形式。”**简洁干脆，让人心情愉悦。接下来就清楚地讲解一下修习禅定的根基：戒，以及如何“不戒而戒”？

第一节　戒从何来

佛法的唯一目的是让世人“离苦得乐”。如何达到这一目的？佛祖释迦牟尼将佛法归结为“四圣谛”，即四条真理的意思。“戒”出自其中的“道”谛中。那么戒是如何从四谛中被“孕育”出来的？看一下四条真理的因果关系，你就清楚了：

苦谛：说明人生下来就要经历的种种苦难。

集谛：说明种种苦难的根源是由因缘果报和贪欲造成的。

灭谛：说明解脱痛苦、获得永恒愉悦的境界——涅槃。

道谛：消灭诸苦达到涅槃所用的方法——戒、定、慧。戒便由此而来。

第二节　戒的本质是什么

佛法的本质目的是让人们离苦得乐。那么如何离“苦”呢？

人们在电影院里一会儿哭、一会儿笑，是座位底下有什么魔法吗？不是，是我们对事物的认识决定了我们是“苦”还是“乐”。

佛法中将离苦的方法表述为，如果没有认识清楚生命实相，就会引发无明烦恼，而只有领悟到生命实相才能够获得对“苦”的彻底解脱。觉悟到实相就被称为得到“阿耨多罗三藐三菩提”，因此“佛”又被称为“觉悟者”——指彻底证悟生命宇宙终极实相的人。反过来说，凡是能够证悟到生命实相的人都被称为“佛”。

进一步说，要想悟道就需要有能够悟道的能力——**“入定”**。就像一叶扁舟行于波涛汹涌之中会发生船毁人亡一样，由于人心十分脆弱，对定力的修习也必须要在心灵的“风平浪静”中行进。否则，不但难以入定，还会在定境中“翻船”。心灵的风平浪静不是对世事的无知无觉和麻木，而是对世事的心安理得和坦荡无畏，即对任何事情都能够泰然应对的内心准备状态。

那么如何获得“心安理得”呢？下面我们先看是什么导致人心难安的：

1. 因果报应像诅咒一样使行恶者每天生活在焦虑、恐惧之中。

2. 对金钱美女的欲火难耐，导致人们不断经历“欲而不达”后的痛苦，使心难安。

再看如何获得“心安理得”。

1. 戒“恶”。要想获得心灵的平静，必须截断恶报的源头——戒除恶行。如果能够戒除恶因，施行善因，便获得了心安理得的快乐状态——所谓“半夜不怕鬼叫门的状态”。

2. 戒“欲”。就是要根除痛苦的源头——性欲、贪欲。根除的方法有很多种，比如“白骨观”修法就是让人们看到“人欲”的无意义而“离欲得乐”的。

无论什么样的手段，只有熄灭了人们心中的欲火才会“离欲得乐”和获得心灵的宁静。比如梵语“尸波罗”不但译为“戒”，也被译为“清凉”——即是“浇灭欲火获得清凉”的意思。所以戒的本质目的就是获得“心安理得”。“戒”专为修“定”而设。

第三节　平常人也需要心安理得吗?

古今中外，有名望的富豪自杀事件屡见不鲜。为什么人们会主动结束宝贵生命、放弃艰苦努力打拼出来的荣华富贵呢？归根结底都是心灵上“太痛苦”，以致让一个人主动选择毁灭自己，以便获得所谓的“彻底解脱”。那么是什么让人们“太痛苦”的？

简单地说，就是人们在追逐权力、金钱、汽车、衣服的时候，忘记了这些东西都只是“符号”。而符号是什么？符号是“死后何曾在手中的东西”。有些人执迷于“符号”，不知道符号的妙用所在，结果贪欲和不择手段使其迷失了人性，最终由于自己对自己的“愤恨”已经到了无法允许自己活着以面对世人的程度（虽然知道一切金钱、权力莫高于生命，但是心灵上的不安已经超越了这一切，包括活下去的意愿），最终选择主动结束生命，以获得对“苦”的“彻底解脱”。

放眼世界名流人物，你可以很容易就看到，这些人几乎都有虔诚的信仰以用来获得心灵的长期宁静。例如，如果没有信仰，李嘉诚是不可能捐助慈善款的。从另一方面来说，凡是捐助善款的人内心深处都有非常虔诚的信仰。由此看来，人类的生命只有在“心安理得”状态中度过才有意义。否则，心灵将会选择“毁灭自己”。

实际上，人们拜佛、忏悔、积德行善和按戒律去生活，所有的一切目的全部指向同一个目标——获得“心愉意悦、坦荡无畏的精神境界”!

第四节　戒只是形式

无论戒律的形式有多么复杂，目的都是为修定打下坚实基础。然而关键问题是，持戒不会直接导致心安理得——比如不知道佛法而心安理得的人非常多。所以，**持戒导致的结果是发“清净心”。“清净心”才是获得心安理得的真正原因。**

为什么一般人们心中对“戒”概念的了解要大于对“清净心”概念的了解呢？原因是，由于戒有控制人行为的作用，所以在宗教的不断变革中，戒律的内容越加越多，最后造成了形式主义的出现——认为只有“持戒”才能够获得“清净心”，而一个没有持戒的人肯定心不清净！这样，最终导致人们太注重戒的形式，反而把持戒的结果——清净心，给忽略掉了。

“清净心”才是修禅定的根基，而不是“戒”本身，“戒”只是发清净心的一种“工具”。发了“清净心”必然会导致心灵的风平浪静。那么什么是清净心？

第五节　什么是清净心

清净心，清清楚楚、干干净净之心也。就像食盐也叫“氯化钠”一样，清净心也叫无烦恼心、无贪嗔痴心、平等心、无分别心、大悲心和菩提心。这些什么“心”所指的都是心所处的一种“态”。那是一种什么样的“态”呢？下面以我的“清净心态”加以说明。

1998年冬天，偶然中我看到一个赵姓人家将在山上抓住的一只山鸡关在木笼里。这只山鸡野性十足，一次次将头撞向笼子试图逃脱，头上撞得血肉模糊，露出了白脑壳。我马上就到朋友家里凑足

46块钱将其买下（当时一个苦力，一天仅赚15块钱）。我十分兴奋地抱着这只野鸡跑到深山，在白雪皑皑的旷野中，将这只野鸡一下子向空中抛去，大喊一声："你自由啰!"这只野鸡在远处落地后，嗖、嗖、嗖，顷刻间便消失在树林中。

当下，我一念清净！——**那是一种坦坦荡荡、正大光明、无所畏惧和从心灵深处涌现出的一种无限愉悦的体验**。实际上，每一个人都曾在做了一件善事后体验过这种坦荡和愉悦。为了做善事而要付出的心理压力越大，这种愉悦感就会越强烈。

如果你曾经有过这种感觉，现在请尽量回忆一下，抓住那种感觉"一秒钟"，这就是你经常在佛经中看到的神乎其神的、在甚深禅定中体验到的所谓"心轻安"——超愉悦的境界。而禅定大师们只是有能力将那"一秒钟"的愉悦境界延长而已！因为这太平凡，也不神秘，所以会成为大师们不愿意讲出的大"秘密"。（注意：这也只是禅定中的一种心身体验!）

"清净心"感觉起来就像是：**正大光明、心胸坦荡、半夜不怕鬼叫门、拥有刚强坚毅的正义、无所畏惧的浩然正气和从内心发出的可以绞杀"一切邪魔"的强劲力量**（本人所到之处，"魔王鬼怪"全部遁去无踪）。

第六节 内心清净后行为会如何

首先看看"内心清净"让我做了些什么。略举一二件事以为说明。

我曾于病难中将他人送给父亲的几百只蛤蟆，当晚骑自行车行于山路间奔赴50多里路放回到家乡的一条大河中（辉发河）。当时在农村这可是个大数目（当时市值500多元人民币），我的行为是"愚蠢透顶的"。我的父亲可是一个不信"邪门"的人，虽然他打了我一个大嘴巴，可事情就这样“一下”而过。

如果天天这样，那日子就没法过了。所以我没有特意地到市场买过鱼、鸟来放生过，只是在遇到的情况下才从顽童手中花上几元钱买来小鸟、刺猬或蛇放掉。几年下来，总计也会超过500次以上。我曾经也敲过两年的木鱼，不但敲得“四邻皆惊”，而且一敲木鱼，自家养的100多只鸡马上由“四面鸡声连绵”开始静默聆听“禅悦法喜”，当然这只是条件反射而已，绝非神迹。而我口中根本就没念个什么经呀、咒的。实际上我只是在感受一种“意境”。

看到了吗？我信佛，结果我就有了信佛的准备状态，仅此一念而已。当时根本不懂什么是戒律，清净心是个什么东西。

记住：“我不下地狱，谁下地狱”是一种大慈大悲准备赴难的准备状态；“忠心耿耿”是一种死心塌地效忠的准备状态。**“清净心”就是一种大慈悲的准备状态。**

第七节　如何一念而发清净心

很简单，你先去问问那些将要结婚的人，他们是否真的死心塌地地爱着对方；你再去问问那些将要离婚的人，他们是否也是死心塌地想离开对方。

所以说，“学佛如初，成佛有余”。要发“清净心”，当下即是，就在此时此刻！如此一念大慈悲，你也就一念成佛道；如果一念邪恶心，你就一念下地狱。佛之所以为佛，即是念念“慈悲心”；魔之所以为魔，即是念念“魔意”。众生者之所以是众生，即是念来念去、无法“恒久一念”的结果！

所以，你能够一念大慈大悲，你就发了一秒钟的清净心！下一念，还是大慈大悲，就发了两秒钟的清净心！第三秒钟……如此一念清净下去，修行下去，最终就悟道成佛了。

当你从内心中真实地发出“清净心”，你就会拥有浩然正气和坦荡胸襟。其力量足以荡尽无数阴霾，斩杀一切“妖魔鬼怪”。这个时候你就是“神”——神不在天上，也并不遥远。神在人们的心中，即每个人都是“佛”。

本人是一个彻底相信“因缘果报”的人。我相信今天自己获得的所谓“生命奇迹”，完全是在此“修身养性”基础上进一步努力习“禅”修“定”的结果。

第八节　如何不戒而戒

虽然清净心是持戒的结果，但是，发清净心并不一定非得由持戒获得。只要你能够一念大慈大悲，你就可以舍去戒的形式“不戒而戒”。

记住：清净心是戒的结果，也是戒的目的。但要明确不是你持够了多少“重量”的戒才能发出清净心，就如同不必制定法律来约束母亲要如何爱自己的孩子一样，清净心是由内心自然而然发出来的。戒律的实质是对虔诚的信佛者在修身养性方面进行的思想与行为的指导，而不是硬性规定。戒律的主要作用是指导人们应该如何戒恶行善、戒贪欲和认清生命的意义，并最终获得心灵宁静和愉悦。

所以，是内容决定形式，而不是形式决定内容，即发了“清净心”就可以不拘于戒的形式。

佛在《大日经》中说：“佛告金刚手，菩提心为因，大悲为根本，方便为究竟。”这就是修行佛法和修行禅定的实践理论。

第九节　知道这些大秘密对你有什么用

1. 以戒为定基的说法是完全正确的。关键是你要看到其内在的含义：持戒只是形式，是发清静心的指导思想。

如果你能够一念清净，就如同不用规定警察不要去抢劫一样，持戒的内容是你自然而然发生的事情，这样你就不必拘泥于形式。如你不能够清净，那你就需要严格遵守戒律的形式，以发清净心。

2. 发清净心不完全取决你做了多少“重量”的善事，而是你有了什么样的信佛——即诸恶莫做、众善奉行的“准备状态”。

如果你左手烧香，右手杀人，罪上加罪，必将直下十八层地狱而万劫不复。

3. 修禅定必须熄灭心中的汹涛恶涌。

其方法只有一个：发清净心。就像你不可能建起“空中楼阁”一样，从古至今，没有任何人能够越过此根基（清净心）而修入禅定。

本人的文章是尽可能涤除玄奥后的东西，要想超速修入禅定，就必须要打破一些框框。但是要清楚，是**“打破”**，而不是**“舍弃”**。**“打破”**的意思是从更科学、更实用的角度去理解戒律的真正实质和持戒的真正目的。要想最终修入禅定还是要依戒律而行，**因为你不能在撤去第一块基石后仍能将脚踏在第二块石阶上**。所以你可以舍去戒律中的一些繁重形式，而直趋持戒的最终结果——获得“清净心”。**只要你一念清净，禅定即入“半壁”**！

第 三 章

科学“三调”放松

确切地说，如同通过对肌肉进行体育运动就可以获得肌肉力量一样，禅定就是获得“心灵力量”的“心育运动”的锻炼方法。科学禅定的意思是，越过古代繁杂、玄妙和蜿蜒曲折的修定之路，通过科学理解和训练，快速修入禅定的一门训练“心”的科学技术。

科学禅定的基本步骤是：**以调整心身处于放松舒服的状态为基础，通过“聚焦心意”的训练获得体验到“定境”（定境就是空境）的能力**。这种能力就是强大的“心灵力量”的获得，然后将体验到的“定境”延长，就“入定”了。

科学禅定分为三步：**第一步，“三调放松”；第二步，聚焦心意；第三步，觉空入定。**

什么是“三调放松”？

“三调放松”就是使心身处于安定、平和的状态中，以便脱离躯体的各种紧张因素对“心”的干扰，而顺利进行“聚焦心意”的训练。三调放松由“选择环境”、“三调”和“放松”三部分组成。

第一节　如何选择环境

选择环境：避免噪声、运动、亮光、电话以及其他人的活动。只要环境感觉温暖舒适就可以了。

简单地说，安静的环境有利于心意聚焦。“心念”就如同一支点燃的蜡烛，有风时，火苗不断摇曳；无一丝风时，火苗自己也在摇曳。有时环境越静时，心灵反而越烦乱。所以“静”只是相对而言的。

比如，美国在实验室中建造了世界上最安静的小屋，人们平时捂住耳朵听到的血液流动声，在小屋内则变成了“震耳欲聋”的雷声，而脚步声就如同远处传来的炸弹爆炸声。因此，环境的安静只是一种感觉，只有你内心安静才是真安静。

下面，看看我修习禅定时的周围的环境，你就会清楚地看到“心静”是相对的了。我与爷爷共居一间大屋子。由于爷爷是全村几十年的老会计，因此世交亲朋特别多，不过是“往来没鸿儒，出入全白丁”。所以家里经常是人来人往、声音嘈杂，电视几乎是“不在睡觉的时间”一直都打开着的。大白天，本人身上也盖着棉被，一动不动地像“死人”一样躺在炕上。

就这样，我每一天都是在许多人的“瞻仰”之下修习禅定。由于人们经常看到我病重成这个样子（年轻人，每天都躺在炕上是不正常的），所以本人就成了声名远扬的“病包子”。每天除了吃饭以外，我整个白天都躺在炕上修习禅定和研修科学理论。你猜我晚上去干什么？很简单，还是躺在炕上，不过是睡觉而已。毫无办法，我的生命曾经十分孤寂和困苦！

所以最关键的是，你要认识清楚，“心”只能“净”而不能“静”！**“静”是心对环境的“被动感受”，而“净”是心对环境的“主动控制”**。“失之毫厘，谬以千里”！看似两个字的微小差别，然而是决定死生的关键。就如大家熟知的那首诗“身是菩提树，心为明镜台，时时勤拂拭，勿使惹尘埃”，注意：拂拭的是“心净”，而不是“心静”。

当然，修习禅定需要选择一个好的环境以“入静”。但要记住，不必刻意求之——安静就行了。当你有能力“入净”时，闹市中亦是“静地”。

第二节 如何“三调”

“三调”是以调身、调息、调心为序。凡是曾经接触过气功的人都知道，自古以来关于放松、“三调”的方法多如牛毛，其效果、形式、说法不一，且多为玄妙，很多人都有无所适从、或者说无从所适的感觉。下面，我们涤除玄奥，科学地看“三调”的实际意义。

一、调身

如果有条件，禅定前要沐浴更衣（穿宽松的衣服），排空膀胱。腹中饱食容易使心难静，故餐后1小时内不要做修习，其他时间皆可。有一个养生秘诀可参考：“若要不老，腹中不饱；若要不死，肠内无屎”。

禅定对身体姿势的要求是：处于自觉控制的状态中就行了。在这些状态中以结“跏趺坐”为最好。跏趺坐，即盘腿而坐（佛祖盘此坐而悟道），见图3–1所示。

跏趺坐的姿势要领：两腿一并伸直，屈右膝，脚跟靠近会阴，脚腕尽量放在左大腿根处，膝部着地。然后屈左膝，脚腕放在右大腿根处。背部伸直，肩部放松，颌内收；双手互握，手心向上，放于脐下；眼睛似看非看于虚无空间。下坐时，顺序与盘时相反，小心慢慢放开。

图3–1　跏趺坐示意图

要求是：宽衣解带，不拘形式，以舒适自然为纲要。

调身的原则：**肢体不歪不斜，安稳舒服。**至于最终选用什么姿势，可以“随宜”。讲一个故事，说明一下为什么可以是“随宜”的。

法国监狱曾经为了严惩一位犯人，让其每晚都睡在特制的“钉子床”上。十年后，当犯人出狱回家睡在松软的床上时，却像十年前在“钉子床”上无法入睡一样，彻底失眠了。无奈之下，他自己就又制造了一个“钉子床”，每晚不得不睡在上面。

本人由于股骨头坏死导致胯关节变形，所以不能结跏趺坐。又因病难中身体十分虚弱（行走一公里都不可能），所以我一开始修习禅定时，是平躺在炕上修习的。其后当身体恢复到可以长期坐着的情况时，我就坐在椅子上修习禅定。在所有禅定姿势中，**跏趺坐**为最好，**坐椅子**次之，**平躺**是不得已而为之。

从以上论述可以清楚地看到，关于如何盘坐的问题，以坐着舒服为第一取向，并一定非得要双盘或者单盘，也不是因为怎么坐着就容易入定或者有什么神奇效果。**记住：打坐打的是“心”，而不是“坐”**。

二、调息

所谓调息，就是将自己的呼吸频率及深度调整到一个平缓规则的状态中，以便排除不规则的呼吸对心意的扰乱。为什么不规则的呼吸会扰乱心意呢？实际上，对呼吸不规则的感知是一个“天下本无事，庸人自扰之”的事情。

比如，你在坐公交车时，为什么没有注意到呼吸所带来的“不规则”呢？答案很简单，人的呼吸系统是一个可以自行运转的东西，也就是一个“忙时”无暇去顾及的东西。假设你每天都在时时注意呼吸的变化，那么你什么事情也干不成了。

而当一个人静坐下来时，“呼吸”所带来的各种感觉就被凸显出来。这样一个凸显出来的东西就需要调整它，以达到它不扰乱“心意”为度。对于呼吸，调整到均匀、平缓为最好。但要注意，不一定非得把呼吸调整到多么的“细、静、匀、长”的状态。

调整呼吸的要领：**不可勉强，求其自然，以安心境就可以了。**

三、调心

调心就是协调心情。即把“心”从担忧、恐惧、烦乱和贪欲中解脱出来，能够在平和、稳定的内心状态中训练“聚焦心意”就可以了。当感觉有实在烦躁的事情时，念念达摩的四句话：**“外息诸**

缘，内心无喘，心如墙壁，可以入道”，缓解一下内心的烦乱。如果还是静不下心来，就选其他时间进行修定。记住：征服危险，不如躲避危险！

看到了吗，“三调”只是形式：只要选择一个安全安静的环境，调整四肢让其符合力学原理，不至于歪倒和出现肢体麻木的感觉就可以了；调息稍加练习，掌握基本呼吸动作，使自己不憋不屈就行了；在情绪上，心中无担忧、焦虑，就可正常聚焦心意和体验定境了（空境就是定境）。不过话又说回来，这“三调”是需要经过一段时间的练习、适应才能掌握的，“基础”还是需要稳固一些好。

下一步，我们要在“三调”的基础上，进行“放松”的练习。科学禅定的“放松”是一个完全不同的理念，并具有独特的效果。

第三节 如何放松

我至今用手撇扑克牌，可以撇出几十米远。这是我十几年前训练了三个月而拥有的一项技能。每当我去撇一张扑克牌时，都会感受到将“全身的力量”从手臂贯注到手指，然后这力量又从手指贯注到扑克牌上。嗖！扑克牌带着我的“体能”飞向远方。撇扑克牌与撇石头完全是两个不同概念。撇石头只要用力气就可以了；而撇扑克牌却要学会用“那股劲”——也就是如何把力量“贯注”到扑克牌上的一项技能。所以撇扑克牌就像杂技一样，是一项技能的练习。

“放松”也是一样，要想把身体放松到最佳状态，首先就要学会控制全身肌肉放松的能力。就是说，有能力将身体上的肌肉放松到最佳的休息状态，也是一种技能的获得。那么如何去训练放松呢？下面是训练放松的基本动作的流程。

让自己平躺在床上，见图3-2所示。然后从拳头开始练起。

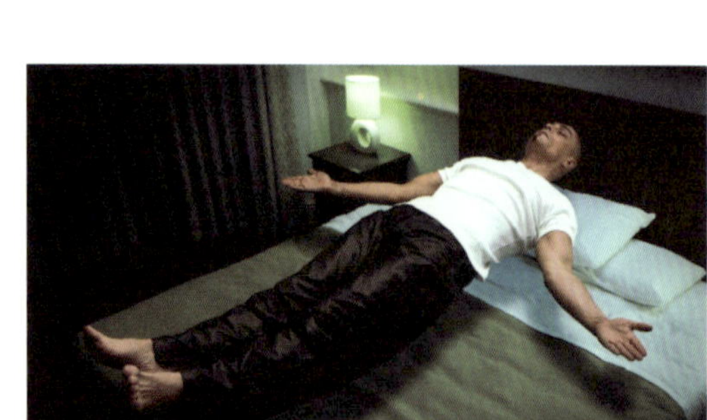
图3–2　放松时的平躺姿势

1. 右拳头：握起右拳，前臂向肩部弯曲。现在将拳头攥得紧一些，再紧一些。现在开始体验拳头和整个手臂开始变得越来越紧张。体验一下这些紧张感。再体验一下这些紧张感（体验3秒钟）。

现在松开拳头，放松右手及右手臂到床上。去体验一下右手及整个右手臂放松后的舒服感、沉重感和虚无感。再去仔细体验一下沉重和舒服的感觉（体验5秒钟）。

2. 左拳头：握起左拳，前臂向肩部弯曲。现在将拳头攥得紧一些，再紧一些。现在开始体验拳头和整个手臂开始变得越来越紧张。体验一下这些紧张感。再体验一下这些紧张感（体验3秒钟）。

现在松开拳头，放松左手及左手臂到床上。去体验一下左手及整个左手臂放松后的舒服感、沉重感和虚无感。再去仔细体验一下沉重和舒服的感觉（体验5秒钟）。

3. 肩部：耸起你的肩膀，向耳部靠拢。体验一下肩部的紧张感。再体验一下紧张感（体验3秒钟）。

现在让肩部放松，注意体验肩部放松后的沉重、舒服的感觉。再体验一下沉重和舒服的感觉（体验5秒钟）。

4. 眼睛与额头：现在闭上眼睛。皱起你的前额和眉头，紧闭你的双眼，体验一下额头、眼睛及周围肌肉的紧张感（体验3秒钟）。

现在放松你的额头、眼睛及眼睛周围的肌肉。注意体验这些部位放松后的沉重、舒服的感觉。再体验一下沉重和舒服的感觉（体验5秒钟）。

5. 舌头和咀嚼肌：现在咬紧牙关，让你的咀嚼肌紧张起来，并将嘴角向后移动。去体验一下咀嚼肌的紧张感。再体验一下这种紧张感（体验3秒钟）。

现在放松这些部位，去体验一下放松后的舒服感。再去仔细体验一下沉重和舒服的感觉（体验5秒钟）

6. 紧闭嘴唇：现在紧闭双唇，体验一下嘴部周围肌肉的紧张感。再体验一下这种紧张感（体验3秒钟）。

现在放松那些肌肉，体验一下嘴和整个脸部肌肉的放松感。你的脸像你的拳头一样放松了吗？（体验5秒钟）

7. 头部：现在将头向床上用力地靠。你会体验到头皮和后颈部的紧张感，再仔细体验一下这紧张的感觉（体验3秒钟）。

现在放松头部、后颈部。体验一下头部、颈部放松后的沉重感和舒服感。你的头部、颈部会变得越来越沉重、越来越舒服。再仔细体验一下这沉重和舒服的感觉（体验5秒钟）。

8. 前颈部：现在将下巴向胸靠，头向前伸，看看能否将下巴接触到前胸。体验一下下巴和颈部肌肉的紧张感。再仔细体验一下这紧张的感觉（体验3秒钟）。

现在放松头部、颈部。体验一下下巴、颈部肌肉放松后的沉重感和舒服感。再仔细体验一下这沉重和舒服的感觉（体验5秒钟）。

9. 背部：现在将你的背向后弯曲，挺出胸部和腹部。你能感受到背部的紧张吗？体验一下这种紧张感。再仔细体验一下这紧张的感觉（体验3秒钟）。

现在放松你的背部。让它沉沉地压在床上。去体验一下放松背部后的沉重和舒服的感觉。再仔细体验一下背部的沉重和舒服的感觉（体验5秒钟）。

10. 胸部肌肉：现在做一次深呼吸，让空气充满你的胸腔，憋住这口气。去感觉一下胸部肌肉和腹部肌肉的紧张感。再仔细体验一下这种紧张的感觉（体验3秒钟）。

现在放松，自然地呼出空气，感觉一下放松胸部及腹部后的舒服感。再仔细体验一下这种松弛、舒服的感觉（体验5秒钟）。

11. 腹部肌肉：现在将注意力放在腹部，绷紧腹部肌肉。去体验一下腹部肌肉的紧张感。再仔细体验一下这种紧张的感觉（体验3秒钟）。

现在放松你的腹部。去体验一下放松腹部肌肉后沉重和舒服的感觉。再去仔细体验一下这些感觉（体验5秒钟）。

12. 臀部：现在努力收紧臀部肌肉，向地板上压。仔细体验一下臀部肌肉的紧张感（体验3秒钟）。

现在放松那些肌肉，体验一下放松肌肉后的松弛和舒服的感觉。你会感觉到臀部越来越沉重、越来越沉重地向床上压去。再仔细体验一下臀部的沉重、舒服的感觉（体验5秒钟）。

13. 右腿：向上抬起你的右腿至30度角。去感觉一下大腿肌肉绷紧的感觉。再去仔细体验一下这肌肉的紧张感。越来越紧张（体验3秒钟）。

现在放松右腿到床上。仔细去体验放松大腿后的沉重、舒服的感觉。再仔细体验一下大腿肌肉沉重、舒服的感觉（体验5秒钟）。

14. 左腿：向上抬起你的左腿至30度角。去感觉一下大腿肌肉绷紧的感觉。再去仔细体验一下这肌肉的紧张感。越来越紧张（体验3秒钟）。

现在放松左腿到床上。仔细去体验放松大腿后的沉重、舒服的感觉。再仔细体验一下大腿肌肉沉重、舒服的感觉（体验5秒钟）。

15. 右脚：现在注意你的右小腿和脚。将右脚尖尽量朝上勾，使你的小腿肌肉绷紧，好像有一根线正在向上牵拉你的脚尖。现在仔细体验一下小腿肌肉和脚部的紧张感。再去仔细体验一下这种紧张感（体验3秒钟）。

现在放松右脚及右小腿。去体验一下放松肌肉后的松弛和舒服的感觉。你会感觉到你的脚和小腿变得越来越沉重、越来越舒服地向床上压去。再去仔细体验一下这沉重、舒服的感觉（体验5秒钟）。

16. 左脚：现在注意你的左小腿和脚。将左脚尖尽量朝上勾，使你的小腿肌肉绷紧，好像有一根线正在向上牵拉你的脚尖。现在仔细体验一下小腿肌肉和脚部的紧张感。再去仔细体验一下这种紧张感（体验3秒钟）。

现在放松左脚及左小腿。去体验一下放松肌肉后的松弛和舒服的感觉。你会感觉到你的脚和小腿变得越来越沉重、越来越舒服地向床上压去。再去仔细体验一下沉重和舒服的感觉（体验5秒钟）。

以上对放松的练习，每天进行一次，每次30分钟（在30分钟内，从头到脚不断循环地去体验紧张和放松的训练）。这样坚持不懈，需要练习21天。也就是说，需要完成21个30分钟的练习量。量变引发质变，当你练习的“量”达到了，你也就获得了主动控制身体各个部位的肌肉进行放松的技能了。那么21天以后该干什么呢？

如同先在驾校里学会开车，然后就可以把车开上马路一样，当你学会放松技能时，你就可以把这种躺在床上获得的能力用在“打坐”状态中了。所以下一步很简单，开始盘腿打坐（或坐在椅子上）。

第四节　打坐开始的第一分钟

盘腿而坐（单、双盘皆可）；挺胸、收腹、抬头、目视前方；眼睛“似看非看”于眼前1~2米处的虚空中。

做一次深呼吸。即开始想象从虚空中聚集过来一股清爽洁净如水流一般的清清亮亮、乳白色的宇宙能量流，然后缓缓浇注到你的头部（注：宇宙中并不存在这种能量流，之所以要去这么想象，是因为这样的“暗示”对放松的效果最好），接着想象这股所谓的“能量流”沿头顶向头部四周漫流，进而漫流到额头、双耳、后脑，继续向下漫流到眼睛及周围的肌肉、双脸颊肌肉、鼻子、嘴唇、下颌及颈部。“能量流”漫流过的地方，想象那些部位的所有的“紧张因子”都融入了此流之中，那些部位的肌肉也全部都跟着放松下来，而变得十分舒服、清爽和虚无。

继续想象这清爽洁净的“能量流”带着头部“紧张因子”继续向下，同时漫流到颈部、双肩、双臂、胸部（包括此部位的内脏器官）、背部、腰部、腹部和双手。“能量流”漫流过之处，所有的“紧张因子”都融入了此流之中，这些部位的肌肉随即跟着放松下来，进而变得十分沉重、放松、清爽、舒服和虚无。

继续想象这洁净舒爽的“能量流”带着“紧张因子”继续向下，漫流到臀部、髋部、尾骨、会阴部及大腿根部。然后是漫流过双大腿、双小腿和双脚。“能量流”漫流过之处，所有的“紧张因子”都融入了此流之中，这些部位的肌肉随即跟着放松下来，进而变得十分沉重、放松、清爽、舒服和虚无。

最后想象这已经有些“混浊”的“能量流”带着你身体上所有的“紧张因子”从脚心处流入到了地底下，而一去永不复返。你的整个身体随之变得非常清爽、洁净、沉重、舒服、温暖和越来越虚无。

以上想象清爽洁净的“能量流”清洗全身“紧张因子”的过程，一开始也许需要用三分钟的时间，但是经过一周的练习，这个时间就可以控制在一分钟内完成。

就像是任何一个人都会在一周内学会骑自行车一样，“放松”练习到这里，无论你觉得自己是否已经练习到位，关于“放松”的练习都是及格的。而非常深的放松状态是在努力进行聚焦心意训练的过程中逐步出现的。

禅定的第二分钟应该去做什么？很简单，开始去进行“聚焦心意”的训练。

第五节　你会体验到什么

在“聚焦心意”的过程中，你的放松状态会随着练习的深入而越来越深。在一个阶段后（1~3个月后），当你处于非常深沉的“放松”状态中时，你会感到坐着像一个**重重的“泥像”**，整个身体都**“凝固”**了；而心灵好像从身体的躯壳中**“脱离”**出来一样，你的手、大腿、身体，好像都“不见了”。你也会体验到身体的“沉重感、温暖感、火热感、舒服感、痛快感、虚无感、身体漂浮之感”。因为在深沉的放松状态中，心灵处于深深的内部，身体好像一个躯壳，所以把这一心身状态定名为“精神内聚”。自然盘坐姿中的“精神内聚”示意图如图3-3所示。

图3-3　自然盘坐姿中的“精神内聚”体验示意图

“精神内聚”是身体完全放松后体验到的心灵空寂、虚无、自由，而大脑又十分清醒不会睡着的心身体验。这一体验状态与古人渲染的“恬淡虚无，真气从之，精神内守，病安从来”的状态对心身健康的影响是相同的。

科学禅定的“精神内聚”与“自我催眠状态”有着本质的区别。在“精神内聚”状态中，是存在着十分清醒、清楚的意识，并且要向“更清醒、更清楚”的方向进行下去。而“自我催眠状态”则是让一个人处于“恍恍惚惚”的状态中。

“精神内聚”这一状态，一方面让心灵最大限度地脱离了躯体感觉对“聚焦心意”训练的干扰，另一方面深度放松休息30分钟，会让一个人体力恢复的效果就如同睡了一夜觉一样。那么为什么会有这样神奇的休息效果呢？

第六节　被动休息与主动放松休息

一般人们认为，将手抬起来是一个“主动控制”的过程，这种认为是正确的。可是如果你认为将抬起来的手放下是一个“被动过程”，这种认识则是错误的。

要想亲身体验并证明这一点很容易。比如，注意一下你的额头，然后去放松它。你会感受到，在你主动放松前，额头是一直处于紧张状态的。

现在，再去放松一下大腿肌肉，你马上也会意识到，在你放松大腿时，腿部肌肉才“一下子”被松弛下来，而在这之前，它一直是处于紧张状态的。

为了理解为什么“放松”是一个“主动控制”的过程，我们必须先理解控制人体器官的神经系统运作机制是怎样的。

首先，人体内任何一个器官及体细胞都是由神经细胞（又被称为神经元）控制的。

就像汽车需要加油的“动力系统”和刹车板的“制动系统”共同作用才会运转自如一样，人体神经细胞也被分为了“加油”神经元及“刹车板”神经元——即兴奋性神经元和抑制性神经元。

兴奋性神经元：释放兴奋性神经递质，包括谷氨酸及门冬氨酸、多巴胺、肾上腺素等。其作用是激发其他神经元或机体细胞的兴奋。

抑制性神经元：释放抑制性神经递质，包括γ-氨基丁酸、甘氨酸等。其作用是抑制及降低正在兴奋着的神经元的活跃程度。

其次，人体内任何一个体细胞是否会被激活，取决于直接控制它的神经元。我们把直接激发效应细胞（分泌细胞、肌肉细胞）活跃的神经细胞称为“一级神经细胞”；而把激发一级神经细胞发放电流的神经细胞称为“二级细胞”；这样依次类推到三级、四级、五级，直至N级神经细胞。

为了更清楚说明神经元之间的运转机制，现做如下比喻：

1. 把人体内的每一个神经元，比喻成社会中的每一个人。

2. 把神经元之间通过突触传递的“生物电”信号（图3–4），比喻成人与人之间通过语言传递的声音信号。

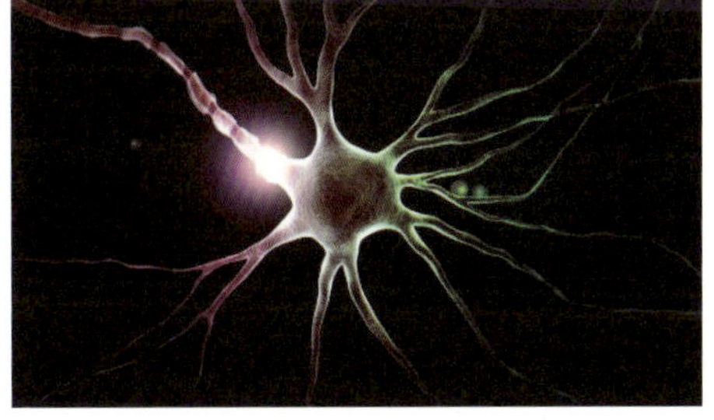

图3–4　在神经元之间传递的生物电信号

3. 把一个神经元同时向十万个神经元发放电流信息，比喻成一个人每喊一句话都会传递到十万个人耳中。

4. 把兴奋性神经元发放“兴奋性神经递质”和抑制性神经元发放“抑制性神经递质”，比喻成男人喊“兴奋”语句和女人喊“抑制”语句。

5. 把一个神经元处于静止状态，比喻成一个人处于睡眠状态。

6. 把一个神经元必须在一秒钟内累计接收到一千个神经元传递过来的“兴奋性神经递质”才能够被激活发放一次动作电位，比喻成一个人必须在一秒钟内累计接收到一千句男人喊的“兴奋”语句才会被叫醒喊上一句话（这句话既可以是“兴奋”，也可以是“抑制”；而被叫醒的人既可以是男人，也可以是女人）。

有了以上的比喻，我们理解神经系统的运作机制就变得十分容易了。下面以几种情况加以说明：

1. 一个人在睡眠中，这时在一秒钟内累积有一千个男人向他喊“兴奋”，此时这个人就会被叫醒——如果这个人是个女人，她就会喊上一句“抑制”给十万个人听。如果这个人是个男人，他就会喊一句“兴奋”给十万个人听——这十万个人当中也同时包括了男人和女人——包括兴奋性神经元和抑制性神经元。

2. 一个人在睡眠中，这时在一秒钟内他累积接收到一千个男人向他喊“兴奋”的语句，同时他也接收到一个女人喊了一句“抑制”的话。结果此时该女人喊的“抑制”就抵消了一个男人所喊“兴奋”的效应。这样简单地相加减，这个人在一秒钟内累积所听到的“兴奋”语句量就只有999句。因为没有达到能够唤醒这个人所需1000句“兴奋”的“量”（在神经生理学上称为“阈值”），所以这个人还是会处于睡眠中而无法被叫醒。这种情况就叫做“一票否决”。

3. 一个人在睡眠中，这时在一秒钟内累积有一千五百个男人向他喊了“兴奋”，而同时他也接收到500个女人喊了500句的“抑制”。此时，这个人总计接收到的综合后的“兴奋”语句量已经达过了1000句，所以这个人会被叫醒而喊上一句话——“兴奋”或“抑制”。这种情况就叫做“只要男人数目众多，五百个女人也白喊”。

4. 一个人在睡眠中，这时在一秒钟内累积有3000个男人向他喊“兴奋”，而另外他在同一时间也接收到5000个女人喊了5000句的“抑制”。此时这个人总计接收到的综合后的“兴奋”语句量已经为负2000句，所以，这个人无论如何在这一秒钟内是无法被叫醒的。

但是在下一秒钟，这个人接收到了2000句“兴奋”，而同时又接收到1000句“抑制”，此时，这个人还是会被叫醒喊上一句话。就是说，到下一秒钟，一切又从“零”开始！

进一步说，就算是在上一秒钟，这个人接收到一万句“抑制”，而在下一秒钟这一万句的“抑制”都将变为“废话”（涌进细胞的正电或负电离子会很快消散)。就是说，在下一个一秒钟的时间空当里，只要这个人接收到的"兴奋"语句超过"抑制"语句1000句，这个人就会被"叫醒"。

再从另一方面来说，一个细胞在一秒钟内接收到一万句"兴奋"的话，这个人也只能苏醒一次喊上一句话，而不是会苏醒十次喊上十句话。到下一秒钟，这一万句"兴奋"的话也都将变为"废话"。

总之，一个神经细胞在"一秒钟内"是否会被激活，不是取决于某一个与它有联系的神经元的兴奋，而是取决于众多神经元共同向它发放兴奋性或抑制性信息经过简单加减法总和后作用的结果(这种总和又分为"空间总和"和"时间总和")。

以上这种神经细胞是否会被激活的特别机制，在神经生理学上被表达为"全或无"。什么是"全或无"呢？简单地说，就是有，或者没有。

例如，一个神经元在一秒钟内接收到的兴奋信息只要低于1000次"阈值"的量，这个神经元就不会被激活放电（只要低于1000次兴奋信息的量，神经元就不会被激活，所以就等于没有，就被表达为"无")。反方向说，就算这个神经元在一秒钟内接收到一万次兴奋的信息量，它也只能兴奋一次，而不是兴奋十次（高于1000次的兴奋信息，无论高出多少也只能活动一次，这就被表达为"全")。

更进一步说，任何一个细胞组织或器官要想活动一次，也存在着"全或无"的现象。这是为什么呢？

首先，你身体中的任何一个神经细胞在"1秒钟内"都会自动放电兴奋1次（对于神经细胞在单位时间内兴奋的次数，只做容易理解的近似说明，实际上神经元自发放电的频率还要高得多)，当然也会连锁性引发相应的效应器官——肌肉细胞或腺体细胞被激活1次。

其次，由于"全或无"机制，这种激活变得异常复杂。比如，世界上最先进机器人的灵活性比蚯蚓（蚯蚓神经系统是依靠"全或无”机制运作的）还差得很多——看看机器人的笨拙的动作你就清楚了。所以，人工智能发展还仅仅处于起步阶段。

要想让一个肢体器官，或一簇腺体细胞彻底被激活，关键取决于神经细胞活动发放电流信息的频率（频率就是一秒钟内细胞兴奋发放电流的次数）。比方说，你在没有用“意念”驱动抬手的动作时，控制你手臂肌肉的神经细胞及其所控制的肌肉细胞只是在1秒钟引发1次的兴奋放电反应；当你要用意念去驱动手抬起来时，这些神经细胞就需要在1秒钟内同时发放电流信息100次以上！

假如这些神经细胞在1秒钟内同时放电10次，你不会抬起手，也许只是手动了一下。假如有20%的神经细胞在1秒钟内同时放电100次，你也不会抬起手，也只是动了一下手而已。所以，**要想激发某一肢体器官的运动或腺体细胞的分泌，被你“意念”所激发放电的“兴奋性神经细胞的量”及“放电频率的量”，必须同时达到一定的标准才能引发效应**。比如，一个踢腿动作就需要你控制大腿的肌肉的神经细胞同时放电，而且其频率要达到每秒钟100次以上。

看来只是一个简单的肢体动作还真复杂。不过反过来想想，自己“心念”的力量也真的非常大，仅仅是一个意念就会同时激发数十亿个神经细胞大量且同时高频率地放电——这电量总和足可以点亮一只手电筒灯泡！

当你要去做出一个运动，你脑中的意念所激发的是大量“兴奋性神经元”的活动。**当你用意念去“放松”时，你脑中的意念所激发的是“抑制性神经元”的大量活动**。比如，现在你就可以用意念去放松面部肌肉，你会感受到脸颊及嘴部四周的肌肉一下子“耷拉”了下来，而在你没有去放松前，这些肌肉是一直处于紧张的自主放电的活动中的。

那么，为什么在我们没有去主动放松前，肌肉和内脏器官是一直处于自动放电紧张状态的呢？原因是这样的：一辆已经“发动起来”的汽车很容易在10秒钟内加速到10公里/小时的速度，而一辆“未启动”的汽车恐怕在10秒钟内只能刚刚启动起来，其速度也只会达到1公里/小时的样子！

在进化上，任何动物为了寻找食物都需要四处游走，这样天敌对自己的危险就无处不在。而能够在最短时间内获得最快速的反应——逃跑或战斗，就成为了生存下来的最佳准备状态。所以，任何动物只要处于“清醒”状态，身体上的神经细胞、肌肉与腺体细胞虽然没有达到高速运转状态，也会像“启动的”汽车一样时刻处于可以进入高速运转的“启动”状态，以应对不知什么时候会到来的危险，例如，一个“清醒”的人会比一个“迷迷糊糊”的人更容易躲避汽车或老虎的攻击。因此，人只要处于“清醒”状态，就像汽车在启动状态中一样，你身体的器官功能及细胞都会处于“启动状态”——属于一种自动放电的“紧张状态”。

如果今天我们还是像原始人一样生活在野外的话，就还会和野兔、野鹿一样，时时需要生命机能处于这种“启动状态”。然而，当人类智能引发社会发展到一定阶段后——即现今的我们在日常生活中，80%的时间是不需要这种“启动状态”的，因为现在只有在动物园中才能碰到人类的天敌——老虎。当然，你在忙碌的工作中或马路上时，是时时需要这种“启动状态”的。但在家里、办公室等安全场所的休息中，则可以适时关闭这种“启动状态”。

一个从来没有练习过如何“放松”的人，“生物本能”会让他的机体一直处于空耗能量的“启动状态”。而“完全放松”的目的，就是在我们不需要的时候，关闭这种由于“进化”而形成的“启动状态”，使我们在短时间内获得“超强度”的休息效果，同时为修习禅定打好基础。综上所述，我们可以清楚地看到，**“放松”是一个“主动控制”的过程。**

进一步地说，如果你认为睡眠状态是一个身体完全放松的休息状态，那你也是错误的。因为心理学家通过研究一个人睡眠的过程发现，一个人在一夜八小时的睡眠过程中，肢体总是动来动去的，所以人们有时会出现“早晨一觉醒来反而觉得更累”的现象。

更清楚地说，睡眠是一个“被动休息”的过程，放松是一个“主动控制休息”的过程。一个是被动，一个是主动，效果就会差别非常的大。所以“睡觉”与“完全放松”在休息上是不同的概念。主动的放松对于一个人快速恢复体力是最有效率的方法，所以才会出现深度放松休息30分钟抵得上一夜睡眠的神奇休息效果。通过完全放松方式进行主动控制休息的示意图见图3-5所示。

图3-5　通过完全放松方式进行主动控制休息的示意图

而为什么人们在平常生活中没有发现这点呢？原因很简单，就像如果不通过练习，一个人一辈子都不会学会骑车一样，一个没有经过系统放松训练过的人，他一生中都不会体验到那种深度放松所带给他的神奇休息效果。

对于科学禅定的放松方法，当经过一段时间的练习并熟练掌握后，你就可以不拘于场地——如坐公交车、工作之余、看电视时，进行完全放松的休息，并体验心愉意悦的境界了。

注意：科学“三调放松”是一种身体肌肉的完全放松，而“心灵”不要跟着放松的状态——就是让身体“睡觉”，而“心”不要跟着睡觉的状态。如果心也跟着放松，就瞎子点灯——白费蜡了。当然，身体放松会诱发心灵也跟着“放松”（睡觉），而锻炼“心力”的一个取向，就是要“剥离”这种诱导关系！

第四章

如何科学修止

问：入定即是入“定境”，那么能够修入“定境”的关键点是什么？

答：一、修止；二、入定。

为什么要去“修止”？

佛法的目的是使人们领悟到生命宇宙的终极实相（大彻大悟），佛学将“领悟到生命实相”的智慧比喻为“金刚之剑”，只有在“熔炉”中铸造出此剑，才能斩断迷惑获得彻底的解脱。《金刚经》即是以此为喻名的著名佛学经典。

人们心中的所谓“熔炉”就是一种超强度“心力”的获得，唯有获得此种超强度的“心力”才可以“入定”，而有能力证悟到生命宇宙的实相。所以整个修习禅定的过程，就是修炼“心力”的过程（通常，对“肌肉”的运动称为“锻炼”，而对“心”的运动则称为“修炼”）。那么反过来讲，“心力”也可以“锻炼”吗？

一直以来，人们将肌肉、骨骼、韧带称为运动器官，将肢体活动称为运动，将因重复活动获得肌肉运动能力的增强称为锻炼。然而数千年来，人们将运动和锻炼的概念始终局限在肌肉和骨骼上，却把一个最重要的运动器官——大脑忽略掉了。大脑，即心灵也会运动，而且可以产生最高级的运动，当然也可以通过最高级的锻炼，获得最高级的能力。

无论是印度的瑜伽，还是道家的内养（即人们通常所说的“静功”），从有利于健康影响这一方面去理解，其所谓“入静”过程绝不是简单意义上的“静止”，而实际上是大脑的一种“运动”。因此“生命在于静止”是荒谬的，即便指的只是生命的“安静状态”也不确切，“绝对静止”不仅是“怠惰”的同义语，更是生命功能的废止。

真正意义上的“静止”是“心力”的获得，即通过锻炼大脑获得控制生命机能的能力，所以“心力”是可以被锻炼出来的。那么自古以来锻炼“心力”都有什么好方法吗？

清楚地说，经过两千多年无数高僧大德们的实修证实，佛学禅定是锻炼“心力”最完善、最系统的方法。修习禅定的过程就是修炼“心力”的过程，而这个过程分两步：修止、入定。所以修习禅定首先要求去“修止”。

“修止”是修炼心力的第一阶段，“入定”是修炼心力的第二阶段。只有能够将心止于一处，才有能力体验到定境（也是体验到空境），进而通过不断体验定境的方式修入到甚深定境中，所以“修止”是为了体验到定境而进行的“热身运动”。因此修习禅定首先要去修止，只有获得将心止于一处的能力才可以进一步修入定境之中。

第一节　什么是“意数呼吸”

“修止”有什么好方法吗？自古以来“修止”的法门无数，但总的可以归结为两大方法:“作意”和“数呼吸”。“意数呼吸”则是对这两大方法科学技术性的精炼与萃取，即“意”萃取于“作意”，“数”萃取于“数呼吸”。“意数呼吸”是如何被萃取出来的，又如何进行修习呢？下面先看什么是“作意”和“数呼吸”。

一、什么是“作意”

“作”，动作，是一个有指向的动词。“意”，意象，心中所现之景物。“作意”就是用一种有指向的力量，在脑中去“清清楚楚”地产生一个“景象”的意思。当你不断地在脑中“制造”出一个景象时，你会逐步获得能够将一个景象清楚地在脑中保持较长一段时间的能力。拥有这个能力，就是拥有一定的“心力”。观想、冥想都属于“作意”的一种方式。

“观想”是努力在脑中想象出菩萨像。要求是把菩萨的发冠、面部、躯体服饰、手印都要观想得清清楚楚、明明白白。比如观想绿度母："头戴小五佛冠，一头二臂，全身青色，纤细而美丽。左手持有两朵小莲花，一朵未开，一朵半开；右脚向下伸，右手靠在右膝上，掌心向外，施与愿印，且手持莲花。观想绿度母白色的莲花座，移到修行者头顶梵穴放射白色的光明，进入修行者全身，消除黑业。"观想必须十分用"心力"，否则很难有成就。

请注意，观想的唯一本质目的只有一个，即通过观想菩萨将一个人的"心意"固定在一个地方，因此有"训练心意使其得到集中"的效用。这也只是一个"以幻除幻"的方法，至于有人看到"真菩萨"那都是假象，所以《金刚经》中才有"凡所有相，皆是虚妄"的教言。"观想"只是修禅定的一个阶段性的修习方法，并不像某些人宣说的有什么"神奇的功效"。

二、什么是"数呼吸"

自古以来，通过关注呼吸来"集中心意"的方法最早出自佛经中的"安般守意"法。"安般"意译为"出息、入息"，即呼吸。"安般守意"的意思是用体验呼吸的"长、短、冷、暖"的方式去训练"心"，进而获得"心力"再修入定境的方法。在《安般守意经》中有如下记载：

世尊（佛祖）告曰："如是罗云，若有比丘乐于闲静无人之处，便正身正意，结跏趺坐，无他异念，系意鼻头，出息长知息长，入息长亦知息长；出息短亦知息短，入息短亦知息短；出息冷亦知息冷，入息冷亦知息冷；出息暖亦知息暖，入息暖亦知息暖。尽观身体入息、出息，皆悉知之。有时有息亦复知有，有时无息亦复知无。若息从心出亦复知从心出，若息从心入亦复知从心入。如是罗云，能修行安般者，则无愁忧恼乱之想，获大果报，得甘露味。"

道教中修守窍、炼气和气脉等都与"出息、入息"有关系。佛教中的修“九节佛风”、修“宝瓶气”，以及天台宗智觊大师的“六妙法门”都是由“安般守意”演变而来的。“六妙法门”的修习方法是“一数；二随；三止；四观；五还；六净”，其中的“数”指的就是通过“数呼吸”的过程来集中心意。那么为什么要用“数呼吸”来集中心意呢？

简单地说，呼吸是一个人只要还活着就会存在的，而且不间断地、非常有规律地出现的本能运动。所以如果将心意集中在呼吸上，就容易让人不间断地、持续地通过体验呼吸来集中心意——也就是修炼“心意”。就这么简单，因为太简单了，反而人们被吓到了，甚至不愿意去相信它、接受它！

三、什么是“意数呼吸”

什么是“意数”？打个比方，你到非洲去旅游，一位原始部落的人向你说明他家有十头牛。由于语言不通，所以他会怎么说呢？

他会用棍子在地上画一头牛，然后再画一头牛，直到画满十头为止。在他的脑中所呈现的是一个拥有“这么多”（十个）的意象，而不是数字，你接收到的也是“这么多”的意象，然后才转化为数字。所以**意数的意思就是用“意象”去数“数”**。

“意数呼吸”是通过数你所观想出来的“水晶球”来集中和训练心意的方法。比如，当你数到七个水晶球时，你心意中呈现的是“○○○○○○○”这么多的意象，而不是“7”的数字（数字的概念要在你脑中消失）。

为什么要去“数意象”呢？很简单，数“数字”容易导致“自动化”地数，所耗心力不足，难以集中和训练“心意”，同时也很容易睡觉，所以要去“数意象”。

“意数呼吸”就是“作意”与“数呼吸”科学地有机结合。它们如何结合呢？

“数息”的方法是：一呼一吸为“一息”，就在心中计数为“一次”。从一数到十，再从十数到一，如此循环往复。在数的过程中，一旦感到数“走神”了，即从头开始数起。通过“数息”，心意就容易得到集中。

“观想”的方法是：想象出一个“真菩萨”，然后把菩萨观看得“清清楚楚”，以此来集中心意。

将以上两点结合成“意数呼吸”就是：在每次呼气（或吸气）时都要观想眼前凭空出现一个“水晶球”，然后配合每次呼吸的次数从一个计数到十个。出水晶球的过程结束后，再随呼吸而倒过来数，即每一次吸气（或呼气）都要消失一个水晶球，直到完全消散为止。如此循环往复，一旦有“意数”得不清楚的地方，即要从头开始重新数起。

第二节　意数呼吸的要领

一、如何似看非看

在进行“意数呼吸”时，要求眼睛“似看非看”于虚无空间。那么如何“似看非看”呢？

闭着眼睛就叫做“不看”，睁着眼睛就叫做“看”。如果一个人想要拿杯子倒水，他就会把注意力放到杯子上，这时他在看杯子；当他想要拿铅笔，他就会把注意力放到铅笔上，这时他就在看铅笔。这就叫做“看”。而所谓“非看”，不是不看，是“在睁着眼睛的情况下，没有将注意力集中在任何一个物体上”的视觉状态。

如何让自己即刻进入“似看非看”的视觉状态呢？很简单，哪里没有“实体物”，你就把注意力放到哪里，即刻就进入到了“似看非看”的状态中了。哪里没有“实体物”呢？虚空中没有物体，所以看虚空就行了。虚空又在哪里？

从你眼睛到眼前任何一个物体（如水杯、树、山、月亮、星星）的空间都可称之为“虚空”。所以你在睁着眼睛的情况下，把注意力放到这空间之中，你就在“似看非看”了。

“似看非看”时，应当把注意力放到虚空的哪里比较好呢？

如果你把注意力放在眼前20厘米处的虚空中，那么过一段时间你就成“对眼”了。把注意力聚焦在30米以外的空间，那么你将很费眼神。现在你把眼睛往前“一摆”，你就会发现，自己会自然而然地很舒服、很放松地看着眼前1~2米处的空间。所以“意数水晶球”时候，你就将注意力和观想出来的“水晶球”放到这一空间中就好了。

具体放到空间的哪里，你不必用标尺去测量。也许上一次你看空间的区域是1米多远的地方，下一次也许就是1.5米远的地方，再下一次也许就是2米远的地方了。之所以定在大致1.5米左右，是因为对于眼睛来说，“似看非看”在那里是最舒服的。所以大家都以1.5米为标准就好了。

在“意数呼吸”阶段，注意力是自然而然地放到1.5米处空间中的，而到了“觉空入定”阶段就是一种意识性的“无所看无所不看”的状态。

二、如何观想出个“真”水晶球来

你吃过苹果吗？答案是肯定的。现在你盘腿打坐在一个地方，眼睛“似看非看”于眼前空间。此刻你马上想象有一只苹果出现在这空间之中。好，吃过苹果的人都会马上在一秒钟内想象出这么一个苹果的存在，这就是所谓的“观想或冥想”，只不过有人观想的对象是佛像、景物或法器，而你观想的是苹果而已。

在观想一开始的3秒钟，苹果的影像是最清楚的，但是过了10秒钟，苹果的影像就会越来越模糊，最后你就会感觉到“不知什么时候已在想其他事情”去了，此时你的“心意”已经“起锚远航”

了。

因此，所谓“清清楚楚”的水晶球，不是要你观出一个“真”的出来，就如同你在第一秒钟能够观想出“清清楚楚”的那么“一种清清楚楚的感觉”就达到标准了。之所以在几秒钟后水晶球有些不清楚，是因为心的力量还不够强大，没有足够力量将这个“清清楚楚的水晶球”保持下去的缘故。实体水晶球照片见图4–1所示。

图4–1　实体水晶球照片

所以观想出“真”水晶球的关键是：

1. 你要抓住“第一秒钟”的“清清楚楚”。

2. 尽全力“保持”这一“清楚的”感觉。注意：关键不是水晶球的“真”，而是“保持”水晶球要一直存在着。

3. 当你进行了一段时间“意数水晶球”训练后就会掌握，所谓“真”水晶球清楚的映象就是一种透明的“球状物”(但在内心中，你知道那是一个清透水晶球就行了)。另外这种“只可意会，而不可言传”的感觉需要实际操作才能领悟。

更进一步，当你进行更长一段时间的“意数”后，你会感知到集中心意更大的权重在于水晶球的“数目”上。

总之，抓住最初“三秒钟”的“清清楚楚”水晶球的感觉，就是“意数呼吸”中对观出“真”水晶球所谓的“清清楚楚”的要求。

三、呼吸中如何照应水晶球的出现

在“意数呼吸”过程中，呼吸的作用是规范水晶球的出现“频率”。那么可以用一个计时器来规范水晶球的出现吗？假如你用一个每7秒钟出现“哒”一声的计时器来规范和计数观想出的水晶球的话，你就得时时关注“哒”声的已来、将来，你还得时不时提防不被突然出现的“哒”声吓到，这样你是无法“止心一处”的。

而呼吸就不同了：首先呼吸是“本能反应”，而且具有“频率性”，即拥有在几乎相等的时间就会连续出现的特性，所以正符合用来集中心意的要求。

其次人们可以时时用感觉来监察呼吸全程。对呼吸的已来、未来、将来之势知道得“清清楚楚、明明白白”，所以用呼吸来照应水晶球的出现是唯一的、也是最佳的选择。

如何将水晶球的出现与呼吸照应在一起呢？以下为详细过程。

1. 观想水晶球的“增长过程”（从“一个”数到“十个”。注意：数“十个”与只数“五个”训练心力的效果是一样的）：

端坐正意，眼睛“似看非看”于眼前的空间中。

吸气（全程为3~5秒钟）。

第1秒钟：观想出“一个”水晶球的存在。

第2秒钟：保持、加强“清楚观想”出的水晶球的“意象”及“数目”的存在。

第3秒钟：继续“清楚保持”水晶球的“意象”及“数目”的存在。

整个吸气过程为3~5秒钟，其间要一直“清楚保持”水晶球的“意象”及“数目”的存在。

一开始是有意识地调整呼吸，所以呼吸全程的时间会稍长，但熟练“意数呼吸”后，呼吸的全程会恢复到正常情况下的4~6秒钟（即每分钟10~15次）。

吸与呼中间停顿（自然停顿1~2秒钟，此时继续保持水晶球“意象”及相应“数目”的存在）。

呼气（全程为3~5秒钟）。

继续保持“清清楚楚”的水晶球“意象”及“数目”的存在。

呼与吸中间停顿（自然停顿1~2秒钟，此时继续清楚保持水晶球“意象”及“数目”的存在）。

下一次吸气……如此循环往复。

2. 观想水晶球的“消失过程”（从“十个”减数到“一个”）：

吸气（全程为3~5秒钟）。

全程中继续保持“清清楚楚”观想出的水晶球“意象”及“数目”的存在。比如七个，其排列格式为“○○○ ○○ ○○”。

吸与呼中间停顿：自然停顿1~2秒钟，此时继续“清清楚楚”保持水晶球“意象”及“数目”的存在。

呼气（全程为3~5秒钟）。

第1秒钟：观想消失一个水晶球（比如七个变六个了）。

第2秒钟：“清清楚楚”保持所剩下水晶球“意象”及“数目”的继续存在。

第3秒钟：继续保持剩下水晶球“意象”及“数目”的存在。

整个呼气过程为3~5秒钟，其间要一直保持所剩下水晶球的存在。

呼与吸中间停顿：自然停顿1~2秒钟（此时继续“清清楚楚”保持所剩下的水晶球“意象”及相应“数目”的存在。）

下一次吸气……如此循环往复（以上的几秒钟时间都是一个大约的时间）。另外，也可以在吸气时的第一秒钟执行水晶球的消失，而其他时间则保持水晶球“清楚的存在”。

四、如何意数得清清楚楚（照数与回顾）

一个牧羊人如果只养了一只羊，那么他只要把眼睛往羊栏里一

“照”，就知道羊的“只”数了。如果他又多养了几只，如两只或三只，那么他数的时候也不需要用手指指着羊1、2、3地数，而也只是一“照”，几只羊的“意象”就在他脑中映现出来了。

如果到4只或5只的时候，假如他不用手指指点着去数而用“意象”去数的话，他的心意必须去照两次，因为就像一个“意识量子”绝不会超过三秒钟一样，一个人“意象”之中所容纳的数目如果超过3个就会变得模糊，所以一旦多于三个就需要多照几次。例如水晶球为四个时，两次照的排列是“○○○　○”或“○○　○○”。五个水晶球时照两次的排列是“○○○　○○”或照三次的排列是“○○　○○　○”。

例如你在照四个水晶球的时候，因为两次照的时间间隔非常短，所以是“照”一次还是“照”两次会感到有些“似是而非”。但是一旦水晶球的数目到了六个或七个的时候，你就会发现一次“意象”当中绝不会清楚地呈现出“○○○○○○○”的存在，只能模糊地存在。这时你要想数清楚水晶球，就必须用心意去依次“照”三次，其照的排列方式可以是“○○○　○○　○○”，也可以是“○○○　○○○○”。所以只有在水晶球的数目多了以后，才会凸现出为了保持“清清楚楚”水晶球的存在而需要多“照”几次的方法。

为什么要把3-2-3-2（○○○　○○　○○○　○○）这种排列方式设定为“标准格式”呢？因为当“意数”到10个时，最好的排列方式是“照”四次的“○○○　○○　○○○　○○”，所以从第四个开始就按照这一标准的格式进行排列就好了。例如六个的正确排列方式为“照”三次的“○○○　○○　○”，而不是“照”两次的“○○○　○○○”。所以，对于六个，我们宁可“照”三次也不“照”两次，迎难而上的原因是，要符合“标准格式”。

进一步，当你“意数”清楚的水晶球超过六个时，你会在“照”的感觉上将前五个“水晶球”归为一大组，同时你也会清楚“照”到此一大组中是由两小组“○○○ ○○”组成的。如果“意数”到第十个时，就是由两大组、共计四小组组成的了。所以你可以看一下标准模型“○○○ ○○ ○○○ ○○”中第五个与第六个之间的空隙要比第三个与第四个之间的空隙稍微大一些。

另外，如果你数十个水晶球的话，这十个水晶球之间的间距大概在10~15厘米。而十个水晶球就在你眼前一字排开成约一条1.5米的线。如果数五个就是一条约1米的线。

如何在每一次呼吸中让这些水晶球“清清楚楚”地存在呢?

答案是，需要“回顾”。就是说，当你数到四个时，你需要向已经“照数”过的水晶球“回顾”“照”一下，以获得让它们“清楚存在”的效果。所以要想让水晶球清楚地存在，就必须一直“回顾”“照”到它们的存在。而凡是你在“继续保持水晶球意象及数目的存在”的时间内，要想保持让水晶球“清清楚楚”地存在，就必须去“回顾”一次，“照”一下它们“安在否”。

五、如何脚踏实地获得进步（“锚定注意”与“锚定心意”）

我们的“心意”就像海上漂浮的一艘船，杂念妄想的波涛汹涌总是拽着这艘船四处飘荡，以致我们很难将“心意”“锚定”在一个地方。比如，当你把注意力锚定在一个水杯上时，过一会儿就会突然发现自己已经在想其他事情了。佛祖所说“制心一处，无事不办”中的“制心”，就是“将心意固定在一个地方”的意思。

那么佛祖教导我们用什么方法“锚定心意”呢?

佛祖用“安般”(即呼吸）的方法教导我们守住“心意”，所以这一方法被表达为“安般守意”，也教导用声音（即观音菩萨修习的“耳根圆通禅”）、观想、意守缘等八万四千法门来“锚定心意”。

当水晶球的“意象”及“数目”不清晰时，你会隐约感觉到安念的将来、已来、未来，你也会感觉到“心意之船”在妄念激浪中的激烈摇荡，而“心之锚”随时都会被拽离他处，此时你要全力地去“固锚”，即进一步加强注意力。你的内心要有一股“强有力的韧性”去拉住“锚”，不要让它移位——你要尽全力坚持下来，“清清楚楚”地数完一次10个水晶球的往返循环，这样才会在训练心力上获得实际的进步。而一旦发现“心锚”被移往他处，你就必须重新“抛锚”——从头开始数。

一开始要将“固锚过程”理解为“锚定注意”，一段时间后就要理解为“锚定心意”，这是为什么呢？

1. 什么是“锚定注意”？

现在你拿一把剪刀去剪一张很硬的厚纸板时就会发现，你的眼睛、手臂、背部、双大腿肌肉、甚至牙齿（咬牙切齿）都在共同紧张用力来剪这块纸板。如果是一位裁缝来剪这张纸板的话，你会发现只有他的手臂在紧张地用力，而身体其他部位都是放松的（如果不是这样，裁缝都会被累死）。就是说，**一个人在高度集中精神时，还会同时引发其他生理器官的“连带性紧张”**。

进一步说，当一个人一开始“意数水晶球”的时候，由于要全力地集中精神来保持住观想出的水晶球的“清清楚楚”的存在，就会引发眼睛及其他生理器官的“同时性紧张”。比较明显的，就是有时会引发眼睛的疲劳感，所以，**这种在高度集中精神时而引发其他生理器官连带性紧张的心身状态就表达为“锚定注意”**。

2. 什么是“锚定心意”？

集中精神会引发其他生理器官的连带性紧张，但是通过调整会逐步分离这种联系。如何调整呢？

就是在你精神高度集中的情况下，当感觉要有什么部位紧张时，就要主动去放松它，比如主动放松眼睛而去“似看非看”，或主动放松由于精神集中而引发紧张的背部、脸部肌肉等。

经过一段时间放松练习的调整，**当你能够让该紧张的部位（心灵）紧张、而不该紧张的部位（五官四肢）全部都放松下来时，你就成为了一位心灵“裁缝”，这种状态就被表达为“锚定心意”**。

在“锚定心意”状态中，除了“心意”高度聚焦以外，其他任何部位都是十分放松的——眼睛是放松的——甚至眼角膜都松弛了下来，四肢更是很好地松弛下来。从外表上看，你傻乎乎地坐在那里，眼睛好像也眯了起来（但还是在目视前方，或稍微向下看45度角），而“心灵”却越来越高度聚焦起来。**所以，“锚定注意”的概念是心灵和生理会一同紧张，而“锚定心意”的概念，则是“心灵”在正方向进行高度聚焦时，“身体生理”则在反方向松弛下来**！

另外，“锚定注意”阶段是一种因为高度集中精神的动作而弱化“精神内聚”的放松状态，此时要以“精神集中”为主要目的；只要你继续努力集中精神越过这么一个“精神内聚”状态中的、由“锚定注意”引发的紧张阶段后，更深一步的“精神内聚”体验才会上升到一个“质”的境界。

3. 不要掩耳盗铃。

如同举重运动员只有将杠铃完全举起来，才能算作是成功一次的举重成绩一样，在完成一次“意数呼吸”的过程中，只有在“没有任何妄念掺杂进来”的情况下，才能算作是“一次”成功的“意数呼吸”。只要有任何妄念进来，即“数着数着想其他事情上去了”，都必须要从头开始数。所以要想获得脚踏实地的“修止”进展，就必须严格监督自己，不能将掺杂有妄念的“十个水晶球往返意数全程”算做一次成功的“意数”。

4. “量变”引发“质变”。

有人问我多长时间能“入定”，我在“摸爬滚打”中用一年多时间去“止心一处”，用两年多时间“觉空入定”，所以我给出了一个不需要在摸爬滚打情况下的入定时间表，即大家用一年“止心一处”，而用两年“觉空入定”，这是在假设你能如我一样努力的情况下的时间表。实际上这种按“时间”确定“结果”的方式有些不明确，因为并不是每一人都有大块时间可以专心修行的，所以现在就需要有进一步量化的“结果”。如同你只要猛劲锯过300次循环就一定能锯断一棵碗口粗的小树一样，**如果你能够完成一万次“清清楚楚”的“意数呼吸”往返循环，那么你就能够止心一处了**（这一万次可以在1~10年内完成）！当你能够“止心一处”的时候，所体验到的境界，完全超越以前任何气功大师所描述的心身状态——因为这是“真境界”。真正“止心一处”是不容易做到的，其效果同时也是真正不可思议的。

下一步，到“觉空入定”阶段，也是以量化体验空境的“分钟数”来确定“结果”的。方法是：一开始努力将察觉后当下体验到的“空境体验”尽全力延长到一分钟。然后以“一分钟”为一个空境单位，当你能完成两万分钟的空境体验时，你就会“由澄空境”而入“真空真定”了。所以，当量达到了，质就到达了。

另外需要注意，完成一万次“意数呼吸”和两万次“空境体验”是呈“级数”增长的，其速度是越来越快的。例如，也许你用了三个月时间才获得一种可以“清清楚楚”完成“意数呼吸”往返一次的能力，而且也真实感受到了那到底是个什么样的“清楚感受”，而在第四个月每打坐一小时就会完成十次的清楚“意数呼吸”的全程；第五个月，每打坐一小时也许就会完成二十次；第六个月，每打坐一小时就会完成三十次了；最后每打坐一小时，你就都在清楚地“意数呼吸”或“空境体验”进程中了。如此类推就是“级数增长”（级数是乘法而不是加法）。

前几天，一位朋友问我：“当您九十岁时，也就是弘扬佛法六十年后，是否还会发明出更快速的‘入定悟道’方法？”现在就解释一下，科学技术性的“精炼”与“萃取”是个什么意思。

今天一切的先进事物都是科学技术革命引发的结果。比如，古代的人们早就有了枪、炮，但这些枪炮都是通过如同“点鞭炮一样点燃引信”的方式激发的鸟枪和土炮。当人们通过技术处理，将引信拔掉而换上撞针来激发枪炮时，就直接创造了历史！过去大炮是要瞄准的，而今天技术变革为先把炮弹放出去、它自身就会寻找目标的炮弹——制导导弹。过去是手工织布，今天是机器批量生产。所以，技术革命让世界获得了突飞猛进的发展。

任何事物获得进展的唯一内在驱动力，是在其“理念”上的变革。当你从“理念”上认识到禅定是一种对“心”进行的训练方法和超强心力的获得时，“意数呼吸”和“觉空入定”就如同是“拔掉引信装上撞针”的技术变革！当你将“悟道”的目标定位在去证悟到“心物一元”时，对于悟道来说，你就如同是“将炮弹转换为目标明确的制导导弹”似的技术变革。

实际上，这些内容都是佛祖在佛经中已经论述过的内容，只不过许多人抓不住核心内容罢了。我通过科学实践，对它进行了技术化的处理，“萃取”了“禅定悟道”的核心主线，并将之明晰出来。下一步的问题是，这种“萃取”有什么用？

自古以来，能够入真定者是十分罕见的，若你以后有机缘拜访各大寺院，就会深有体会。虽然入定很难，但不是不能入，科学禅定方法就是最直接、最精简、最轻装、最明晰和最迅速的一种直趋禅定的科学、高效的方法。只要你脚踏实地努力修行，就一定会修入禅定和领悟到生命宇宙的终极实相，因为这种“萃取”不再是手工织布，而是批量生产！

六十年后，科学禅定方法还会有进一步的变革吗？如同现今最先进的自动步枪也是由撞针激发的一样，以后只能是因个人根器不同对细节进一步的调整和“打磨”，总的原则不会改变。

这位朋友又问：能不能越过“意数呼吸”，而直接专修“觉空入定”以入定呢?

答案：可以。但“走此路”如同是“迎难而上”地通过攀登悬崖到达山顶，而不是“循序渐进”地通过盘山道（意数呼吸）到达山顶一样，所以需要非常努力才可以为之。

越过“意数呼吸”并不等于越过“修止”去“修定”，而是通过“体验空境”的方法去“修止”，最后止、定共进而入定。

“修止”是为了获得“体验到空境”的能力，“入定”则是延长体验到的空境的时间和频率，进而“由澄空境”而入“真空真定”。

简单地说，当火药从炼制仙丹的目的脱离开来后，已经带给人类巨大的益处。同样，当禅定以“科学理念”来进行理解、锻炼和运用时，在心身健康、修入禅定及思维能力上，必将给人类带来一种超前的新理念。

“信、解、受、持，如是渐增”，如果你能够在十分钟内意数呼吸（数水晶球）数得清清楚楚，并不犯一次错误时，基础就打好了，你就可以进行“觉空入定”的练习了。那才是真正在训练“心”的力量!

第五章

科学觉空入定

一般所谓见解，是建立在习惯基础上的，即建立在一个人预期、设想对自己方便的事情基础上的。所以对一个人来说是神奇精妙的事情，对另一个人也许就是愚蠢可笑的。如果你要想获得一种能力，即检验是“精妙”或“可笑”的能力，而又不经过实践，不接受训练，那是办不到的。当你悟到了奥秘，就获得了知识和力量。下面我以科学实践禅定的经验为基础，客观分析和论述如何科学地快速修入禅定。

什么是入定?

“入定”就是入到一直体验在“定”境中。“定境”就是“空境”，因此一直体验在“定境”中就是一直体验在“空境”中。

“体验到”即是“察觉到”，一直体验在空境中就是一直察觉在空境中。**“觉空入定”的意思是：先察觉到一次“空境”，然后“不断察觉在空境中”就入定了**。所以第一个关键问题是：如何才能察觉到“一次空境体验”?

第一节　如何体验到空境

首先以《金刚经》中的“三际托空”去体验空境。三际托空是“过去心不可得；现在心不可得；未来心不可得”。“空境”在哪里找？在你的第一个念头与第二个念头的“空当”里找。怎么找呢?

读一下：“白日依山尽，黄河入海流。欲穷千里目，更上一层楼。”注意：每句话中间停顿的“空当”就是没有任何妄念的“清清楚楚”的“空境体验”。

为什么一般人们很难真切体验到这个“空境”呢？原因是凡没有修过“止”的人，就没有强大的心力来延长体验到的“空境”，当然也就很难真切地体验到“空当”中的“空境”的存在。

其次以密宗修炼最高秘诀“大手印”去体验空境。这个方法是：“最初令心坦然住，不擒不纵离妄念，陡然斥心呼—呸，猛然续呼‘呀码呵’，一切皆无‘唯惊愕’。‘愕然’洞达了无碍，明澈通达无言说。法身自性当认之，直指人心第一要。”

就是说，人的意识平时是非常松散的，当你被别人一声恐吓吓到时，你就会体验到一段很短暂的、“清清楚楚”的体验，这就是“空境”。大手印的方法就是用“惊愕”来截断“妄想流”进而察觉到“清清楚楚”的。如果采取通过别人的“吓”来体验空境，恐怕用不了多长时间，大家就会被吓成“精神病”。而大手印是通过“自己吓自己”来不断地截断“妄想流”体验“空境”的。

最后，只用一个方法就可以一路“入定成佛”的——也是所有佛经佛法中的“最高心法”来体验空境。这个心法是：“知幻即离，不作方便，离幻即觉，亦无渐次。”

“知幻即离”

当你“察觉”到有妄想的时候，当下即是“清净”，当下即是“空境”。清楚地说，你一“察觉”，“空境”就出现了，因为妄想早已跑掉了。所以说，“当下空境，本来空境”。**清楚地说，凡是在你打坐时，突然“察觉到有妄想”的当下，即是对“空境”的体验了。**

现在你去“反观”一下自己在想什么，你会发现在“反观”的一瞬间，你会感到自己很清净、很清楚。所以去“知一下”就是去“察觉一下”，也等于去“反观一下”。

另外需注意的一个关键地方是：对于“察觉的当下”所体验到的“空境的真切程度”，与一个人“修止”所获得“止力”的大小成正比。就是说，当你获得一分的“止力”，你就会体验到一分程度的“空境”体验；当你获得二分的“止力”，你就会体验到二分程度的“空境”体验。以此类推，直到你获得十分的“止力”而能够真切体验到十分——也就是真正的“空境”体验。

“不作方便”

因为在“察觉”的当下，你就住在“空境”中了。所以千万不要再找个什么秘法去空“妄想”，如果你再去用个方法去空“妄想”的话，就是用“妄想”生“妄想”了！“妄想”是不空而自空，是你想留也留不住的。不信你留一个念头看看，你是留不住的。察觉的当下就是“空境”，就是“如来本心”。

“离幻即觉”

如果你能够一路“知”下去，知到一个“无所不知、又无所知”的觉性境界，你就离“幻”契入了“真如”（亦名“诸法实相”），得“阿耨多罗三藐三菩提”而悟道成佛了！

“亦无渐次”

无论是在入初禅之前的“九住心”阶段，“四禅八定”中的任何一个境界，还是十地菩萨中的任何一地菩萨，任何一位佛，都是同一个“清净觉性”。这个“清净觉性”没有次第之分，无论你修与不修都是存在的“能”知之性——也就是人人具足的“天上天下，唯我独尊”的那个“佛性”。

这句话就是贯穿所有次第菩萨和一切众生修定悟道的最高心法。就这么简单？对！就这么简单！

当你有能力在“一察觉”后，体验并保持超过三秒钟的“清清楚楚”，你就住于“空境”中了。如果你能住在这个“清清楚楚”的“空境”中达十秒钟，你就入了十秒钟的“定”；能住一分钟，你就入了一分钟的“定”；能住十分钟，你就入了十分钟的“定”；能住一小时，你就入了一小时的“定”。

所以第二个关键问题是：如何才能“一直”（定下去）呢？也如同是说，如何不间断地获得“空境体验”？

第二节　如何延长体验到的空境

在绝境中，我通过对修定过程的不断探索和实践，萃取出“觉空入定”的三大秘诀：**“不断察觉；原来是我；住看清楚。”**

一、不断察觉

1998年冬季的一天上午，我突然顿悟出了一个简单、实际的延长空境体验的方法：既然你察觉到妄想的当下就是“空境”（也表达为“清净”），那么你就不要再到哪儿去找“清净”、找“空境”了。你只需要不断地去“察觉”，你就可以不断地体验在“空境”中了。所以“一直”的秘诀是：**“不断察觉。”**

也许有人会说，“不断察觉”本身不就是“妄念”吗？这句话是对的。但是要看到，它是具有能够体验到“空境”的妄念，它是修定的“脚手架”，所以不要去分辨这是否是“妄念”。

在“不断察觉”经过不断修习后，当你有能力将“清清楚楚”延长到三秒钟时，你就会体验到一小段的空境，这时会出现另一个体验：“原来是我。”

二、原来是我

在“原来是我”的体验中，**你会感觉到“你就是你”，一个活生生的“你自己”，一个非常清楚存在着的、此时此刻的“你自己”**。你会感到你自己像一个“精灵”一样存在着！

如果说“一个察觉”后的“空境体验”是“一毫米”的话，“原来是我”就是一厘米。只要你想办法将“空境体验”延长到“一米”、“十米”，直到“一百米”，你就“入定”了。

如何延长“原来是我”呢？

到这里我们碰到了一堵无法逾越的墙：无论如何，“原来是我”的体验不会超过三秒钟！原因如下：

此时此刻，即现在你在想着什么？你以为自己的思想是像流水一样连续流过“意识”的吗？实际上你是错误的，人的思念和意象都是以一段、一段的方式流过“意识”的。我们为什么会觉得脑中的意象是连续的呢？

这就像我们以为电影是连续播放的，但实际上电影是以每秒24幅画面（电视是25幅）的速率播放的。因为我们大脑一千亿个神经元“每秒钟同步震荡的频率是25次”，这也就直接导致大脑神经系统“每秒钟最多只能分辨出25个画面”。一旦连续的图像以每秒钟25幅的速率出现时，我们就会觉得一段影像是一个连续的整体，即图像是以没有中间间隔而流畅地出现的。如果电影低于这个速率播放，我们就会看到一幅一幅的“图片”画面在眼前闪过，如果高于这个频率，我们就会在电影中看到“双影”。

意识也是同样机制。“意识流”在你的脑中也是以一幅一幅的“画面”流过的，**一个“意识图片”就是一个“意识量子”**。一个“意识量子”是多长时间？它的框限又是多少？又如何与佛学禅定相融通的呢？请看下面的图5-1。

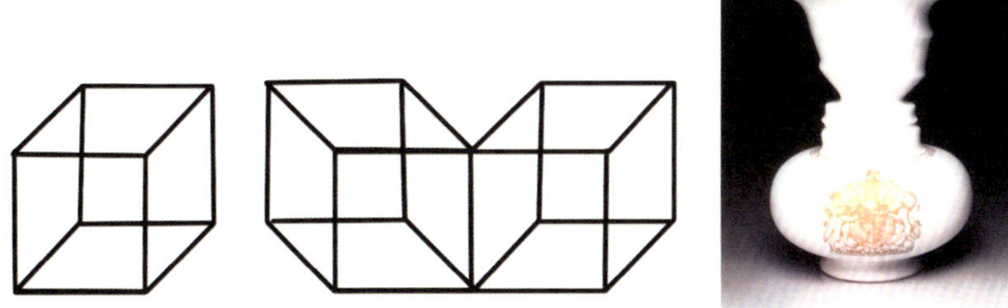

图5-1　不同角度透视后的视觉效果

注视一会，你就可以看到两种透视：一会看到向上的立方体，一会看到向下的立方体；一会看到“花瓶”，一会看到“双人面像”。你会发现，这两种透视情况在你的意识中会不受控制地转换来转换去，你永远不会在同一时间既看到向上又看到向下的立方体和既看到“人像”又看到“花瓶”的影像。

就是说，此时此刻、每时每刻，在你活生生的意识中，只能装下一个意识图片：要么看到“花瓶”，要么看到“人像”。

心理及脑科学研究表明：一个人在注视以上图片时，绝不会超过三秒钟，图片就会自动转换为另一个“意象”(由“花瓶”转换为“人像”)，而人脑神经电流同步振荡的时间是40毫秒，其过程示意图如图5-2所示。这也就导致**一个“意识量子”持续的时间框限是“40毫秒~3秒钟”**。

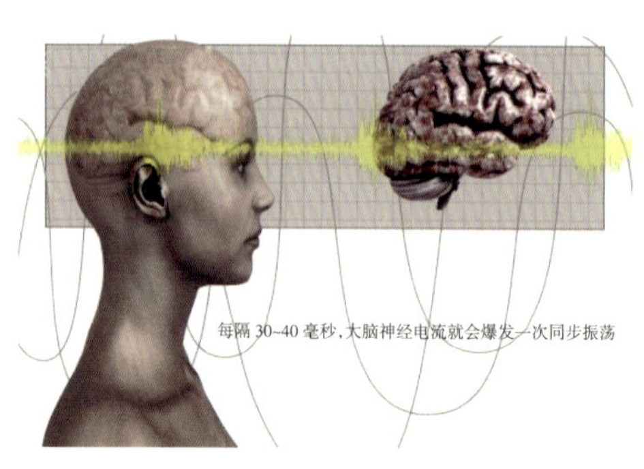

图5-2　每隔30~40毫秒，大脑神经电流就会爆发一次同步振荡

也就是说，在意识中存在“图片意象”的时间**“下限”**是：“花瓶”与“双人面像”在意识中转换速率再快，也绝不会超过每秒钟25次（即一秒钟有25个40毫秒）。就是说，**在40毫秒内绝不会连续地出现两次“意识图片”**。

意识中存在“图片意象”的时间**“上限”**则是：无论如何，在你的意识中保留“花瓶意象”的时间绝不会超过三秒钟，就会自动转换为“双人面像”。绝不会超过三秒钟的意思是：在三秒钟之内，“意识图片”肯定要变换为另一张意识图片。有人感觉超过了三秒钟，实际上是两个感觉之间的“一种透视”时间间隙很小而已。只要你是人，你就永远跳不出这么一个“此时此刻”，即0.04秒~3秒的意识限度。

以上意义很明确，无论如何，一个完整的“意识量子”被限制在了0.04秒~3秒之内，谁也跳不出这么一个意识框限。我们可以称它为“意识量子”、“空境量子”或者“空境片段”。那么无法延长“空境量子”的体验时间，又该怎么办呢？

方法是：就如同自行车的链条是由“链节”联结成的一样，只有不断地体验“空境量子”就获得了“空境链条”。那么又如何将“空境量子”之间的距离缩短、直至连续无间隔地出现“空境量子”呢？

答案是：**通过“不断察觉”为动力，使“空境量子”越来越频繁地出现，“不断察觉”就是缩短“空境链节”之间“间隔”的唯一方法。**“不断察觉”与“原来是我”所体验到的“空境”，在本质上都是一个体验，只是在空境体验长度上的不同而引发出的差别体验而已。

量变引发质变，当连续出现“空境片断”形成“空境链条”时，另一个体验就会出现：“住看清楚。”

三、住看清楚

此“住”出自《圆觉经》中的修定秘诀“居一切时，不起妄念；于诸妄心，亦不息灭；住妄想境，不加了知；于无了知，不辨真实”中的“住”。

那么“住看清楚”是什么体验呢？**就是连续出现5次“空境量子”的体验。“住看清楚”就好像是一种被动观察着自己的思想、知觉或反应而不被其“诱拐跑”的体验。**所以“住看清楚”也可以表达为“观”看清楚，也就是你一直在观察着一切的妄想、感觉而不被其拐跑的体验。

《楞严经》上把我们的妄念表达为“客尘烦恼”。就是一切的妄念如过客一样来来去去，而你这个主人家，知道客人来来往往，不过当主人的不要去殷勤招待。客人来了，不欢迎；客人走了，也不送；他爱来就来，爱走就走。你那个“清清楚楚”不要睡觉，看住它，不要跟着它跑，假如你睡着了，客人就在里头“翻天覆地”了。

当你对周围一切都看得“清清楚楚、明明白白”的时候，当

"住看清楚"的境界体验延长超过"五分钟"的时候，就会"突现出"一个"你在清清楚楚地观察着一切，但又不被这一切所影响"的境界体验——这就是"照"。

四、什么是照

比如，把六百卷《大般若经》浓缩为五千字的是《金刚经》，把《金刚经》浓缩为260个字的是《心经》，再把《心经》浓缩为一句话就是"照见五蕴皆空"，再浓缩就只剩下一个字"照"。"照"便是全部佛法。

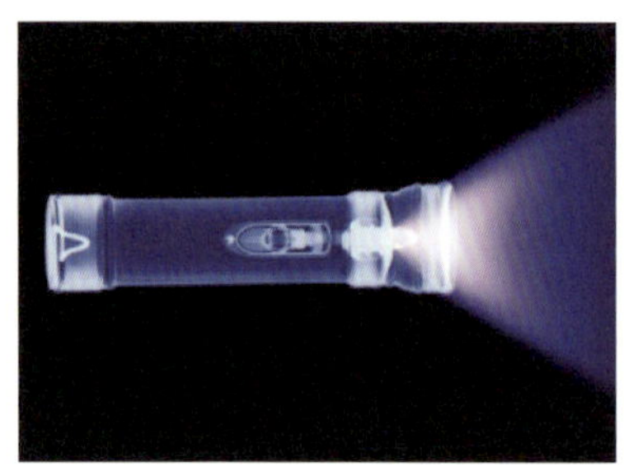

图5-3　手电筒的发光照明示意图

如图5-3所示，就像用手电筒去照见万物一样，里面的电灯泡就是"如来本心"。是如来本心在"照"见一切，也是在"创造"一切。这里的"照与造"如同是硬币的两面。**"照"的过程就是"创造"的过程。**

"空"就是"照"，"照"就是"观"，"观"就是"觉"，佛者"觉"也，随着修定的进程，你会将所有的"名词"融合成一种"如来"体验。这种体验是不可说的。为什么是不可说的呢？并不是神秘得不可说，而是就如食盐的咸味一样，是"只能被感知，无法被描述"的体验。

我曾经用红笔将**"不断察觉、原来是我、住看清楚"**写在纸上，然后粘在自家的天棚上，每一天看着这个方法进行禅定训练。在十多平方米的天棚上写满了我修习禅定的秘诀。第一次到我家的人，都会被吓一大跳！搞不清楚这"满天红"到底是个啥意思。

小"照"一下为五分钟，可以比喻为一个"点"。所谓"点动成线"，随着"点"之间距离的缩短，就有了大一点的"照"，即是一小段的"空境"。

很简单，不断地去体验小段的“空境”，就会逐步通过训练而体验到大段的“空境”，比如体验“一小时”的空境，这时就是入禅定了，而且是真定！真是很简单!!!

此时此刻，你也许会说：“太简单了吧，好像愚弄了我们的期待心。”是啊！我也觉得太简单了。我也想弄点“玄妙的东西”，可是佛祖说“亦无渐次”，就是所有的佛、菩萨都按这一个方法修习，一下子把“玄妙”打没了。也许，就是为了今天能把这个说个清楚，让我在死亡绝境中极度困苦多年！

第六章

空、意识与波粒二象性

科学地说，**“意识”就是“空”**。因此，对“空境”的体验就是对“意识境”的体验。通过体验“空境”来入定，实际就是通过体验“意识境”来入定。对“纯净意识”的体验就是对“空”、对“定”、对“如来本心”的体验！

修定的方法是通过“澄清空境”来入定，这也等于是通过“澄清意识境”来入定。因此，**修习禅定的过程就是不断“澄清意识境”的过程**。如果你能够从“澄清意识”的角度来理解和修习禅定，你就会彻底清除以往“修定”过程中遇到的所有迷惑和障碍！

问题的关键是：为什么“意识就是空”（这等同于说，为什么“意识境”就是“空境”）？

如同在古代被称作“盐巴”的东西，今天通过化学分析又称呼它为“氯化钠（NaCl）”一样，当人们发现一直称为“空”的东西，与今天科学上称为“意识”的东西都具有同一“本质特性”时，就确认了“空”就是“意识”，对空境的体验就是对意识境的体验。下面，先明确佛祖所言“空”有什么本质特性，然后再看意识的本质特性。

第一节 空的本质特性

佛祖释迦牟尼在菩提树下睹明星而“悟道”，那么他到底悟到了什么？答案是**“性空缘起”**。“性空缘起”的意思是说，世间万物皆是由“本心”创造出来的。在《楞严经》中，佛祖对这一点表述为“不知色身，外泊山河虚空大地，咸是妙明真心中物”。

这个“真心”又被表达为“如来”、“真如”、“本心”以及“空”（例如《心经》中表达的“空”）。对“真心”的体验就是对“空”境的体验，因此，“空”的特性就是“真心”的特性。

万物唯“真心”所造，这等于是说万物唯“空”所造。这一

“般若大智慧”是佛祖通过“禅定”证悟到的；反过来说，没有“入定”的人就无法从根本上“证悟”或“体验”到这一点，因此这一大智慧就成为了“不可说”的内容！（实际上不是“神秘”得让佛祖不想说，而是因为这个大智慧只能依靠禅定才能证悟到。）

那么，在今天有没有“可说”的内容？

假如人们通过科学实验突然发现：蜜蜂与花朵，燕子与稀泥，山河、虚空、大地皆是由人们用科学术语表达为“意识”的东西所创造出来的，那么也就确认了意识就是本心，就是空。

现在关键问题是：“意识”是如何创造出“万物”存在的？在今天的物理科学上，一个改变人类科学进程的“波粒二象性”实验，给了人们一个非常清晰、确定的答案。下面即详细介绍这一实验。

第二节　波粒二象性

“波粒二象性”的意思是说“光既是波，又是粒子”。下面，通过著名的双缝实验来说明“光”为什么是波粒二象性的。

一、光是波

首先，假定“光”是由如台球一样的粒子——“光子”组成的。那么日常生活中的物质粒子——如“台球”的运动情况如下：

实验一

图6-1A

图6-1B

图6-1 A/B　在随机向带有一条狭缝的挡板发射许多台球后，屏幕上就会形成一道台球条纹（印记）

如图6-1 A/B所示，当用一个可以发射台球的“台球枪”，对着带有一条狭缝的挡板随机发射许多台球时，那么，那些正好穿过狭缝的台球就会在一条狭缝后面的屏幕上形成竖着的一条“台球条纹(印记)”。

实验二

图6-2A

图6-2B

图6-2A/B 在随机向带两条狭缝的挡板发射许多台球后，就会在屏幕上形成两条台球条纹

如图6-2A/B所示，当用台球枪向带有两条狭缝的挡板随机发射许多台球时，那些正好穿过狭缝的台球就会在两条狭缝后面的屏幕上形成竖着的两条“台球条纹”。

实验三

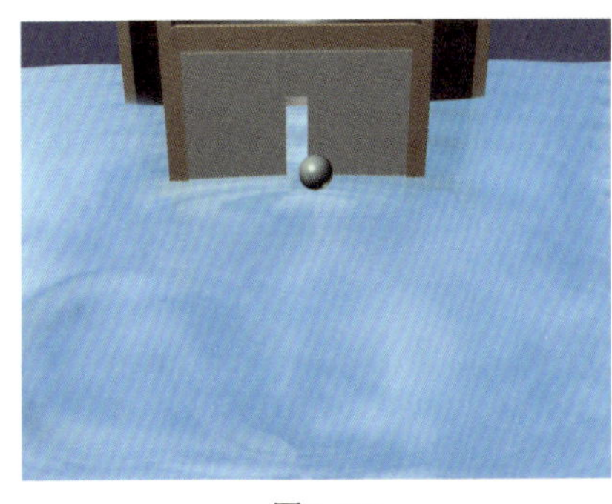

图6-3A

图6-3B

图6-3A/B/C 当用铁球激起的一道水波在穿过带有一条狭缝的挡板时，就会在狭缝后面衍射出另一道水波，然后这道新形成的水波会以一道波能量强度(波的振幅)的方式打到挡板后面的屏幕上

如图6-3A/B/C所示，投一个铁球到水池中，用以激起一道水波。当这道水波在穿过带有一条狭缝的挡板时，会由于波所特有的衍射特性在狭缝后面形成“另一道水波”，然后这道新水波会以一道波能量强度（波的振幅）的方式打到挡板后面的屏幕上。

图6-3C

实验四

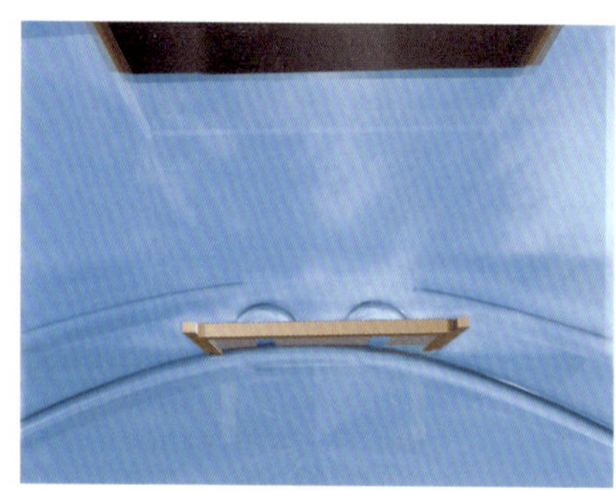

图6-4A

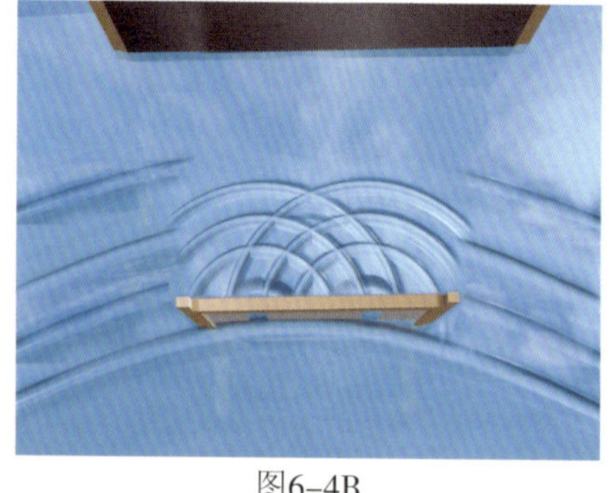

图6-4B

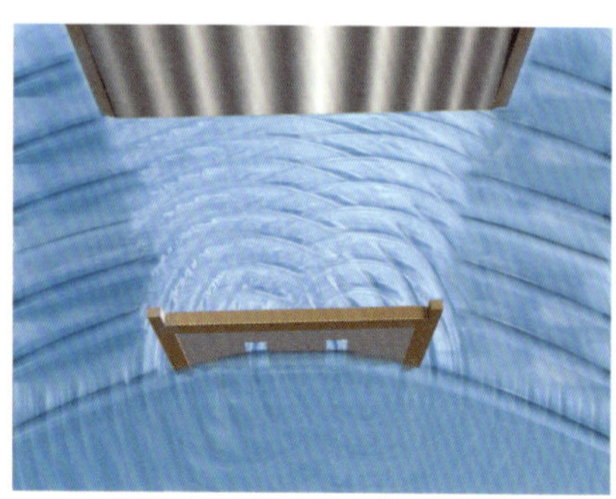

图6-4C

图6-4A/B/C
当一道水波在穿过带有两条狭缝的挡板时，就会在狭缝后面衍射出两道水波。这两道新形成的水波在相互碰撞后，在打到屏幕上时，就会在屏幕上形成以波能量强度（波的振幅）交替出现为特征的“水波的干涉条纹”

如图6-4A/B/C所示，当用铁球再次激起一道水波，这时在挡板上开出两条狭缝，结果水波在穿过两条狭缝时，由于波所具有的衍射特性，就会在狭缝后面再次新形成两道水波。当这两道新形成的水波在交织碰撞后，就会发生“波”所特有的干涉现象——即在挡板后面的屏幕上形成了以波能量强度（波的振幅）交替出现为特征的水波的“干涉条纹”。

实验五

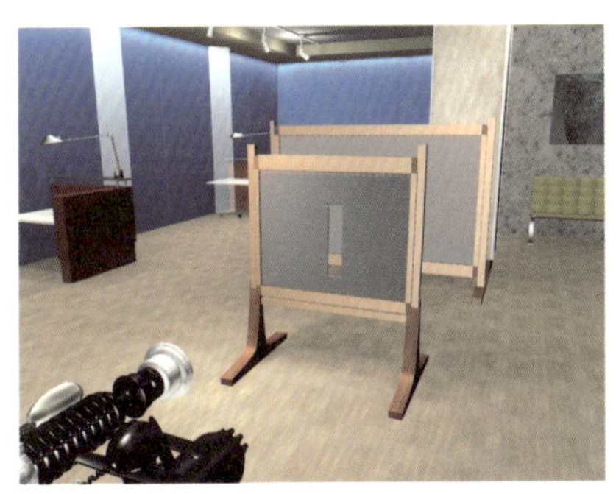

图6-5A

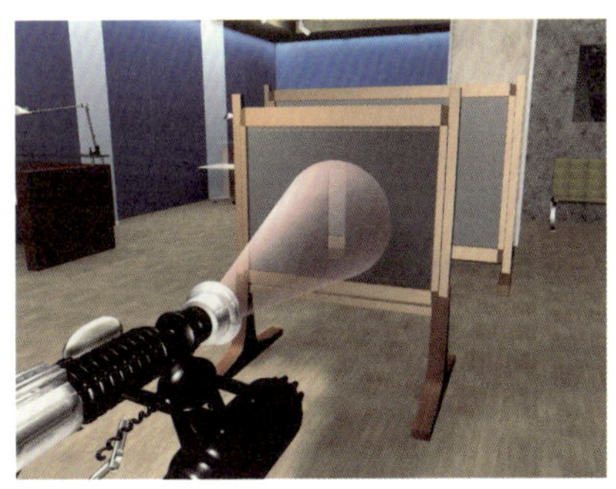

图6-5B

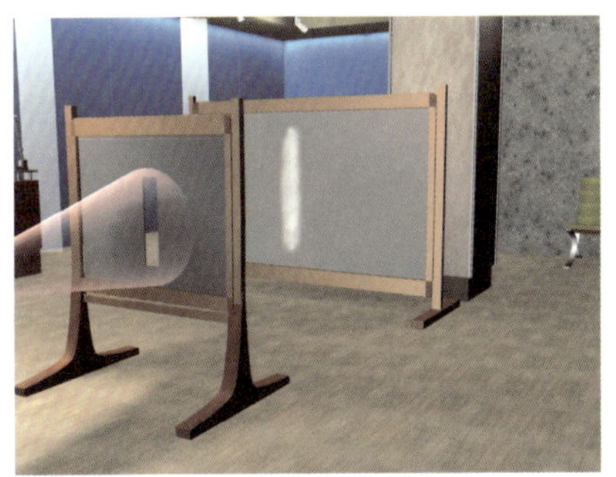

图6-5C

图6-5A/B/C
当一束光在通过带有一条狭缝的挡板时，就会在屏幕上形成一条光芒带

如图6-5A/B/C所示，当用一个可以发射光子的“光子枪”（你可以把这个光子枪看成是一支可以控制发光强度的精致手电筒），向带有一条狭缝的挡板发射一束光时，这时就会在一条狭缝后面的屏幕上看到“一道亮的光芒带”。

实验六

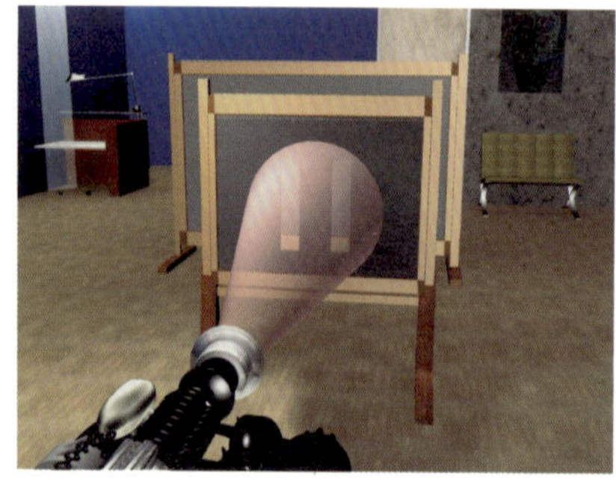

图6-6A

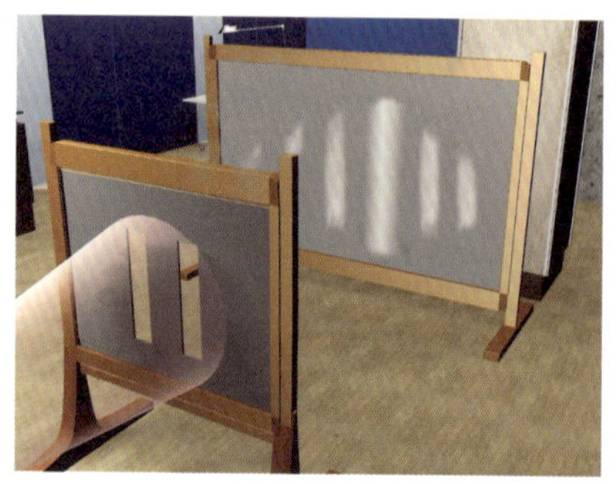

图6-6B

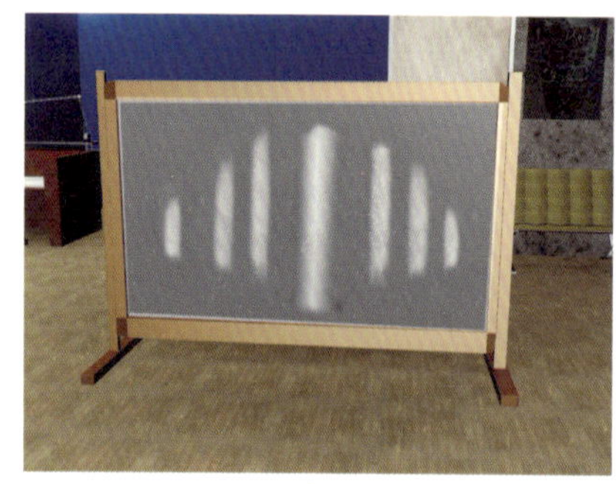

图6-6C

图6-6A/B/C
当一束光在通过带有两条狭缝的挡板时，就会在屏幕上形成“光带的干涉条纹”

如图6-6A/B/C所示，当在挡板上开出两条狭缝，再发射光束时，如同在实验四中看到的“当一道水波在通过两条狭缝后所形成的干涉条纹”一样，人们在两条狭缝后面的屏幕上看到了亮与暗交替出现的“光带的干涉条纹”。

结果非常清楚：由于世界上只有波才具有“衍射”和“干涉特性”，所以实验六清楚地说明了“光是一种波”。也就是说，光在从“光子枪”出发后，以及在到达屏幕上形成干涉条纹之前，在空间中是以“波”的方式运动的。

问题是：“光子是波”这一点有什么“奇怪”的吗？

因为两道波在相撞后会发生“干涉现象”(波峰与波谷相遇波会

消失；波峰与波峰相遇波会被加强；波谷与波谷相遇波谷会更深），所以，如果光是波，当两束光照射到同一地面时，就会产生“干涉条纹”，使得地面变得“更亮”或“更黑”。如果真是这样，你就得接受如下怪诞的事情：

夜晚，一根针掉在了地上，你在用一支手电筒去找。一位朋友为了帮助你而用另一支手电筒照了丢针的同一块地面，这时令人“毛骨悚然”的事情发生了，两束光照射到一起应该更亮才对，可是当两束手电筒的光照到一起时，竟然使地面变得更加黑暗了。

除非遇到“鬼”，否则怎么会出现这种现象？

实际上在日常生活中，由于实验条件不严格，人们极难看到这种情况，但是另一个“让光消失”的现象却是大家经常看得到的。这就是“五颜六色的肥皂泡”（见图6–7）。

图6–7　五颜六色的肥皂泡

“白光”（如阳光、灯光）是含有所有不同波长的光，或者说是含有所有颜色的光。当从水膜一边反射回来的特定波长的光波的“波峰”和从另一边反射过来的“波谷”相重合时，即发生“波的干涉”现象时，对应于这一颜色波长的光波就不会出现在白光中。（“光”就是物质，所以这等于是说“物质”从虚空中消失了。同时这也等于说，当两个手电筒照在一起时，使地面变得更黑了。）这样，当白光中缺少某一波长的光波时，其他波长的光波就会暴露出来，进而才会显现出五颜六色的光彩。

假设“光”是如台球一样的粒子，那么就绝不会出现这种让光消失的“干涉现象”。由此进一步带来的结果是，世界上也不会出现

“五颜六色”这个东西，整个世界都将变成如同“黑白电视”中的情景一样（因此，“颜色”及“一切”都是由“人”的意识分别出来的）。所以，虽然一百多年以前，科学家们都无法接受“两道光加在一起竟然会变得更黑”的现象，但是这一现象不是由“鬼”造成的，人们无论怎么“不情愿”也得接受“光是波”的事实。

二、光是粒子

既然已经确定“光是一种波”了，世界上的人们接受这个结论就好了。然而为什么人们又“无事生非”地去发展出另一种理论，说光不是波而是如台球一样的“粒子”呢？或者说，创建这种“粒子学说”有什么用？

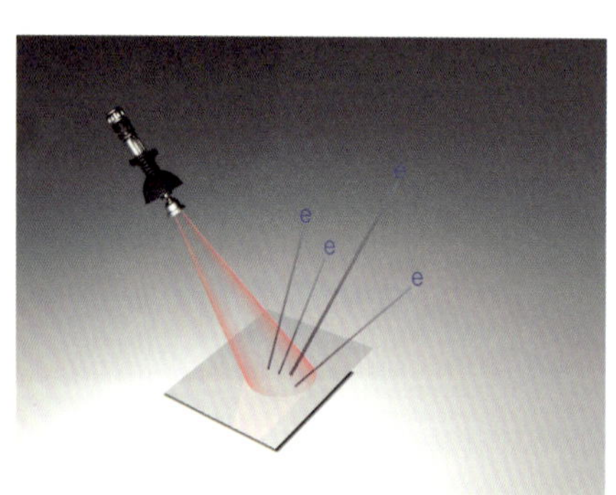

图6-8　当一束光照射到金属表面后，就会将金属原子中的电子撞飞出去，进而形成电流的

如果把一束光照射到金属表面的话，就会产生电流，这一现象叫做“光电效应”（图6-8）。这一效应一开始是由德国物理学家赫兹在1887年发现的。但是，由于那个时候人们坚信光是一种波，而波所具有的特质——即假设光是“光波”，那么光波是不可能把金属中的电子“敲”出来进而形成电流的。所以对光电效应的原因，一直就没有获得过合理的解释。

到了1905年，爱因斯坦对这一现象做了详细研究并发表了一篇论文提出（同年爱因斯坦也发表了“狭义相对论”），“光”在空间中的运动不是连续的，而是一份一份的，每一份叫做一个“光量子”（量子力学即由此“量”而来），简称“光子”，由此说明光应当是由“粒子”组成的。如果“光是粒子”，那么光电效应就获得了合理的解释。

这篇论文中的观点虽然令人“极为震惊”，但是由于当时爱因斯坦“人微言轻”，也就没有人把这篇论文当回事。随着爱因斯坦在发表了“相对论”后声名鹊起，促使一位美国物理学家密立根固执地用了十年时间精心设计实验以证明爱因斯坦提出的“光是粒子”的理论是错的。结果，他的实验成功地证明自己错了，也使其他每个人都相信爱因斯坦是对的。最后，爱因斯坦因为这一论文（而不是因为相对论）在1922年获得了诺贝尔奖。付出终有回报，第二年，即1923年，密立根由于“自己证明自己错了”的实验，同样也获得了诺贝尔奖。至于说到创建这种“粒子理论”有什么用，简单地说，它是今天所有科学技术高速发展“一半理论支柱”的依据。而“另一半理论支柱”的依据就是把光看待成是波——原子弹就是由此“看待”而来的。

在日常生活中，另一个人们十分熟悉的现象，同样也可以无可辩驳地证明“光是粒子”。这个现象就是人们看到的天上的星星。原因是这样的：

我们能否定位水波为一个拥有特定方向的“点”呢？

答案是“不能”。因为“波”是一个向四周扩散出去的东西，所以就无法被定位在一个具体的地方。例如，当水波在池塘表面扩散时，是以一个“圆圈”的方式同时向四周扩散的，而你是不可能把这个“水波圆圈”定位在某一个“点”上的（即是由许多“点”，连接而成的一个圆圈）。最简单地说，因为水波是个“圈”，不是个“点”，所以就不可能被定位在某一个“点”上。例如：你不可能将池塘中的一道波定位在池塘中的某一个“点”上。水波在由小圈扩展成大圈的过程中，水波在池塘中是无处不在的。

所以由此说来，如果“光是波”的话，那么天上的星星都将无法被定位，人们也无法看到天空中的任何星星。天空将变成什么样呢？如果你看过雨中池塘表面形成的杂乱图案（图6-9），你就可以想象到，夜晚的天空应该是一片杂乱的光芒。所以，当星光打到人们眼睛

图6-9 池塘中的水波在发生干涉后所形成的杂乱图案

中的视网膜上时，必须是以“粒子”形式出现的，只有这样我们才能定位星星的“位置”。因此最简单地说：**“光必须是粒子而不是波。”**

光到底是“粒子”还是“波”？几十年前的科学家曾有一段戏言：世界上所有的科学家，周一谈光是粒子，周三谈光是波。经过近百年的争论，让世界上最聪明的人们在通过无数次无可置疑的确定性的实验、在虽然“不愿意”但也必须承认的检测结果面前，最终达成了“共识”，这一共识也成为了“量子力学”的核心奥秘：**“所有的粒子都是波，而所有的波都是粒子。”**

这种“既是波又是粒子”的现象说明了什么？意识与此有什么关系？

三、是什么决定光是波还是粒子的

我们延续以上的实验，通过问一个简单的问题就会发现核心奥秘的本源：**什么情况下光是粒子？什么情况下光是波？**

实验七

图6-10A

图6-10B

图6-10A/B 当在狭缝处装上监视器，光就会瞬间变成粒子，在穿过狭缝后形成两条光点条纹

如图6–10A/B所示，当科学家在狭缝处放上一个“监视器”，再用“光子枪”向带有两条狭缝的挡板发射光子的时候，竟然惊讶地看到，**由于监视器的存在**，“光”（或者说一道光波）突然变成了如台球一样的粒子，嗖嗖地从狭缝中飞过，而且在后面的屏幕上不再形成光带的干涉条纹，而是如在实验二中用台球枪向带有两条狭缝的挡板发射台球时形成两道台球条纹的情况一样，最后在屏幕上竟然形成了“两道光点条纹”。清楚地说，在狭缝处放上监视器的实验让“光波”变成了“粒子”，其波的属性瞬间消失了！

实验八

图6–11A

图6–11B

图6–11A/B 一旦撤除监视器，干涉条纹又出现了

如图6–11A/B所示，当科学家在狭缝撤除“监视器”，再用光子枪向带有两条狭缝的挡板发射光子的时候，在两条狭缝后面的屏幕上，光带的“干涉条纹”突然又出现了！

虽然人们撤出了监视器而无法看到“两条狭缝”处的情况，但是因为“光带的干涉条纹”的出现，**人们又必须承认“光”在穿过狭缝时，是以波的形式穿过去的**。这个时候，光又变回了“波”。

那么关键的问题是，是什么决定“光是波还是粒子”的呢？

回答是：监视器！监视器又是什么？监视器是科学家用来观察狭缝处有无光子通过的仪器。让人“不敢相信”的是：如果仅仅是放上监视仪器，而没有一个“有意识的人”通过监视器去观察的话，光在穿过双缝时依旧是“波”！所以**最终决定光是“波”还是“粒子”的东西是“观察”，即一个有意识的人**。所以最终核心奥秘的答案是：**是意识决定光是波还是粒子的**！

那么是“意识决定光是波还是粒子”的现象又说明了什么呢？为了理解这点，我们先要理解“什么是波”。

四、什么是波

“波”不是像石头一样的“东西”，而是一种东西（比如水）的运动模样，即上下或前后运动的样子。那么波有几种运动模样（方式）呢？

一维波

如图6-12所示，拿一根五米长的绳子，把绳子的一端拴在门把手上，然后你站在离门三米远的地方，用力抖动一下绳子，你就会看到一个“波”从绳子的一端快速地移动到另一端。这就是“绳子波”。如果问，绳子波是什么？回答则是，绳子的波只是绳子在“原地”上下运动的一个“态势”。绳子波运动的过程即是这“上下运动态势”从一端移动到另一端的过程。

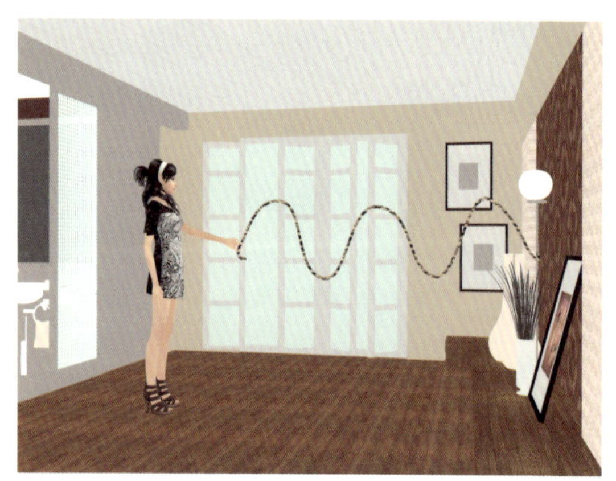

图6-12　绳子的波

因为绳子的波只能沿绳子向单一的一个方向运动，所以人们就称这种波为“一维的波”。

进一步说，就像你不能说“举手的过程”也是一个东西一样，绳子的波只是一个移动的“态势”，而态势不是一个“硬邦邦实在”的东西（就像你不能说“星期五”也是个什么东西一样），**“态势”只是一个“过程”**。

还有什么样的波是一维的呢？还有骨牌倒下去的波。“骨牌波”移动时，骨牌本身没有跟着移动，移动的是骨牌倒下去的“一种态势”。

一维的波只能向单一方向移动下去。例如“绳子波”只能是从绳子的一端移动到另一端。如果要问“波在绳子的哪里”？这个问题是没有答案的。因为绳子波随着时间的推移，哪里都曾经存在过，又哪里都不在了。

二维波

如图6-13所示，投一块石头到池塘中，你会看到荡起一圈一圈向四周扩散出去的水波。这时的波，不再像一维式的绳子波那样向单一方向运动，而是一个在水平面上以360度的角度向四周扩展出去的波。因为是向水平方向扩展出去的波，所以这个波是“二维”的。

图6-13　池塘中扩展着的水波

如果我们再次问“水波在哪里”时，答案是：在某一时刻，水波是以一个圆圈的方式存在于池塘中的“一圈中”的（注意：不是在一个“点”中），而其在由小圈扩展成大圈的过程中，它曾经处在了池塘的任何地方，所以“水波”哪里都不在，但哪里也都曾存在过——即无处不在。

在水波的扩展过程中，水分子没有随着波移动到远处，移动的只是水分子上下运动的“态势”。如果问：水波是什么？回答是：

水波什么也不是。水波只是水分子在“原地”做上下运动的“一种态势”。而态势不是一种东西，它只是一个过程。

例如在“绳子波”中，绳子既可以是棉绳，也可以是钢丝绳，而波则与承载波的“媒介”没有本质的关系。再比如，水波既可以由水来承载，也可以由豆油或汽油来承载。所以再次强调，**波不是一个如石头一样实在的物质，它只是物质运动的“态势”，当态势移动的时候就是波。**

从以上的论述可以清楚地看到，这种“态势”分为两种：一维的波、二维的波。那么还有第三种情况，即“三维的波”吗？

三维波

如图6-14所示，如果在游泳池中心拉响一颗手雷，那么你就会看到一个一开始如西瓜一样大小的、像水泡一样的“球状波”向四周扩展开去。如同池塘中的水波最终会扩展至整个池面一样，这个“球状水波”也会以立体“球”的形式扩展至整个游泳池的各个角落。（注意：扩展的是波，而不是气泡。）

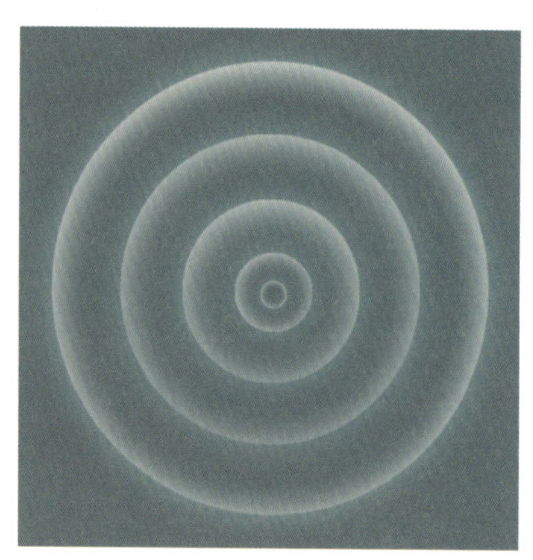

图6-14 膨胀着的“球状波”

这种水波不是一维的绳子波，也不是二维的平面波，而是三维的“球状波”。那么，还有什么波是球状波？

如果一个人在广场上敲鼓，那么不但在广场平面上的人都会听得到，而且周围高楼上的住户也都可以听得清楚。这说明“声音”也是“球状波”。否则，如果声波如绳子波一样是一维的波，那么就只有一个人可以听到鼓声。如果是如水波一样的平面波，那么也只有广场平面上的人可以听到鼓声。因为是球状波，所以广场周围的任何人都可以听到鼓声。不但是鼓声，实际上任何的声音都是球状波。比如，当你说话时，在你身体周围“全方位”的人都可以听到你的声音。所以，水波和声波都是“球状波”。

五、光是没有介质的球状波

那么光波是几维的波呢？回答：**“光是球状波。”**许多人看到某些科普书中为了理解方便，而将光波画为一维的绳子波，或二维平面的波，就认为光波就这样的，这是错误的理解。实际上，光波是“球状波”。

现在一个最严重的、最关键的、也是让所有人都困惑而无法理解的问题出现了：“绳子波”是绳子的上下运动，“水波”是水分子的上下运动，“声波”是空气分子的前后运动，那么“光波”是“什么的”上下运动呢？

人们为了找到光波是“什么的”上下运动（也即为了说明“光是一种波”），在120年之前的一百多年中，世界上最聪明的科学家们（包括笛卡儿、牛顿等人），绞尽脑汁，经过共同努力的“苦思冥想”后，最终达成了共识，即认为宇宙空间存在着一种人们感知不到的东西——“以太”。

正如水波是水分子的波动一样，光波就是“以太的波动”。如果“以太”确实存在，那么“光是一种波”的论点就完全正确。

然而，意外发生了，在1884年，当两位痴迷于“以太论”的科学家迈克尔逊和莫雷用了数年时间去测量“地球”和“以太”的相对运动速度的时候，却检验出了一个连自己都十分不愿意相信的结果：“以太在宇宙中并不存在！”这真是一个爆炸性的消息，如果“以太”真的不存在，按照“波必须要有介质才能存在的”的逻辑推理，光就不可能是一种波。如果真是这样，当时大部分物理科学理论就都会轰然倒塌（这对科学界来说绝对是一场大灾难）。那么一开始是谁确定“光是一种波”的呢?

第一个提出“光是波”理论的人是二百年前的托马斯·扬，他做过一个人类科学史上最著名的实验之一——“双缝实验”。这个实验极为简单，但结果却十分明确。实验原理如图6-15所示。

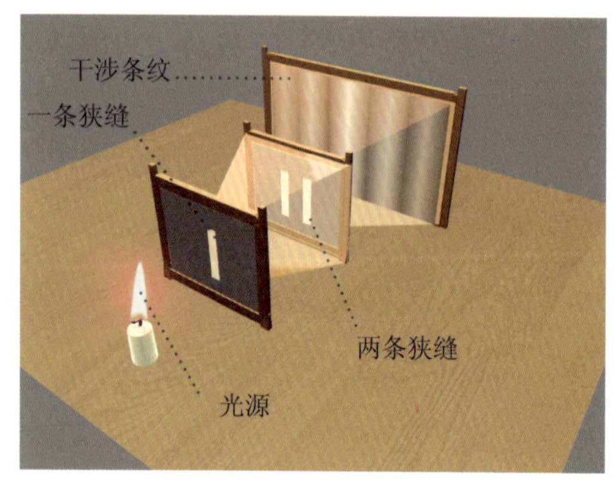

图6-15 双缝实验

用一支蜡烛照射带有一条狭缝的木板，接着使从这条狭缝射出来的光，在通过第二块木板上的两条平行狭缝后，投射到第三块木板上（即屏幕）。这时，在第三块木板上就会出现亮与暗交替存在的“光带的干涉条纹”。

因为世界上只有波才具有干涉特性，即只有波才会形成“干涉条纹”，所以就让包括托马斯·扬在内的所有科学家无可置疑地相信：“光是一种波。”

注意：最关键的一个结论出现了，一个十分确定的事实是，无论如何你必须承认“光”就是一种波。而波的运动必须要有介质（如水波必须以“水”为介质），但宇宙中并不存在“以太”。也许你会想，有没有其他的什么“太”?经过一百多年许多人的共同努力最终完全证明，没有其他的什么的“太”，光就是一种“没有介质的波”，所以光——又叫做“电磁场”。

“没有介质的波”，当一位非科学家听到这句话不会有什么奇怪的感觉，但要把这句话以另一种方式来表达，你就明白这有多么荒谬了!

比如，对量子力学做出重大贡献的科学家海森堡曾对一位朋友懊恼地说：“空间是蓝色的，有鸟儿在其中飞。”（在逻辑上，空间是不能被赋予颜色的。)

如果你对这句话还是有些不理解，那么如果让你接受并去讨论“星期五”是个立方体还是长方形，或者谈论“恐惧”与“高兴”有多少公斤重，你会多么不情愿接受这样的“概念”，而又会感到这多么的“荒诞”呢?!

再用一个现象表示一下这种荒诞性：一个人突然被打了一耳光，但他却看不到打他的手的存在。不是打他的手隐形了，而是根本就没有“手”的存在，但是却出现了“甩手的过程和脸肿起来的效应”。这也如同是说，你看到一张纸上慢慢映现出一个“文”字，但你却看不到是谁写的。当然也不是写的人“隐形”了，而是“根本就没有人写”。这即是**“无中生有”**最好的例证了。这即是所谓“道可道，非常道”的非逻辑性（非逻辑性：即是用正常思维想不通的事情）。荒谬吧？不荒谬才奇怪哩!

对应于经典物理学（牛顿力学）而言，“新物理学”（量子力学）之所以“新”，就新在了一点——“波粒二象性”。波粒二象性说的是物质既具有“波”的一相性，也具有“粒子”的一相性。所以，下面我们再看什么是粒子。

图6-16　台球

六、什么是粒子

台球是一个“粒子”(图6-16),豌豆是个“粒子”,水珠是个“粒子”。凡是你现在能够感知到的一切，都是“粒子”。例如，砖头是由沙粒组成的，沙粒又是由各种更小的沙粒组成的。头发、茶杯、高楼、萝卜，还有你的眼睛和脑细胞，都是由更小的“粒子”——“分子”和“原子”组成的。所以，“粒子”就是硬邦邦实在的“东西”。进一步说，“粒子”就等于“实在”和“存在”。

第三节　意识决定了什么

如果科学家承认“光”是一种波，那么因为宇宙中并没有“以太”的存在，所以就必须承认光是一种没有介质的，即“虚无”的球状波。更加严重的、也是让人们“不敢”去相信的问题是，在1924年，法国科学家德布罗意发表了一篇论文，证明了：**不但是光，包括电子、质子和原子都具有“波的性质”**（在1929年，德布罗意因此论文获得了诺贝尔奖）。

最后，就如同科学家“不得不”接受“光既是波，又是粒子”一样，而你就“不得不”接受的真实是：

此时此刻，你眼前所见到的水杯、水、金鱼、小猫、一朵玫瑰花、树木、山川、河流、月亮、太阳、星系、眼前的爱人，以及你用来观察这一切的眼睛，因为它们都是由原子组成的，原子又是由光子、电子、质子构成的，所以这一切都不是“实在”的东西了。从137亿年之前（即创建宇宙的“大爆炸”之初），这“一切”就都以“球状波”的形式，一直在宇宙空间中扩散着一个“什么的”波呢？回答是：“虚无的波”。宇宙的本质是“虚无”。

那么是什么让“山河虚空大地，以及你用来观察这一切的眼睛及你的‘她’”得以存在的呢？这也如同是问，是什么让“波”崩溃成“粒子”的？

非常简单：从以上实验，我们已经清楚地看到，是“观察”

——即一个有意识的人让“光波”崩溃成“粒子”的。所以一切的“存在”都是因“意识”而“生”!

那么这种由意识创造出来的“存在”就成为“实在”了吗?即是说,由“意识创造出来的粒子”会一直存在下去吗?答案是:意识创造出来的所谓“粒子”也只是一种“感觉”——即“粒子”也是“虚幻不实”的。

原因是,任何所谓的“存在着”的“东西”,都必须要在“时间与空间”中“穿行”才能体现其“存在”。例如,我们之所以会看到东西,是因为光从物体上反射进我们的眼睛中引起的,所以如果“光”不行走,你就永远看不到任何东西。因为“思想”是神经程序的运行,所以如果“神经电流”不在神经细胞中运行传导,你也就不会产生任何思想(比如,一个刚死去的人的大脑中,其神经细胞都还完好地存在着,只是他的脑神经细胞之间没有了电流的运行,所以“他”死了)。

正因为“时间与空间”只是人们在意识上创造出的一种“幻象”,所以在本质上,宇宙中并不存在“时间和空间”——即任何“物质”都不受“时间与空间”的限制。世界上没有“实在”,只有感觉到“实在”的“感觉”的存在。

那么下面的关键问题是,为什么时间与空间是“幻象”?意识又是如何创造出时间与空间幻象的?

一、 为什么“时间与空间”是幻象

有一个朋友曾对“波粒二象性”提出过这样的疑问:“如果光是由多个粒子组成的‘波’呢?而不是一个粒子也是‘波’。”这位朋友继续说,“以水波举例,两道水波发生了互相干涉效应,但是单就水波中某一点而言,其实只有一个水分子(粒子)。水波是由多个水分子组成的,所以我理解‘光’是由许多个粒子组成的,而许多光子的运动方式是‘波状’的。”

以上朋友的疑问，即认为“光波是由许多粒子”组成的（即认为光是由粒子组成的观点），也是近一百年以来科学家们一直争论不休的核心问题的焦点所在。下面先简单介绍一下科学家们争论的过程，以及最终是如何解决这一核心问题的。

1935年，以爱因斯坦为首的科学家们提出了“EPR佯谬”以用来证明“波粒二象性”是错的。1965年，约翰贝尔提出了一个强有力的数学不等式（后来被称为“贝尔定理”），本来这个“不等式”是用来证明爱因斯坦是对的。然而在1982年，巴黎的“阿斯帕克特科研小组”用钙原子所做的实验以令世界上所有科学家们无可置疑的方式打破了这个“不等式”（1995年，日内瓦核物理研究所用光子所做的实验再次确认了1982年的实验结果），反而最终证明爱因斯坦犯了个“大错误”。

阿斯帕克特的关键性实验，一劳永逸地解决了人们追问的核心问题：物质是什么？由此之后，世界上的所有人都不得不承认：物质，即光、电子、原子，既是波也是粒子。

为什么人们会“不得不”承认呢？

首先，“量子理论”不是如其他理论那样是单靠人类的大脑就思考出的“理论”（比如“相对论”就是爱因斯坦靠大脑思考出的理论），而是人们通过实验获得“结果”，然后再根据结果创建出的理论。

其次，量子理论也不是一个或几个人的功劳，而是一百多年以来世界上许许多多的科学家经过无数次的实验共同得出的结论。

进一步说，“光既是波又是粒子”的现象是一个只有结果而不能问“为什么”的事情。因为没有答案，结果就是那样的。

那么这种没有原因的结果带给了人们什么“好处”呢？实际至今一百年以来，科学家已经在承认“波粒二象性”的前提下（即“先开枪，后瞄准”），为人类发明出了生物医药、太阳能电池、原子弹、电视机、电脑、手机……直至导致今天整个科学技术上的革命。

回过头来，我们再看为什么时间与空间只是“幻象”？也为了说明，为什么一个光子也是波？

随着实验技术的进展，在20世纪80年代，科学家已经发明出了每隔一秒钟可以发射一个光子的仪器。然后科学家做了如下实验：

图6–17　每隔一秒钟发射一个光子

如图6–17所示，在双缝实验中，这一次科学家没有在狭缝处安装监视器，而是做了一个特制的像“电视机荧光屏”那样的屏幕来检测光子，这个屏幕有一个非常重要的特性，即让每一个到来的光波“崩溃成粒子”，而在屏幕上显示为一个“亮点”。然后，科学家没有像以前那样同时发射许多光子，而是每隔一秒钟发射一个光子。

如图6–18所示，随着光点的逐步累积，最终的实验结果竟然是，在发射完一千个光子后，人们没有如期望中的那样，见到如

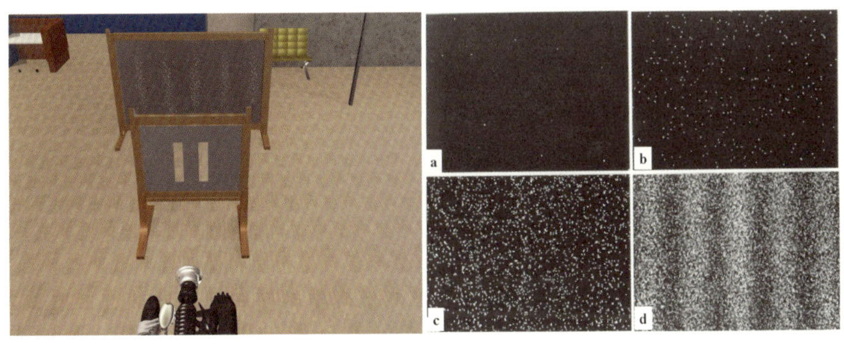

图6–18　随着光点的逐步累积，在发射完一千个光子后，屏幕上竟然出现了由光点组成的带状干涉条纹

"实验七"所示的"光点形成的两条条纹"，而是看到了与"实验六"完全相同的情况，即形成了"由光点形成的带状的干涉条纹"。

那么这个现象到底说明了什么呢?

首先，类似于"60分钟等于1小时"一样，时间与空间是如同"一枚硬币的两面"的"一个东西"。因为"光"的绝对速度为30万公里/秒，所以时间与空间有一个对等的关系，即30万公里=1秒钟的时间（这也是"相对论"会存在的根本所在）。

其次，因为光子枪与屏幕之间的距离是10米，所以，对于光子所经历的时间，每隔一秒钟发射一个光子换算成日常人们感知到的"比如一个台球所经历的时间"，如同是每隔10年才发射"一个台球"（30万公里×1000米/公里÷10米=300000000秒÷60秒÷60分钟÷24小时÷365天=9.512年≈10年）。这也如同"一个每秒钟运动10米的台球，运动10年才会运动30万公里的距离"。

进一步清楚地说，当人们"这样去"发射"台球"的时候，即每隔10年发射一个台球，在经过了一万年一千次的发射后，在屏幕上没有形成"两道光点条纹"（印记），而是形成了光点的"干涉条纹"。因为干涉条纹的出现，人们就必须承认并接受以下的怪诞事实：

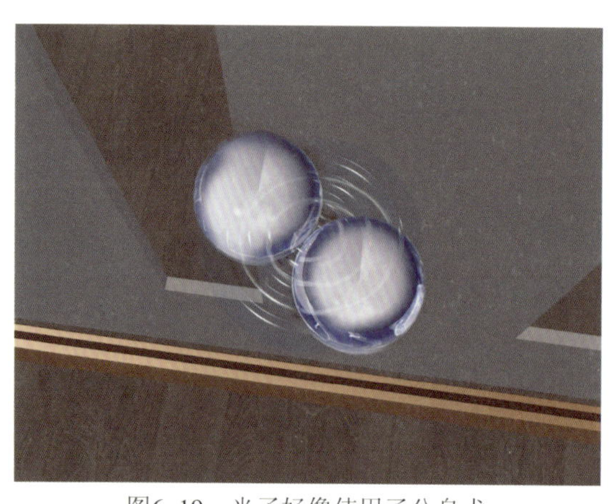
图6-19 光子好像使用了分身术

第一，因为"干涉条纹"的存在，所以，虽然光子从光子枪中发出时是一个"粒子"，在到达屏幕上时也是一个"粒子"，但是在穿过双缝时，一个光子就如同是使用了"分身术"一样（图6-19），竟然同时从两条狭缝中穿过去了，而且“自己还干涉了自己”后打在屏幕上。从这里可以清楚看到：多个光子是一道波，一个光子也是一道波。

进一步清楚地说，光子在从光子枪中出发时，以及在打到屏幕上形成一个亮点时，是有明确“位置”的，而在这“两点”之间，光子的位置是无法被确定的，这就是著名“不确定性定理”的由来。

图6-20　光子在从光子枪到屏幕之间的运动过程中是无处不在的

如图6-20所示，“不确定”的意思是，光子像扩散出去的“球状波”一样，可以处在宇宙空间中的任何一处。反过来说，**光子在宇宙空间中是无处不在的**。比如，光子到达双缝之前，也许跑到月球上或者跑到某个星系中转了一圈，然后又回到实验室中的双缝前，在同时穿过两处狭缝处后打到了屏幕上。光子的这种“无处不在性”就是让一直以来世界上所有科学家都迷惑不解的“量子非局域”的特性。“非局域性”是指任何一个量子（电子、原子），会同时存在于宇宙中的任何地方的特性。

第二，让人们不敢相信的真实是，因为“干涉条纹”的存在，所以，每一个到达屏幕的光子不但知道“在自己之前（如同十年、一百年、一千年前）的所有光子都去了哪里"，而且还知道"在此之后（如同十年、一百年、一千年后）的所有光子会到哪里去"，然后，一个光子会选择一处"自己应该去的位置"撞上去。如果光子没有这种"前知五千年、后知五千年的超感知能力"，所有的光子就不可能做到最终共同携手形成"干涉条纹"的事情。（注：不是光子有超感知能力，这里只是"假设"光子只有拥有了这样的"超感知能力"才能做到"用'一万年'的时间携手共同创建出干涉条纹"的事情。真实的情况是：宇宙中根本就不存在时间和空间——**时间与空间都是人们的意识"分别"出来的"感觉"**。）

以上两点清楚地说明了：在光子的世界中（也是电子、质子、原子的世界中），因为"非局域性"的存在，所以"空间"被终结；又因为所有光子会共同协力形成干涉条纹，所以"时间"也被终结。

因为"你的眼睛、你的手臂和你的额头"，以及你看到的"房子、猫、山河大地"都是由光子、电子、原子组成的，所以"光子就是你"，"光子的世界"就是"你的世界"。因此，时间与空间只是人们感知到的"幻象"。那么，人们又是如何创造出时间与空间"幻象"的呢？

二、意识是如何"创造出时间与空间"存在的

假设宇宙中"只有一个原子"，那么时间对于它来说，就"等同于没有"。这是因为老人相对于孩子而老去，若只有一个原子存在的话，因为找不到一个对比的对象，所以它就永远不会老去，或者说它从来就没有年轻过。如果宇宙中只有一个原子，那么空间也等于不存在。因为这个原子相对于谁而有距离呢？既然没有距离，空间也是不存在的事物。

当宇宙中出现两个原子时，因为既然是两个原子，就必然存在着距离，这样"空间"也就出现了。当这两个原子发生"相对运动"的时候，那么它们之间就会发生位置的改变，在这时，就要对这两个原子之间发生的“位置改变”作一个“标示”，此时，时间也就出现了。

那么“时间”是怎么出现的？

简单地说，对原子相互间距离相等的位置变化所作出的“标记”，就被称为时间。比如，当一堆原子大到人的眼睛可以看得到的程度——即大到手表上的“一根秒针”时，而且当这个秒针以相等位置进行移动时，“一秒钟”的时间就出现了。然后是一分钟、一小时、一天（即由许多原子组成的地球自转一圈的“位置的改变”）、一年（地球绕太阳转一圈的“位置的改变”）等。

从这里就可以清楚地看到，“时间”是对“物体相对运动距离量”的度量。正因为这一点，才让我们在“相对论”中看到，当你以接近绝对速度（即光速）高速运动时，因为你身体之中所有原子之间“相对运动”的速度减慢了，所以“你的时间”（包括你手上的表，以及你脑中产生思想的速度）就变慢了，而你的空间也收缩了。一旦你能达到光速的运动状态，那么时间与空间就都停止了。

由以上可以清楚地看到，**“时间与空间”是因原子的相对运动所产生的结果，所以，“意识”在“虚无”中创造出原子存在的过程——即让波崩溃为粒子的过程，就是创造出“时间与空间”存在的过程。所以说，因为“意识”的存在，才让鸟儿在天上飞、鱼儿在水中游、对面的女孩才会走过来……**

更进一步地说，请问你能回到“过去”吗？例如，你能回到一年以前吗？或者一个月、一天、一小时，甚至一分钟，再甚至一秒钟以前吗？答案是，你永远不可能回到“以前”，哪怕是0.000001秒以前，你也不可能回过去。所以根本就不存在时间，时间只是人们脑中创造出的“幻”。

现在，请你把手从桌子上拿起来，去摸一下自己的额头。那么，“手”从桌子上移动到“额头”上有一个空间距离。请问在你

的手摸到额头上时，你是否能够再回到“手在桌子上”的空间中的时间呢？回答是：不可能。因为任何人、任何时间都不可能同时存在于两处空间之中，所以空间也是人们感知中的一种“幻”。根本就没有所谓“空间”的存在。（注意：这里在用逻辑性“指”那个非逻辑性。）因此，天上没有“飞鸟”，水中也无“游鱼”，对面女孩也是你的觉中之幻。

一切只在“当下”，当下即是“一切”；当下即是“本心”，本心即在当下；而根本就没有当下，当下也是“幻”。

那么，如果说意识创造出的东西都是幻象的，而为什么我买回家的“杯子”一直存在着，而且我可以用它几十年呢？下面我们再看一下所谓的“时间概念”。

地球围绕太阳旋转一圈的时间，我们称为“一年”，即一个“地球年”。我们感受到的“一秒钟”就是1/（365天×24小时×60分钟×60秒钟）=1/31536000个“地球年”的时间。我们觉得一秒钟时间是非常短暂的，因为连一次呼吸都无法完成，但对一个原子来说，时间却太长了：因为在你身体中任何一处的任何一个“原子”，它至少要与其他原子完成10亿次的撞击。在原子每撞击一次，即10亿分之1秒的时间里，对于“电子”来说，时间又太长了。因为在原子每撞击1次的时间里，电子已经围绕原子核转10万万亿圈。也就是相对于电子来说，已过了10万万亿“电子年”。

接下来，一个“电子年”的时间对“原子核”中作高速旋转的质子来说，又变得无限的久远。“质子”看“电子”，就像我们看天上固定不动的恒星一样，几千年也不见移动一点位置（比如，对于我们来说，“北极星”几千年来一直固定在那里；而对宇宙意识来说，“北极星”又像我们看电子一样，嗖嗖飞奔）。

往大一点说，我们以为“一地球年”的时间很长，但对于太阳来说，这时间简直就是一瞬。因为在一个“太阳年”（太阳围绕银河系转一圈为“一太阳年”）时间里，人类经过了2.5亿年的时间。这样星系与星系、星系群与星系群之间相对运动的时间又变得无限久远了。再进一步，宇宙与宇宙的相对运动对我们来说，就像“苹果中的虫子”无法想象竟然还存在汽车和月亮一样的不可思议！

宇宙中的一切都处于“球状波的虚无之中”，而凡是“意识”“划”过的地方，即“让波崩溃成了粒子”，同时也“创造出了原子的存在”。因为时间与空间是对原子之间相对的运动速度及距离的“度量”，所以与此同时，“时间与空间”也同时诞生了。

当意识“一转身”，创造出的一切又都归于“虚无状态”中了。请注意，这里所说的“意识一转身”不是你的身体一转身，而是指**“意识划过”**之处。

进一步清楚地说，“你的一转身”，原来的地方已经不是“原来的地方”了，因为在以上文中我们已经清楚地看到，在你一转身的“一秒钟”时间里，电子、原子已经过了“几十万亿年”的时间了，而那里的时空早已不是原来的时空了。

真实的情况是，你又重新创造出了物质、时间与空间的存在。所以你认为“你一转身”又看到了“原来的水杯”，实际上，一开始的那个水杯只是你的“一种感觉”（即意识觉知上的“幻象”），而之所以“你一转身”就看到了你认为的“原来的那个水杯”，是因为“原来的那个水杯”是“因”，后来的那个水杯是“果”。所以**“因果相续”是意识创造出“幻象”——即“觉知”的“因果相续”——即一切都在不断创造中“因果相续”着。**

最终，意识决定了什么？

答案是：“意识”决定了光子、电子、原子、物质、空间、时间和山河大地的存在。你的整个生命的过程就是你不断创造出周围一切“存在”的过程。这些“存在”也不会一直存在下去，在你创造出“存在”的当下，它即刻就成为了“虚无”（实际连虚无也没有，因为所谓“虚无”的概念也是人们在意识上做出的分别。虚无也是幻），而你所感知到的所谓的“继续存在”，那只是你又“性空缘起”地创造出了“新的存在”。**这新的存在是“由过去‘存在’的‘因’，导致后来存在的‘果’”。一切都处于“生生灭灭”之中。而“生生灭灭”出现的机制是“若此有则彼有，若此生则彼生，若此无则彼无，若此灭则彼灭”。**这即是对“性空缘起”的诠释。

第四节　空境就是意识境

如果把人类的整个科学史浓缩成一句话就是：一切都是由原子构成的。这包括燕子与稀泥、秋风与落叶、妻子与丈夫、地球与星系、你用以观察这一切的眼睛、用以听到这一切的耳朵和你此刻用来捧书的这双手，以及这本书。物理学的标准模型说，原子是由光子、电子、质子和中子组成的（不必谈到夸克和弦）。而这些所有的“子”都具有同一个本质特性——“波粒二象性”。所以宇宙中的一切都是“波粒二象性”的。那么承认这一点有什么奇怪吗？回答是：非常奇怪！总结上文，我们会很容易、很清楚地看到以下结论。

第一，因为光是“虚无的球状波”，所以任何一个光子、电子、原子都处于“虚无的状态”中。

第二，因为一切都是“非局域性”的，所以没有时间、也没有空间，任何一个光子、电子、原子都“同时性”地存在于宇宙空间中的任何地方。

既然一切都处于“虚无状态”中，那么为什么一切又都“突然”出现了呢？

回答是：**因为你！**

你是谁？

一粒沙、一朵花、一条河、一座山、虚空、手臂、眼睛都是“你

自己”。“你”从来没有出生过，也永远不会死去。天堂地狱因“你”而有，地狱天堂因“你”而无；一切花草树木、山河大地、时间空间都因“你”而生，一切也都终灭于“你”。“你”的世界“由你创造”，而“你”就是“你自己”!

请详细阅读以下《心经》中的内容，你会有多少感悟呢?

观自在菩萨，行深般若波罗蜜多时，照见五蕴皆空，度一切苦厄。舍利子，色不异空，空不异色，色即是空，空即是色，受想行识，亦复如是。舍利子，是诸法空相，不生不灭，不垢不净，不增不减。是故空中无色，无受想行识，无眼耳鼻舌身意，无色声香味触法，无眼界，乃至无意识界。无无明，亦无无明尽，乃至无老死，亦无老死尽。无苦集灭道，无智亦无得，以无所得故。

菩提萨埵，依般若波罗蜜多故，心无挂碍，无挂碍故，无有恐怖，远离颠倒梦想，究竟涅槃。三世诸佛，依般若波罗蜜多故，得阿耨多罗三藐三菩提。故知般若波罗蜜多，是大神咒，是大明咒，是无上咒，是无等等咒，能除一切苦，真实不虚。故说般若波罗蜜多咒，即说咒曰：揭谛揭谛！波罗揭谛！波罗僧揭谛！菩提萨婆诃！

对于“为什么光既是波也是粒子”这个问题，因为人们用日常的逻辑思维想不通这种“为什么”性，所以把这一现象表达为“非逻辑”性。因为“光波”是没有介质的波——即虚无的波，而“粒子”是一个实在的物质，所以“光既是波也是粒子”等同于说“物质既是虚无的，也是实在的”。而这又进一步等同于说“空即是色，色即是空”。那么，一切又因何而“空”，因何而“色”了呢？答案是：因你的灵明觉知——即当下你感知到自己活生生地活着的那个“灵灵明明”的东西（一切因“你”生灭，所以才会是“心生种种法生，心灭种种法灭”），这个“灵灵明明”的东西在心理及生命科学上就被表达为“意识”。

如果没有“意识”的存在，那么宇宙中根本就不存在时间与空间。如果没有意识的存在，任何物质都将处于“虚无中”。这种“虚无”状态不是指“没有”状态，而是被量子力学表述为“潜在性”的状态。这种“潜在性”状态就是佛祖所说的“空”的状态——宇宙中的一切山河虚空大地都处于“空”的状态中。“空”不是没有、也不是有，而是“非空非有”、“即空即有”。

最后，如同佛祖所说**“不知色身，外洎山河虚空大地，咸是妙明真心中物”一样，“你自己”及“山河虚空大地”都是“意识”中物。所以，“意识”就是“空”；对“意识境”的体验就是对“空境”的体验。“澄清意识境”就是“澄清空境”。“纯净意识”就是“空”、就是“如来本心”。**

那么“意识”是个什么感觉？又如何去“澄清意识”呢？

第五节　什么是意识境

“意识”就是知道。“意识”不但让你知道自己的存在，而且还会让你知道其他事物的存在。此时此刻，你“意识到”眼前这几个字时（也许意识不到与椅子的接触，重力作用下身体细微的平衡），你不但知道“你在知道”，而且你还知道“你知道你正在知道”。并且，你知道“你正在知道，你知道‘你正在知道’”……“意识”是让你“清清楚楚”地知道：“你就是你，而不是别人”，而这就是“意识”。

对“意识境”的体验就是“你清清楚楚地知道‘你自己清清楚楚地知道着’”。**凡是你在“清清楚楚地知道‘你清清楚楚地知道着，’”时——即让自己保持在“鲜明的自觉知”状态中时，你就是在“体验意识境”了！**

“澄清意识境”的意思是，你要“不断地”知道“自己清清楚楚地知道着”。

那么“澄清意识境”的方法是什么？很简单，就是不断地去“知”。“知”的当下即是“察觉”的当下，所以“知”即是“察觉”。不断去“知”，也就是不断去察觉。**只要你在“不断察觉”，那么你就在不断地“澄清意识”了！**

第六节 如何去除散乱、掉举、昏沉和沉没

在修定过程中，**“散乱、掉举、昏沉、沉没”**是最大的障碍，整个修定过程就是最终清除这些障碍的过程。那么如何去“清除”它们呢？

下面，先看一下什么是修定中的散乱、掉举、昏沉和沉没。

散乱：指“念头”驰荡流溢，思此念彼，难于控驭，脱离“空境”体验。

掉举：“掉”是左右、前后摇动，“举”是上下动。意指脑中的“思念”动摇飘荡、不自觉地浮想联翩，或回忆自己的爱、恨、别、离、愁等。

昏沉：指“昏昏欲睡的状态”。头会不自觉地低垂，无力摄心专注于“空境”。

沉没：指“心”昏昏然的程度，要比“昏沉”轻得多。“沉没”起时，心尚“澄净明了”，亦未离“空境”，只是不太明了，但“心”已缓懈而无力。

其次，再看其他禅修书上的对治方法：

对治“散乱、掉举”：①保持“正知”。能够“觉知”散乱、掉举之将生而未生之时，即速提起“正念”，住于“所缘境”。②系念脐中，待心之平静，再系原本的“所观境”。③反观所贪爱者不净、无常，深深思考人生的价值，策励自己下定决心断除散乱、掉举。

对治“昏沉、沉没”：①应保持“明觉”。自知“沉没”之将生而未

生之时，策心提念，专注“所观境”，令其“明显”。若“昏沉”大，策心不起效果，就要境上“内观自心”，令心警醒、明利。②观想“光明”。因“明”能破“暗”，观想日月灯光，则清明之气上冲，心自明利。

科学地说，**“意识”就是“空”，体验“意识境”就是体验“空境”；而体验“空境”的过程就是体验“意识清清楚楚”的过程——也就是澄清“意识境”的过程！**

当你明白，澄清“意识境”的过程就是时刻让“意识”保持在“清清楚楚”的状态，以及修定过程中出现的所谓“散乱、掉举、昏沉、沉没”现象都是由于“意识觉知上的不清楚”造成的时候，那么问题就变得很简单了，即因为只有通过“不断察觉”才能够不断体验“清清楚楚”，才能够进一步不断“澄清意识境”——即“空境”，所以你只要努力通过**“不断察觉”**来获得不断的**“清清楚楚”**，那么你就可以很简单、很轻松、很容易地处理掉前述的这些所谓的“障碍”了！

当你不断地“不断察觉”下去时，你就会越来越清楚地感受到：通过不断获得“清清楚楚”的“意识体验”去清除这些“障碍”是多么的容易了！

就像今天人们从原子、分子角度去理解“物质”时，就引发了科学技术上的革命一样，当你科学地认识到**“空就是意识”**，对**“空境的体验”**就是对**“意识境的体验”**，就是对**“清清楚楚”**的体验，那么你只要不断地通过**“不断察觉”**去清除**“妄想、杂念”**，你就越来越会体验到**“清清楚楚”**、越来越会体验到**“纯净意识”**、越来越会体验到**“空”**和越来越会**“入定”**了。

当**“清清楚楚”**成为一种习惯，并且逐步加深体验**“原来是我”**和**“住看清楚”**到一个“点”时，你就会拥有从未有过的、心愉意悦的心身体验（心身轻安）和超强的心灵力量的获得——这时，你就**“入定”**了！

入定后，你就会证悟到“如来本心”，得阿耨多罗三藐三菩提。

第七章

什么是般若

修行佛法的核心是“以戒为定基，因定而生慧”，即修“定”专为生“智慧”而设。这个“智慧”又被称为“般若（bō rě）”，“般若”是梵文“prajnāpāramitā”的发音。因为这个“大智慧”是生命宇宙本质意义的终极答案（能够让人“解脱生死”的那个东西），所以在翻译佛经的时候，对该词就没有直接翻译，而是用了它的“梵文发音”来表示它。

同时也因为被“无以名之，强以名之”地译为了“智慧”，就让绝大多人在理解“般若”时，总是从“世俗智慧”概念理解，这种理解就犹如“缘木求鱼”——最终肯定是白费力气。从另一个方面来说，如果你简单地将“世俗智慧”理解为聪明，那可真是你的不幸。当然，我们会逐步看到这是为什么。

在自然科学中，如果你想深入理解哪一事物，就必须对与之相关的内容都要清楚，否则你只能对这一事物停留在“知道层面”，而不会进入到“理解层面”。所以，为了对“般若”有深入理解，下面先理解什么是“世俗智慧”。

第一节　什么是世俗智慧

对一些名词的理解，最清楚的方法就是“解字”。比如，“卡”字就是用字的“上不上、下不下”形象来表示的。智慧的“智”字是由“日”字上面一个“知”字来表示。“日”代表太阳，“知”代表清楚明白，合起来就是“在阳光下十分清楚明白”的意思。

问题是“清楚明白”个什么?

很简单，明白个“慧”。“慧”字上面的两个“丰”字分别代表“国事和天下事”，中间的“彐”字代表“家事”。将家事、国事、天下事都放在心上，就称之为“慧”了。

现在我们遇到了一个问题，就是要理解什么是“事”。“事”

者，“理”也。所以我们又要理解什么是“理”。“理”是“治玉”的意思，如《韩非子·和氏》中有“王乃使玉人理其璞而得宝焉”。“璞”是含玉的石头，也是指未被雕刻的玉石。“理”的意思就是“按照未被雕刻玉石的纹路进行雕刻玉石”的意思。

进一步，我们要问“纹路”是什么？“纹路”指玉石的质地“从这里到那里”的一种变化过程，这种变化就是一种“联系”。是什么的“联系”呢？

很简单，人们之所以能够将不同的事物作出区别，是因为两个事物之间有不同的地方。当两个事物之间存在着变化上的“规律性联系”时，人们就称这种联系为“理”。比如，玻璃杯掉在地上会碎，下雨之前一定会阴天（想想有谁生下来就知道“玻璃杯掉在地上会碎”的规律呢？所以，任何人对自然界中的“理”都要经历从“无知”到“有知”的认识过程）。

归根结底，**“理”的意思就是事物之间规律性的联系**。而当我们清楚明白“家里、国家、天下”的事物与事物之间的变化规律性的联系时，我们就有了**“智慧”**。所以清楚地说，**“智慧”就是清楚明白事物之间规律性的联系。**

最终的关键的问题是，明白这些“联系”有什么用？

从进化上来说，只有在人类拥有了一种“智慧”（即“清楚明白一种规律性的联系”）时，才由“野兽的猎物”逐步变成了“寻逐野兽的猎人”。那么，这是种什么“智慧”呢？

首先，这种“智慧”在心理学上被称为“马基雅夫利智慧”。它是人类祖先在面对比自己强大许多倍的野兽时，由于不能与之硬拼而迫使人类大脑逐步培养出的“超兽”智慧。通俗地说，这种“超兽”智慧就是“察言观色”的本领，即“把自己放在别人的位置上，从它们的角度考虑它们的感情和动机，从而猜透它们心理的能力”。

更进一步地说，这种能力就是“预测”的能力。而“预测”是人类的最高智慧，也是人类有史以来所发明出“兵法”的精髓所在。例如，“兵法”的总原则是“机、理、数、术”。

机：即任何事情的发生都需要一个“时机”，即“天时”。

理：即事物发生发展的“规律性联系”。这种“联系”是不以人的意志为转移的，人们能够认识它、运用它，却不能创造它和消灭它。

数：即“预测”。就是根据事物发生发展的“规律性联系”进行计算，对未来可能发生的事情、必然发生的事情作出“预测”。

术：即“方法”。运用哪一种方法，完全是根据“预测”而作出的选择，即所谓“预则立，不预则废”。

从这里我们很容易看到，“天时”是不被人类所控制的，事物发生发展的“规律性联系”也是人类不能创造和改变的，任何“术”的运用都需要以“数”为基础（如兵法中的核心指导原则是“若徒知术之为术，而不知术中有数，则术多不应”）。所以，兵法的精髓是“数”，就是“预测”。

我们经常会形容一个有“智慧”的人是很有“远见”的，即“高瞻远瞩”。那么什么是“远见”？“远见”就是看到“别人看不到”的东西。问题是他“依靠什么”而看到的？说起来很简单，他是掌握了大量的事物变化、发生、发展的“规律性”后并进行“计算”的结果。在“世界第一”的兵法《孙子兵法》中，大部分内容都是对事物发生发展的“规律性”所进行的描述。比如“故善战者，求之于势，不责于人故能择人而任势。任势者，其战人也，如转木石。木石之性，安则静，危则动，方则止，圆则行。”

我们都玩过象棋，也都知道象棋只有几种规律，即“象走田，马走日，炮打隔山子”。大家都知道这种简单的规律性，也都知道“对这种规律性一旦计算起来就变得非常复杂”的特点，因为“对弈”的双方都要通过“计算”，“预测”着“对方会怎么走”，从而决定“自己将如何应对”。

针对于“兵法”来说，既简单又复杂。说简单，就是“兵法”无非是一些对事物发生发展规律性的计算。说复杂，就是每增加一个因素，也就增加了一份的计算权重，就需要对主体事物的发展作出更复杂的计算，这样“兵法”就变得十分复杂了。

所以，“兵法”之所以不简单，即一个人是否会成为“世俗大智慧”的人，取决于这个人能否作出“超出一般人的计算”。我们从“自古可以倒背《孙子兵法》者‘多如牛毛’，而成为流芳千古将领的人却‘凤毛麟角’”这一点，就可以看出“预测”是多么的重要了。

“预测”就是“超兽”智慧。随着人类的进化，“超人”的智慧出现了。那么“超人”的智慧应该是个什么东西？

第二节　什么是超人智慧

超人智慧不是电影中“超人”的智慧，也不是“非人”（即“神”）的智慧，而是“超出一般人”的智慧。那么什么样的智慧是“超出一般人”的呢？答案比你能想象到的还要简单，因为是“道德”。

然而，如果你轻易地认为你了解了“道德”，那么事实恰恰相反，说明你还不理解“道德”，你只是“徒知其名”而已。虽然“知道”与“理解”不同，但是最关键的是“实践”。当你实践了“道德”，你就成为了“超人”。

那么为什么“超智慧”是“道德”，而不是“超谋略”或“超聪明”呢？下面先看什么是“道德”。

“道”即天地万物变化的规律（法则）。“德”即“得到”——

对自然规律的认识和理解。简单地说，“道德”就是：若顺应自然变化规律去发展行事的话，就会获得健康、和谐。那么“道德”到底对人有什么用？

接下来以最简单的两个问题将这一“深奥和复杂”的问题切开来。这两个问题是：违背了“道德”会怎样？实践了“道德”又如何？

1. 违背了道德会怎样。

此时此刻，你眼前的这些字是什么字体？不是隶体、不是楷体、也不是柳体，而是在过去一千年中人们已经习惯于用这种字体印在各种书籍中进行阅读的“宋体”。当然在今天，宋体字更是主流印刷品（教科书、报纸和杂志等）所用的唯一字体。

然而一个奇怪的事情就是，“颜（颜真卿）体”、“柳（柳公权）体”、“欧（欧阳询）体”都有明确的发明人，这位发明“宋体”、对人类做出如此巨大贡献的发明人却被人们“故意”掩盖过去，最后只以他所在的朝代，即宋朝为“代名”。为什么人们会如此的“无情”？

很简单，虽然这个人出身状元、“才华横溢”得让当时的皇帝不止一次地称赞其是“奇人”，而且在19年中一直处于“一人之下、万人之上”当朝宰相的位置；虽然一千年来人们一直受用着他的发明带给人们的“便利”，但是上至古代皇帝、高官达贵，下至文化名流、平民百姓，都不愿意与这个人有任何“文化上的沾染”。这个人是谁呢？答：秦桧——中华民族的“败类”。

假设李嘉诚是一个对社会一毛不拔的“铁公鸡”，你对李嘉诚会如何看呢？

你现在是什么感受呢？假如有人叫你“民族败类”，你又作何感想呢（假如你真的是“民族败类”，那么用不了多久，人们就会共同把你“捏死”）？假设中国最有谋略的专家“孙武和诸葛亮”是道德败坏者，你还认为他们是非常聪明和有智慧的人吗？

所以，无论你是谁，多么的聪明、多么的有谋略、拥有多么大的权势和财富、曾经做出过多么大的贡献，而只要你违背了道德，你就将被社会所遗弃。所以最大的“智慧”不是聪明、谋略，而是超越了智慧的“智慧”，即是“道德”。

2. 实践了“道德”又如何。

你知道关羽为什么会被人们供奉为“神”吗？

是因为关羽“武艺高强”吗？不是。所谓“一吕（布）二赵（云）三典韦，四关（羽）五马（超）六张飞”，论武艺关羽被排在第四位。而形成鲜明对比的是，排在第一位的吕布（“四大美女”之一貂蝉的丈夫），因为“认贼作父”而成为了千古笑柄。

是因为关羽很有“谋略”吗？不是。因为当时最有谋略的是诸葛亮和司马懿。

是因为关羽很有“权势”吗？如果如此，历史上的皇帝都将被封为“神”。

是因为关羽是“民族英雄”吗？不是。岳飞、戚继光才是民族英雄。

是因为关羽很有“钱”吗？这一问，肯定是笑话！

那么到底因为什么呢？很简单，因为关羽是“忠义”道德的典范。

自古以来还有谁被封为“神”了呢？

还有儒家学派的创始人孔子。为什么是孔子？还是因为“道德”。儒家所倡导的“仁、义、礼、智、信”获得了历代统治者及学术界的最高尊崇，并成为了中国传统思想的“核心理念”。比如，被列为“四书”（《大学》《中庸》《论语》《孟子》）、“五经”（《诗经》《尚书》《礼记》《周易》《春秋》）之首的《大学》，其第一句话就说：“大学之道，在明明德，在亲民，在止于至善。”

"至善"，就是儒家一切"道"的终极目标。**对"道德"要求的最高境界就是"君子"。**"君子"成为了人们千百年来努力追求的最高"人格"标准，所以儒家文化都是围绕着"道德"这一核心理念来论述的。

同时我们也可以看到，就算是专门给人算卦的《易经》，也将"道德"放在了第一位。比如《易经》的第一卦：天行健，君子以自强不息；第二卦：地势坤，君子以厚德载物。而我国现今最高学府"清华大学"更直接将"自强不息，厚德载物"定为了校训。

还有谁被封为"神"了呢？

还有"老子"。道教非常明确，直接奉"老子"为教主，以《道德经》为根本经典，以"道德"为核心教义。至此，对"道德"的推崇才正式成为了宗教。

从以上对"道德"的论述可以清楚地看到，人们之所以会去实践"道德"，最简单地讲，原因来自于两个方面：一方面，"多行不义必自毙"；另一方面，"我为人人，人人为我"。

"世俗道德"都是以"有所求之心"而行其"德"；而佛家所讲的"道德"是"以无所求之心"而行其"德"，所以佛家所讲的道德是"超道德"——即超越"世俗道德"所能理解范畴的"道德行为"。

为什么这种"道德行为"是一般人们"世俗概念"所不能理解得了的呢？且看《金刚经》开篇最重要的一段经文：

佛告须菩提：诸菩萨摩诃萨，应如是降伏其心。所有一切众生之类，若卵生、若胎生、若湿生、若化生；若有色、若无色；若有想、若无想；若非有想、非无想，我皆令入无余涅槃而灭度之。如是灭度无量、无数、无边众生，实无众生得灭度者。

何以故？须菩提！若菩萨有我相、人相、众生相、寿者相，即非菩萨。复次，佛言：须菩提！菩萨于法，应无所住，行于布施。

所谓不住色布施，不住声、香、味、触、法布施。

以上的意思是说：一个人要想“降服其心”而“真”学佛，首先就要在离“四相”基础上发“大菩提心”，即“发”度尽一切众生苦难的“心”，离“度尽众生而还有期待获得功德之念”的“相”！

通俗一点说，就是要去做世界上最大、最善之事，但是在内心中却没有“一丝一毫”希望获得回报的欲念。为什么不能有“期待获得回报”之念呢？《金刚经》中说得很清楚：

“须菩提！菩萨应如是布施，不住于相。何以故？若菩萨不住相布施，其福德不可思量。”

所以，佛家所讲的“道德”是超越世俗人们所能理解范畴的“道德”。

那么“超道德”是“般若”吗？答案是“否定的”。“超道德”是指一个人的道德行为，这个“行为”是“般若”带给人们“从思想到行为上”改变的结果。也就是说，当一个人获得了“般若”后，他的思想与行为是“超道德”的。

反过来说，是佛祖悟道后告诉世人：要去做“超道德”的行为才能彻底获得对“苦”和“生死”的解脱。

到底“般若”是什么？

修行佛法的最终之路是“不二法门”。“不二法门”的意思是“只有一门”。关键是，这是个什么“门”？很简单，即是“实相”之门，所有“八万四千法门”最终都归于要去证悟“实相”之门。

所以，“般若”就是对生命宇宙真相——“实相”的体证。当你证悟到了“实相”，你也就“悟道”了，同时也获得了对“苦”和“生死”的彻底解脱。

那么如何“悟道”？生命宇宙的“真相（实相）”到底是什么？

第八章

如何悟道

数千年来，能够“悟道”一直是佛门弟子倾一生之努力追求的唯一目标。然而，自古能够悟道者却“凤毛麟角”！能够悟道真的那么难吗？又难在哪里？社会文化和科技智慧总是随着人类的努力不断向前推进着。那么，在今天是否有更为直接的“悟道捷径”呢？

第一节 六祖悟道

在公元671年的唐朝，时年67岁的禅宗五祖弘忍大师在开东山法门19年后，开始考虑法衣传承的问题。当时五祖门下有一千多弟子，其中出类拔萃者不在少数（从五祖圆寂后，其十大弟子纷纷自立门派——如净众宗、宣什宗、老安禅、法如禅，从这一点就足以证明当时“东山盛世”是人才济济的）。在这些高僧中，特别优秀的人物就是被推为上座的神秀。因为大部分弟子自叹不如神秀，所以在法衣传给谁的问题上，大家几乎就默认了神秀。

然而，接下来的神奇之处就在于，突然冒出了一位“相貌丑陋（葛獠）”的寺院杂役，竟然让五祖下定决心将法衣传给这位“白丁”。为什么一个深入三藏经论且钻研了一生佛法的高僧（此时神秀已经是65岁高龄了），竟然不如一位目不识丁年仅24岁的杂役？是什么样的评判标准让五祖做出了这一不合乎常理的决断？

《坛经》做了如下描述：当五祖为慧能说《金刚经》到“应无所住而生其心”时，慧能灵光一闪于言下大悟，悟到“一切万法，不离自性”。慧能对五祖说：“何期自性，本自清净；何期自性，本不生灭；何期自性，本自具足；何期自性，本无动摇；何期自性，能生万法。”五祖听罢此言，知慧能已悟入本心，进而说道：“不识本心，学法无益，若识自本心，见自本性，即名丈夫、天人师、佛。”

五祖弘忍意思是说：“如果没有悟到本心，修学佛法都将落于空想玄谈。”比如神秀就是例子，虽然对于佛法辩论议理样样第一，而且学到65岁，然而未识本心，等于白学佛法。如果识得本心自性，即是“丈夫、天人师、佛”。所以很清楚，让五祖下定决心将法衣传给谁的唯一原因只有一点：即谁悟入本心了。

第二节　悟入本心的重要性

佛祖在《楞严经》中开篇即说：“汝等当知一切众生，从无始来，生死相续，皆由不知常住真心性净明体。用诸妄想，此想不真，故有轮转。”简单解释说，人们之所以在世间生死轮回受苦，就是因为“未识本心”。

佛祖接着说：“一切众生，从无始来，种种颠倒，业种自然，如恶叉聚。诸修行人，不能得成无上菩提，乃至别成声闻缘觉，及成外道，诸天魔王，及魔眷属。皆由不知二种根本，错乱修习。犹如煮沙，欲成嘉馔，纵经尘劫，终不能得。”

用一个比喻加以说明：有一群想过河的人在一起讨论研究和用各种方法尝试着到达河对岸（河对岸：解脱生死）。结果经过数千年许多人（佛祖之前的先辈们就一直在追求一个终极的“道”）的努力尝试后，有一个人率先到达了河对岸，这个人当然就是佛祖。当到了河对岸的佛祖回顾那些在河中苦苦挣扎的人们时，他发出了一个最大的感叹：一切众生之所以修习几千年都不能到达彼岸，就是因为不知道“两种根本”，在不明了两种根本的情况下去修行就犹如“煮河沙欲成饭食”一样，就算经过几千年也不会求得那个终极的“道”。

为了明晰那个终极的道，我们先看看这“两种根本”是什么。

第一种根本：“一者，无始生死根本。则汝今者，与诸众生，用攀缘心，为自性者。”

解释：人们在寻求解脱生死方法时，错误地认为自己的那个由攀缘而来的“执著妄想心”就是自己的真心自性，结果就围绕着这个攀缘心研究起来。这如同比喻说，人们过河，结果认为河中的一座小岛是对岸，人们就围绕着这个小岛研究起来，结果，因为方向错了，就永远不会到达河对岸。（用另一句话来说，诸多尝试着过河的人们，连最终到哪里去都不知道，又怎么能够过得去河呢？）

第二种根本：“二者，无始菩提涅槃元清净体。则汝今者，识精元明，能生诸缘，缘所遗者。”

解释：那个恒久以来的真心自性是“能生诸缘，缘所遗者”的那个东西。佛祖以此指明了河对岸的正确方向。

总结以上两种根本：**人们之所以无法悟道，就是因为错误地认为“攀缘心”（执著妄想）是真心自性，而真正的真心自性恰恰是生出“攀缘心”的那个东西。**

“悟道”是悟什么？

佛祖说这个世界是这样的：“色心诸缘及心所使诸所缘法，唯心所现，汝身汝心，皆是妙明真精妙心中所现物”，以及“不知色身，外洎山河虚空大地，咸是妙明真心中物”。如果谁悟到了这点谁就悟道了，所以**“悟道”即是悟到山河虚空大地都是“真心”创造出来的**。悟到这点也即是悟入了**“本心”**。

第三节　佛祖是如何指明本心的

佛祖说：不识“本心自性”去修道，如同“煮沙欲成饭”。然而，由于那个本心自性是如同只有吃到火龙果才会品尝到其滋味的个人体悟，所以本心自性“不可说”，只能“指”（所以佛祖才会说“以指指月，指非是月”这句话）。佛祖是如何指的呢？

1. 七处征心，八还辨见。

首先，佛祖通过对能够在这个世界中所能找得到的七个地方“觅心了不可得”（即：①心不在内；②心不在外；③心不潜在诸根中；④不在非开合明暗处；⑤心不在随所合处而有；⑥心不在中间；⑦心也不是一切无著），但又实实在在地觉知到这七个地方的方式，指明能知之性的“心”是周遍一切处所的，这个心即是“本心”。

其次，佛祖又通过将人们能够见到的世界上的八种境像将之“归还于本处”（即：①明还日轮；②暗还黑月；③通还户牖；④壅还墙宇；⑤缘还分别；⑥顽虚还空；⑦郁𡋯还尘；⑧清明还霁），而后还存在着一个还不掉的东西就是能见之性的方式，指明了**“能见之性”——“诸可还者，自然非汝。不汝还者，非汝而谁”，**这个就是“自性”了。**“七处征心”**和**“八还辨见”**即所谓“明心见性”。“明心见性”竟然如此简单吗？

七处征心与八还辨见是对心为何物在逻辑上的推理，也是用来标指月亮的手指。而理悟到本心自性则是一个“非逻辑的问题”——如同看到月亮。通过逻辑的思考得出一个“非逻辑的答案”，当然不是如字面上那么简单，但也不要高推圣境，只要领悟的方向是正确的，那么大家都会直接悟入本心。

2. 能生诸缘，缘所遗者。

佛祖在第二种根本中说那个“本心”是“能生诸缘，缘所遗者”的——就是那个能生出诸缘和被诸缘所“遗”的那个东西。解释如下：

你现在想象一下，有一只头戴礼帽的唐老鸭，手里拿着文明棍，在猛吸一口雪茄后向你吐了一个大烟圈。这个想象出的思念就是一个“缘”，而这个“缘”是由谁发起的呢？是“你”。而“你”就是那个真心自性——就是那个“生”出这想象思念的东西。

那么你也许会问：想象思念可以由“那个东西”生出，眼前的一块石头也是缘，既然能生出诸缘，那么“那个东西”能凭空“生”

出一块黄金或石头吗？

答案：可以。否则佛祖就白悟道了。

现在最关键的问题出来了：你一定会问，我怎么就用“心”造不出一块石头？自古许许多多的人之所以没有悟道，就是都“死”在了此“坎”之下。对于“心”是如何生出石头这一点，自古以来总的推理方法（手指）总结起来是这样的：

宇宙中的任何物质景象，无论如何都是你的“心”在做分别。比如说，外在的山川河流、星星和蝴蝶，对于你来说（注意，是仅对于“你”来说），它们之所以会存在，是由于你的“心”在感知。“就算是”你在脑中想象，“假如我死了，其他人依旧会感知到我曾经感知到的山川河流”的这种想法，依旧是你此刻脑中的推断。所以如果没有你此时此刻的推断，根本就没有什么“就算是”之类事情的发生。所以一切都是你此时此刻的“心”的分别。世界上别无他物，唯有一“心”，而心外无物，由此推断“一切唯心所造”。如果你能通过心外无物的逻辑性悟出心生万物的“非逻辑性”，你就超越了古代大德；否则你就不如古人。

第四节　今天将以什么样的触摸方式悟入心生万物

总结上文可以清楚地看到，我们只要能解决两个问题，就能像六祖一样悟入“本心自性”了。这两个问题即是佛祖所说的两种根本：“一者，无始生死根本，则汝今者，与诸众生，用攀缘心，为自性者。二者，无始菩提涅槃元清净体，则汝今者，识精元明，能生诸缘，缘所遗者。”

对“两种根本”用现代语言转化一下就是：第一个根本问题（这个问题也是佛祖表述为人们修道时犯下的最大、也是最根本性的错误）：“真心自性”是能生诸缘的，而攀缘心（即思想观念、快乐愤怒和执著妄想）是生不出诸缘的，如果能够证明“生出诸缘”的那个东西不是攀缘心，也就领悟到了攀缘心不是真心自性，我们也就解决了第一个问题。第二个根本问题，如果我们清楚本心是如何生出黄金、石头、山河虚空大地的，也就清楚了本心是什么，也就解决了第二个根本问题。

1. 第一个根本问题：为什么“执著妄想”不是“本心自性”？

（1）是什么决定物质存在的？

物质，比如一个电子（等同一个光子），假如是“波”的话，我们就得接受电子以及山河大地皆是以虚无的、立体的波的形态同时存在于宇宙空间任何地方的。假如电子是“粒子”，那么世界上的一切山河大地就都是实在的。所以问题的关键是，是什么决定电子是“波”还是“粒子”的？

在双孔实验（也叫双缝实验）中，如果在一个孔上放上监视器，一个电子就会以50%的概率以“粒子”形式穿过其中一个孔。如果撤除监视器，每一电子就都会以一道波的运行方式同时穿过两个孔。到这里我们可以清楚地看到，电子是波还是粒子取决于监视器。进一步地说，让山河大地成为实在的是监视器的作用。

（2）监视器是什么？

监视器是一个构造简单的东西。如果你把绳子一头拴在小路对面的树上，而把另一头握在手里。那么当有人通过小路时就会踢到绳子，结果通过“绳子是否会发生振动”，你就可以监视小路上是否有人通过了。这个绳子就是一个“路人监视器”。

监视电子的“绳子”是用一束“光”照在小孔上，然后在小孔处放上一个可以检测到“光子”的检测荧屏（如同电视机荧屏）。当有“电子”通过小孔时，电子就会“踢到”光束中的光子，这样被撞飞的光子会被反弹到检测荧屏上形成一个亮点，人们通过荧屏上是否出现亮点来判断是否有电子通过了（实际在日常生活中，我们每时每刻都在通过电灯或太阳发出的光子在撞到物体后反弹到我们眼睛里的方式，来监视任何物体存在的。因此，如果夜间不开灯，我们就看不到任何东西)。监视器就是这么简单的一个东西。

当一个人（比如你），在看着检测荧屏的时候，就会以50%的概率看到一个电子穿过其中的一个孔。这里的关键之处不在于电子会以多少的概率穿过小孔，而在于，电子必须以实在的“粒子”形式穿过小孔。

现在第一个问题来了：你用眼睛看着监视器，电子就会由一道波而崩溃为“粒子”，那么你闭上眼睛电子会怎么样呢？回答：电子在你没有看它的时候就会使用“分身术”，以“波”的形式同时穿过两个孔。

(3) 如果我们联结许多的监视器又会怎么样呢？

比如我们现场直播，用一个摄像机对着检测荧屏，然后再把摄像机输出的信号连接到一台电视屏幕上。这样摄像机+电视屏幕就构成了一个“中间监视器”。假设这样的中间监视器有100台，当人们再次向两个孔发射一个“电子”时，会发生什么情况呢？

回答：在最后一台监视器旁，如果没有你在监视的话，电子仍然像鬼一样同时穿过两个孔——电子仍然是“虚无的波”。如果有你正在看的话，电子就会瞬间变为一个实在的“粒子”。所以，电子是波还是粒子不取决于监视器，而是取决于是否有一个“人”在“看”。

这样就引发了第三个问题：是眼睛决定“电子”崩溃为实在的吗？

一个闭着眼的人等同于一个盲人，那么如果让一个盲人去看监视器的话，“电子”穿过两个孔时就是“虚无的波”，由于盲人看不到世界上任何物质形象。如果按照这种理论，对于盲人来说，世界上的万物岂不都是虚无的波了吗？对于盲人来说，世界就都不存在了吗？

回答：在监测荧屏上的“光信号”可以通过光电效应被转换为机械运动。比如转换为“铃音”，或者转换为一根棍子触碰皮肤的“触觉”，或者转换为释放“辣味”，或者转换为释放“香气味”。结果，如果一个瞎子用这些“感觉器官”去做监视的时候，电子就会瞬间崩溃为实在的“粒子”（即崩溃为物质）。所以反过来说，一个“人”无论失去什么感觉，他都不会失去让“电子崩溃为粒子”的能力。所以电子是波还是粒子，不取决于眼、耳、鼻、舌、身等的感觉器官。

(4) 那么取决于人的意念吗？意念又是什么？

记得小时候吃甜秆（玉米秆的根部），在用嘴剥玉米秆的外皮时，经常会被像刀一样的外皮把嘴唇给划出口子，结果每次在嚼甜秆的时候，总是会发生嚼甜秆嚼得满嘴全都是血的情况。现在回忆起来，心里还一抖一抖地作痛。

现在请你回忆一下：你是否也被甜秆或者甘蔗的外皮划出血过？山楂是什么味道？小学六年级老师的面孔是什么样？玫瑰花的香味如何？医生给你打针时的刺痛感如何？

意念是什么？很简单，**意念就是由眼、耳、鼻、舌、身等感觉器官获得表征出来的感觉的综合体验，这些感觉包括“色、声、香、味、触”**。一个人脑中无论呈现出什么**“意念”**，都是由这些**“感觉”**组合而成的。此刻，你即可以检查一下自己的**“意念”**，你会发现每一个**“意念”**都逃脱不出这些**“感觉”**。**所以，意念就是思考，就是思想，就是妄想，就是执著，就是所谓的“法”。**

那么，是我们头脑中的意念决定电子存在的吗？

如果你在监视器旁闭着眼睛，然后发出一个“意念”，这样会让电子崩溃为粒子吗？答案是：不会。无论你发出什么意念，电子依旧会以波的形式同时穿过两个孔。所以，“意念”不是让电子崩溃为粒子的东西。

(5) 眼耳鼻舌身意都是中间监视器。

当一个人眼睛视网膜中的一个视杆细胞（或者耳朵中的听觉细胞、皮肤中的触觉细胞、鼻子中的嗅觉细胞、舌头上的味觉细胞）接收到一个光子的时候，这个光子的能量就会被双极等的中间视神经细胞级数放大，进而在神经细胞内爆发出一次动作电位——即一段“生物电流”。这段生物电流如同“接力棒”那样被一个又一个神经细胞传递下去，直至传递到大脑视觉皮层（如果是耳朵传来的电流则传递到听觉脑皮层，触觉传递到触觉皮层，味觉传递到味觉皮层，嗅觉传递到嗅觉皮层等）。视觉皮层将生物电流再次经过处理整合后，向整个大脑皮层深处传输过去。这样你就在“意识”上看到了一个亮点（或者听到手机的铃声，或者品尝到辣味，或者嗅到花香）。

从接受到“光子”开始，以电流运行为载体的信息就通过了眼睛（图8–1）、视神经细胞、每一个脑神经细胞等一系列环节的传递。在整个传递过程中，无论哪一个环节出现问题，人们都将看不到这个光子。比如，如果一个人眼睛瞎了，他就看不到任何东西了。如果一个人脑视觉皮层由于外伤被损坏时，虽然这个人的眼睛还活着，但信息通路已经被截断，这个人还是会成为盲人。

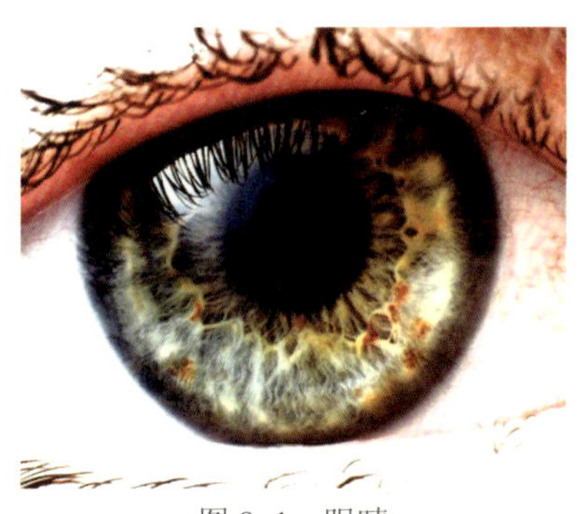

图 8–1 眼睛

所以，你在“意识上”没有清楚感知一个“亮点”之前，或者说在听到任何“声响”之前，耳朵、鼻子、皮肤、眼睛、视觉细胞和脑皮层内传递的每一个神经细胞，甚至于脑内一千亿个神经细胞都属于“中间监视器”，它们都不具有“创造存在——即让电子崩溃为粒子的能力”。

所以，眼、耳、鼻、舌、身都属于中间监视器，由这些感觉整合出的“意念”（思念、执著和妄想）当然也是“中间监视器”。

现在，我们就可以清楚地回答第一个非常非常关键的问题：为什么这个“攀缘心（执著妄想）”不是“真心自性”？

回答：电子以“波”形式存在时，就处于虚无状态；以“粒子”形式存在时，就是实在物质。

我们已经清楚地看到，“眼耳鼻舌身”都属于中间监视器，而由眼耳鼻舌身组合出的攀缘心（执著妄想）也是“中间监视器”，所以，“眼耳鼻舌身意”都不具有让电子崩溃成“粒子”的能力——即从“虚无中”创生出“物质存在”的能力。也就是说，攀缘心不是真心自性。

实际上，《心经》已经说得很清楚：“无眼耳鼻舌身意，无色声香味触法，无眼界，乃至无意识界”，因为这些东西都属于“中间监视器”，都不是让电子崩溃为“粒子”的那个东西。

“妄想执著”都不是“真心自性”，也都凭空生不出黄金石头。而“真心自性”是可以凭空生出黄金石头的，其又是如何生出万物的呢？

2. 第二个根本问题：真心自性是如何生出黄金石头、花朵飞鸟、虚空大地，以及星星和星系的？

（1）延迟实验。

随着实验技术的进展，20年前，物理学家做了这么一个令所有人都不敢相信的实验，下面为实验效应的简易说明：在双孔实验中，在小孔处装上监视器，然后把检测荧屏上出现的“光点效应”转化为在纸片上打印出“1”或“0”字的效应。如果有“电子”在小孔中通过了，纸片上就会被打印出“1”字；如果没有电子通过，纸片上就会被打印出“0”字。结果科学家向双孔发射了一个电子，电子在穿过小孔时被监视器连接打印机通过“0”或“1”的信息形式记录下来，然后科学家把带有信息的纸片装在信封中。

令人惊讶的事情出现了：电子在穿过小孔之后，而在到达后面屏幕之前（这时电子已经被监视器在双孔处侦测过了，而且在纸片上形成了“0”或“1”的信息），如果你选择把信封销毁，电子就会在双孔后面的屏幕上形成干涉条纹；如果你选择把信封打开，电子就会立刻以粒子形式穿过小孔！

清楚地说，就是：在你没有打开信封之前，虽然这时电子已经被监视器检测了，而且形成了纸片信息，但是如果你选择把信封用火烧了，那么电子就会重新来一遍，立即回到双孔前，以波运行的方式同时穿过两个孔。而如果你选择打开信封，无论是看到“1”还是“0”，电子都将会瞬间变为实在粒子穿过小孔！

从这一实验可以清楚地看到，我们可以逆时间决定电子是波还是粒子，也就是我们可以逆时间创造过去。那么我们最多可以逆多少时间呢？这一问题也变成为：一个信封最多能延迟多久才会被打开？

抬眼看一下太阳，它距离我们有“光走八分钟”的距离那么远，所以，无论在任何时候，你看到的永远是八分钟之前的太阳。当一颗八分钟之前的光子从太阳向地球出发时，它绝不是以粒子形式飞过来的，而是以一个虚无的、立体波的运行方式向地球，同时也向与地球相反的方向——即全方位立体空间扩展着的。八分钟之后，当这个光子撞到你眼睛里的视杆细胞时，就激发出了一段生物电流。这段电流沿着一个又一个的神经细胞向大脑内部传递进去。

你的眼睛、视杆细胞、视神经细胞、每一个脑神经细胞都属于“中间监视器”。每一个神经细胞都带有这个“光子”的信息。每一个神经细胞都可以认为是：一个等待着“本心自性”打开的、带有信息的“信封”！假如这些传导视觉神经细胞中的任何一个环节损坏掉了，那么一个人就永远没有打开带有“视觉神经细胞信封”的机会了，这个人也就变成了盲人。

如果由这颗光子激发出的生物电流因为“中间监视器”（眼睛、视杆细胞、视神经细胞、每一个脑神经细胞）某一环节的损坏而没有最终被一个人“觉知”到这个生物电流的信息，那么一切的事件——如光子撞到视杆细胞、生物电流在神经细胞中的被传递，都将逆时间退回到八分钟之前，也就是退回到“虚无状态”——“非有非无”状态。就是说，**凡是你没有明确“意识到”的事件，都处于非有非无状态，即“虚无状态”**。

所以，让我们能够看到世界的不是眼睛，也不是视觉皮层，而是**“本心”**。真正地看，不是眼所**“见”**，而是**“本心”**在**“照”**（从这里你也可以理解，**真正“入定”的人是心在清清楚楚地照着一切**，这时眼睛已经处于**“坐忘”**状态，**“坐忘”**简单地说就是“瞪眼瞎”的状态）。

你每看一眼太阳，你都在“创造着”太阳的“存在！”——因为没有“本心”的存在，太阳发过来的每一个光子都会以“虚无的波”的方式同时存在于宇宙之中的任何地方。同时，你每看一眼太阳，你都在**“逆八分钟时间”创造着太阳的存在**。

（2）我们创造过去的时间还可以再向前推吗？

下面，用一个比喻说明一下这种不可思议性：你有一个叫“电子”的同学，在星期一早上到你家准备暂住7天。你家有两间卧室，不巧的是，你要在星期一出差，5天以后才会回来，所以你在临走时对“电子”同学说：“你可以自由选择住进哪一间卧室。”我们的常识是，一个人只要存在于一个房间，就绝不会在另一个房间找到他。所以五天以后，当你回到家即将打开房门时，你会猜：“电子会睡在哪个卧室？”

现在关键的问题来了：我们一般在“逻辑上”会认为，在星期一你出门的时候，“电子”就已经住进了其中的一间卧室，无论我们在打开房门之前怎么猜，“电子”住进那间卧室是已经确定了的事实。但是，“非逻辑的”、也是人们从实验中获得的真实情况是，在你没有打开门之前，每一间卧室都“有可能”存在着“电子”。“有可能”的意思是指具有“潜在性”。具有潜在性的意思是“不一定会有，但也不一定会没有”，而是“大概会有”。那么“大”多少个“概”呢？回答：每个卧室有50%的概率。

也就是说，**“电子”是同时存在于两个卧室之中的**。这种同时存在不是如我们童年时玩“捉迷藏”所带来的“不确定性”的逻辑表述，而是**“真实”**的情况。**只有在你打开房门的一瞬间，“电子”到底会在哪间卧室才是被确定了的。**

你家有两间卧室，那么每间卧室存在“电子”的概率是50%，而假如你家有100间卧室，这样电子在每一个间卧室的概率是1%。进一步说，当电子跑到虚空当中，那么每一处细小空间都如同一间卧室，对于宇宙中无法计数的“细小空间”，应该怎么表达电子存在的概率呢？科学家很聪明：用了这么一个永远不会错的名词：“非零概率”。非零就是“不是没有，但也不是有”（世界上有佛法吗？非法。没有佛法吗？非非法）。

再深入看一下这种令人感到不可思议的情形：

第一种情形：假设在星期三，你姑姑给你打电话说：她到你家去，看到“电子”住进了A房间。因为你用耳朵接收到了这个信息，结果电子瞬间“崩溃”了，你在星期五打开房门的时候，一定会看到电子在A房间的。你的姑姑和电话成了“中间监视器”。

第二种情形：你的姑姑到你家后，发现你表弟寄放在A卧室的一个鱼缸，因为“电子”住进了A卧室而被“电子”不小心给打碎了。在姑姑与表弟说了以后，表弟很生气，将眼前椅子一脚踢飞，结果椅子把小狗腿给砸瘸了（在第二种情形下，姑姑没有给你打电话）。结果在星期五，你在回家之前先到了姑姑家，当时你看到狗腿瘸了，那么在这种情形下：姑姑、表弟、椅子、小狗都属于“中间监视器”。

这时我们应当认为，“电子”到底住进了哪个卧室，应当是由你看到“狗腿瘸了”而被瞬间确定了的。但实际情况是，如果姑姑不说“狗腿瘸”的原因（如果姑姑不说，对于你来说，狗腿瘸的原因是可以由许多原因引起的），你就不知道是因为“电子”住进A卧室引起的。因为你不知道原因，所以这个信息对你来说就没有任何的意义——如同没有被打开的“信封”。“电子”依旧会同时处于两个卧室中。一旦姑姑向你说明狗腿瘸的原因，“电子”瞬间就被确定了卧室位置。

所以，你在周五打开房门的时候，**是你创造了“电子”的存在。**“电子”到底存在于哪个房间，是由你在周五创造出的。也就是说，你在周五可以**“逆时间”**创造星期一发生的事情。

依此类推，离你三米远的一个朋友身上反射过来的光，要走0.00000001秒钟才能到达你眼睛里（也就是说，你看到的永远是0.00000001秒钟之前你朋友的影像），你就逆了0.00000001秒钟的时间创造了你朋友的存在。太阳与你之间有光走8分钟的距离，你就逆了八分钟创造了太阳的存在；牛郎星离你之间有16光年，那么你就逆了16年创造了牛郎星的存在；北极星离我们有460光年，你每看一眼北极星，你就逆了460年的时间创造了北极星的存在。

宇宙中有一种能量非常巨大的星星——类星体，虽然一个类星体的直径仅“一光天”（光走一天的距离），但其总亮度却是1000个直径为10万光年（光走10万年的距离）的星系加总起来的亮度。“类星体”距离我们非常遥远，否则地球早就被烤焦了。“类星体”离我们有多远呢？是100亿光年那么远——就是光以30

图 8–2 一切“存在”皆因“脑(意识)”而生

万公里/秒的速度要走一百亿年。所以我们看到的是100亿年之前类星体发射出的光，也就是说今天我们看到的是100亿年之前“类星体”的模样（100亿年真是太长久了，想象一下，人类的文明史才仅仅是1亿年的一万分之一，也就是一万年）。同时，我们也“逆了100亿年”创造了类星体的存在——也就是我们创造了100个的一万个“一万年”之前某颗星星的存在。宇宙创生于137亿年前，那么是我们的“大脑”（图8–2）创造了137亿年之前的宇宙，而不是宇宙创造了我们。佛祖说“山河虚空大地皆是妙明真心中物”就是如此的“真心”中物。

在世界上，你看到的、触摸到的、听到的、闻到的、品尝到的一切的一切，都如同一封封的“信封”，等待着你去打开它。

没有时间，也没有空间。**一切都在你此时此刻的创造中。在**

你明确的“觉知”之外，一切都处于“非有非无”中。一切的存在都由你的“真心自性”而决定。

（由于科学进展的制约，古人很难理解这种“非有非无”的状态，所以许多人单从字面上就把“空”和“虚幻”等往“没有”上面理解，往往就错了。非有非无就是非空非有，即空即有；就是空即是色，色即是空；就是具有“潜在性”；就是好像来了又好像没来的“如来性”。所以，自古要想理悟“本心”是异常艰难的，所谓砂锅不打一辈子也不漏，今天我们一石头砸过去，锅底漏了，也就透亮了。）

所以是我们的本心凭空创造了石头、黄金、飞鸟、花朵、小鱼、星星和宇宙的存在。

本心的这种创造不是人们执著妄想所认为的让石头变成黄金、让小鱼长出翅膀的那种创造。所以我们想用“本心”创造出的妄念去凭空创造出黄金是不可能的，**因为“妄念”是“监视器”，而“监视器”是不可能让电子崩溃为“粒子”的。**

第五节　本心创造的是无中生有——是创造出存在的那种创造

存在就是规律，妄念本身就是规律，所以妄念是无法改变规律的。为什么本心创造出的存在就是创造出的规律呢？

一、什么是程序

当电脑电路元件之间流过电流时就被称为电脑程序；当人脑神经细胞之间流过生物电流时就被称为神经程序。所以程序是“一个态势”在介子中运行的过程。比如在电脑程序中，电流流过了，但电器元件并没有跟着“流动”。人脑也是一样，生物电流过了，而神经细胞也并没有跟着“流动”（也许你会说：那么电流不是物质吗？回答：电流是“场”的移动，这种移动如同水波的移动——水波不是个“东西”，只是水分子运动的“态势”），所以程序是物质“态势”的移动过程。

二、什么是波

波是物质“态势”的运行过程。所以，凡是有“态势”运行的地方就有程序的存在。比如，在池塘中扩散着的水波，其扩散过程就是程序运行过程。

三、什么是虚无的程序

电脑程序运行以电路元件为介质，神经程序以神经细胞为介质，那么电子、光子的运行是以什么为介质？

回答：电子、光子、质子都不是实在的物质，都是以“没有介质的波”——即“虚无的波”的方式在虚空中运行着的。所以电子、光子、质子都是“虚无程序的运行过程”。

就像电脑程序是由许多电路元件联结在一起的一样，虚无的波之间存在着一种联系——虚无的联系。什么是虚无的联系？联系就是关系，虚无联系等于虚无关系。什么又是虚无关系？比如，世界上只存在“兄弟关系”，却不存在兄弟这两个人，这就是虚无关系。虚无联系就是存在着的“虚无效应”——只有“效应”的存在，但却没有引发效应的“物质”的存在。是这虚无的效应制约着“因缘果报”定律的发生。所以虚无的波=虚无程序=虚无关系=虚无联系=虚无效应。

四、虚无效应是什么？场=力=虚无效应

当你试图将两块同极性的磁铁面扣在一起时，你会感受到磁铁之间有一股向外的推力。我们虽然在两块磁铁之间看不到有物质的存在，但却通过此推力而确定磁铁之间存在着一个什么东西，人们将这个东西表述为“场”——即磁场。磁场是由电磁场激发出来的（电与磁是一个东西）。

当两块大磁铁，比如水电站中的大磁铁相互切换时，就把这“场”导入到了电线中。当场在电线中移动时，就被称为“电流”。当电流流过厨房灯泡时，结果这场就跑到了虚空中——灯亮了——我们看到了它，而且叫它为“光”。电磁场就是光，它具有一个效应——即是“阻止你将两块磁铁扣在一起的效应”，这个效应被人类表达为“电磁力”。电磁场带有电磁力，实际上电磁场就是电磁力，不同描述而已。所以场=力。

宇宙中总计存在着四种场，也即存在着四种力：**强力、弱力、引力和电磁力**（现已将电磁力与弱力合并为一种力，而最终三种力都将被合并为一个“大统一的力”）。每一种力的作用过程就是“效应”发生的过程，因为电磁场是虚无的波，所以场=力=虚无效应。

这“四种力=四种场=四种效应过程”制约着一切物质现象的发生与变化。

比如，质子本身带有“正电磁场”，让电子围绕着自己旋转；而质子内部的夸克是由“胶力场”捆绑着的。如果你把一个带负电的电子压进带正电的质子中，就成为了一个电中性的“中子”（在宇宙中，完全由中子构成的星星叫做中子星。如果你在中子星上挖上一碗土，这碗土比珠穆朗玛峰还要重）。有一种力，即弱力有时会把“中子”中的电子（和中微子）给“弹”出去，这样中子又变为了电子和质子了。

强力场和弱力场的作用范围只在原子核内，而电磁力和引力场就自由得多了。比如，我们生活在地球上就是被地球的引力拽着的，否则我们就飞到太空中去了。如果太阳不用引力吸引住地球的话，地球也“另嫁他人了”。同时，整个太阳系也被银河系的整体“引力”拴着的，否则银河系不会形成一个旋涡状，早成一盘散沙了。

虽然一个星系有10万光年距离那么大，而多至几千个这样的庞大星系依旧会依靠各种发出的引力场相互抱在一起形成一个宽约几亿光年的星系团。“光”即是电磁场，即是电磁力，所以凡是有“光”存在的地方都存在着电磁场的力。所以非常清楚，电子、质子、光子 = 虚无的波 = 虚无程序 = 量子场 = 四种力 = 虚无效应。

进一步地说，“电子、光子和质子的存在等同于虚无的波、虚无程序、四种力、四种场”等同于四种效应的存在。

对电子、质子、光子的描述就是对四种力、四种场，就是对虚无程序运行四种效应性的描述，也就是对规律性的描述。**宇宙中的一切物质都是“虚无程序”按照虚无效应的规律性运行的过程。**

所以我们创造出了电子、光子，就等于创造出了这四种力、四种场、四种虚无的波、四种虚无的效应。总之，我们创造出了“虚无程序运行效应的规律性”，以及“虚无程序”本身。

觉知（佛性）创造出了从电子、光子到原子、分子，从蚂蚁到大象，从花朵到星球的存在，存在本身就是“规律”（因缘果报）。所以一只台球会被另一只台球撞跑，而你的“意念”（也就是监视器）却拿它毫无办法。水杯掉在地上会被打碎，而你用意念也没有能力托住它。因为最最关键的是，**你创造它，你就是它！你就是一切！一切因你而有，一切因你而灭！厄运与幸运、地狱与天堂，皆因你而存在，这就是性空缘起**。佛祖在菩提树下悟道的是“性空缘起”，悟到“性空缘起”就得阿耨多罗三藐三菩提——无上正等正觉。

那么，“本心”在哪里？最终那个让电子崩溃为“粒子”的、被表达为“见性、觉性、本心、如来、佛性”的东西又在哪里？

第六节　为什么见性即是佛性

宇宙星球山河大地，你不看，就都处于“虚无状态”。所谓“虚无”不是没有，而是处于“非有非无”状态。所以让电子崩溃为“粒子”的、也是让一切世界万物得以存在的那个东西取决于“看的本性”。这个看之性是什么？

“看到”等于“见到”，所以，看之性就是见之性。“见性”也就是“觉性”。为什么见性就是觉性？

首先“看”是对于眼睛而言，但对于盲人来说，虽然他看不到，但他的那个“能看之性”还是存在的，否则盲人就等于死人。所以“见性”不是单指眼睛。

其次，由“眼耳鼻舌身”所引发出的“色声香味触”如同“树枝”；由“色声香味触”等感觉组合出的“法”——意念（执著妄想）如同“树干”。“性”是根本的意思。就如树枝、树干都是由同一树根生出来的一样，“见之性、听之性、嗅之性、品尝之性、触觉之性、意念之性”也都是由同一个的树根——“觉之性”生出来的。（佛经：觉海性澄圆——这个觉有时也被表达为“觉海”）

人们能够看得到的只有树枝、树干（例如：色声香味触法），所以会用眼睛的“见性”来标指无法看到的“树根”：觉性。所以，见性=觉性。

所谓“归元性无二，方便有多门”，所以也有通过其他感觉来指明本质之“觉性”的。如观音菩萨的《耳根圆通禅》是通过听性，也被表达为“闻性”来修入禅定证悟到“觉性”的。所以，见性、听性、味性、触性、嗅性、思念之性都是一个“性”。这个“性”，即是佛“性”、如来之“性”、本心自“性”。“佛性”

当然就是让电子崩溃为“粒子”的那个东西。

第七节 佛祖是如何通过见性指明觉性的

《楞严经》：“佛言：我今示汝不生灭性（觉性）。大王（指波斯匿王），汝年几时，见恒河水。王言：我生三岁，慈母携我，谒耆婆天，经过此流，尔时即知是恒河水。佛言大王：如汝所说，二十之时，衰于十岁，乃至六十，日月岁时，念念迁变。则汝三岁见此河时，至年十三，其水云何。王言：如三岁时，宛然无异。乃至于今，年六十二，亦无有异。佛言：汝今自伤发白面皱。其面必定皱于童年。则汝今时，观此恒河，与昔童时，观河之见，有童耄不。王言：不也，世尊。佛言大王：汝面虽皱，而此见精，性未曾皱。皱者为变。不皱非变。变者受灭。彼不变者，元无生灭。”

所以很清楚，佛祖示波斯匿王“不生灭性”（即本心自性）是通过“见性”（树枝）来指明“觉性”（树根）的。这个“觉性”到底在哪里？

佛祖说这个“觉性”在这里：**“见见之时，见非是见，见犹离见，见不能及。”**可是在没有深入禅定情况下，如何去领悟那个“见不能及”的东西呢？

请问，失去“视觉”的人是否还活着？失去“听觉”的人是否还活着？手脚麻木的人是否还活着？嗅觉不灵敏的人是否还活着？品尝不出咸淡的人是否还活着？一个人脑袋空空没有妄念时，这个人是否还活着？答案是肯定的：这个人还活着。

所以非常简单地说，**“觉性”（也是佛性）就是让一个人感觉到自己还清清楚楚地活着的那个东西。**人死了以后，那个东西还在吗？回答：人死了，只是所有的“中间监视器”（眼、耳、鼻、舌、身、意）都损坏了而已，那个东西是不生不灭而永恒存在的。所以心经上会说："无老死，亦无老死尽。"所以不要害怕死亡，死亡只是另一个开始。（生死都是幻）

也许你会疑问：人死了，思念都没有了，怎么证明还存在那个东西呢？

回答：思念只是"中间监视器"，不是"本心自性"。人死以后处于全知全觉状态——涅槃。这种全知全觉状态是超越所有感觉的"觉知状态"，也就是"见不能及"的"觉知"状态。

第八节　全知全觉是个什么体验

非洲有一种淡水鱼可以在身体周围发出电场，感受入侵者引起的电场细微的扰动；海豚和蝙蝠发出声波用来做精确的定位；狗和蝉能够觉知到人类根本觉知不到的声音；而人类不具有以上觉知能力。**所以，"觉性"不是看见、听见、摸见、闻见、品尝见，而是"全都觉见"。**

"全知全觉"是所有一切感觉的创造者。所以，如果说一切感觉的"性"为全觉（"圆觉"）是对的，但要说这些感觉就是"全觉"就错了。因此，无论用眼耳鼻舌身及由此引发的"执著妄想"怎样去形容和表达这种"全觉（本心自性）"都是错的。所以，在没有深入禅定的情况下，用执著妄想去推断思考这种觉性只能是"不可思议"的。

"全知全觉"的真实体验只有修入禅定才能"觉见"。那么有没有一个办法可以"浅觉"一下呢？

实际上，只要你是按照佛经中指明的正确方法在修定，那么你就一直在"浅觉"（注意：无法表达的"全觉"与这里的对"浅觉"的表述并无矛盾之处；一种是语言表达，一种是实践经验）。为什么说是一直在“浅觉”？

“本心自性”就是那个你感到“清清楚楚”、感到自己活生生的还活着的那个东西。如果你能够保持在没有任何妄念的状态下清清楚楚，你就体悟到了“本心自性”。这“清清楚楚”就是“空”，修定修的就是保持澄清“清清楚楚”。

当然，修定过程中的“清清楚楚”是分阶梯的。最终的那个“清清楚楚”就是“空性”，而一开始修的那个清清楚楚也是同一个“空性”。为什么既被表达为“阶梯”，又被表达为“同一个”呢？

回答：这就像是一个人拽着一根绳子上山，在整个上山过程中，他无论在哪个山体阶段，手中拽着的东西都是同一根绳子。而这根绳子就是清清楚楚，也叫空性、如来。所以整个修定的过程就是由“浅觉”到“深觉”的递进过程。只要你在修定，那么你就在全觉——只是很“浅”而已。

“知幻即离，不作方便；离幻即觉，亦无渐次。”所以你不断地“知”，就是在不断地“觉”，在“觉”到最后，如果离“幻”了，你就成佛了。

以上即是对终极的“道”（生命宇宙终极奥义）的科学说明。悟道即是悟到唯心所现（存在），唯识所变。

一位朋友曾向我提出过一个疑问：佛学中的“唯心所造”是否就是人们日常理解的“唯心主义”？因缘于此，故作说明如下：

唯心主义主张“有神论”，言说物质世界是由鬼神或某位“大神仙”创造出来的。任何一个人的命运也完全由这位大神仙掌握着，人们只要膜拜这位神灵就会求金得金、求福得福。

这种有神论让自古许多不法之徒大搞封建迷信。为了达到自己争权夺利的罪恶目的，他们冒充神佛出世，通过装神弄鬼和欺骗人们自己拥有神功异能的方式，蛊惑和煽动人们对社会的不满情绪，扰乱了社会治安和破坏了社会的稳定，极大地损害了人类的精神健康和身体健康。这种唯心主义是任何一个国家和法律必须要彻底清除的危害社会的毒瘤。

所以佛学所讲的“唯心”完全不同于“唯心主义”。

佛教就是“佛”的教育，即佛教育人们“诸恶莫做，众善奉行；自净其意，是诸佛教”。在佛学中，有两句话清楚地表达了这个教育的核心内容。

第一句话是佛祖释迦牟尼来到人间时所说：**“天上天下，唯我独尊。”**

第二句话是佛祖释迦牟尼在菩提树下悟到的大智慧：**“性空缘起。”**

“天上天下，唯我独尊”的正确解释是：“每一个人都是自己生命的主宰。没有一位魔鬼可以把你推下地狱，也没有一位神可以拉你上天堂。一个人的成败荣辱完全在于自己的努力和才智。”所以佛祖说：“众生平等，人人皆是佛。”每个人的命运都是自造因缘的结果。那么怎么造呢？

通过“性空缘起”。这句话的意思是：“世间一切事、一切理都是在因缘果报的规律下运转着的。没有任何一个人或一位神可以违背这规律。”

所以佛学所讲“唯心”，不是一个想啥来啥的“神心”，而是本质的、可以发起因缘果报的那个“本心”。这个心不在天边，近在眼前，因为这个“心”就是你——人人皆是佛！

所以，佛学中讲的“唯心”是唯你的“心”，绝不是“唯”一个安排人类命运的上帝之“心”。佛学不是神学，而是哲学。本人的论述也完全是在哲学框架下进行的论述。与人们日常理解的唯心主义没有任何关联之处。

第九章

生命宇宙的真相(实相)

“一切有为法，如梦幻泡影，如露亦如电，应作如是观”是《金刚经》中的四句话。

1. 佛祖用这四句话对《金刚经》做了一个总结。总结了什么？总结了一切世间万事万物都如同“梦幻泡影”一样虚幻、如“晨露闪电”一样转瞬即逝。为什么佛祖在悟道后要人们这样去认识世界？或者说，为什么生命宇宙是这样的？

2. 人们听得最多的佛语是“四大皆空”（“四大”指“地水火风”，它们是组成人体的四种元素）。为什么“四大”是皆空的？

3. 自古大德居士们张口闭嘴地都在“谈虚说幻”。佛经核心奥义讲的真是这些内容吗？为什么人们摸到硬邦邦的东西硬要说成是“空”、是“幻”的呢？

4. “金刚经”中讲：“若见诸相非相，即见如来”，以及“实相无相”，为什么“相”是“非”、是“无”的？

5. 在《圆觉经》中，佛祖说：只有“永断无明，方成佛道”。而“云何无明？”佛祖接着说：“善男子，一切众生从无始来，种种颠倒，犹如迷人，四方易处，妄认四大为自身相，六尘缘影为自心相，譬彼病目，见空中华及第二月。”

这句话是说：自远古以来的一切众生对生命宇宙的认知都是颠倒和错误的，即都错误地认为“四大”是自己的身体，而将感知到的“色声香味触法”等六尘认为是自己的“真心”。这种错误的认识如同“病眼人看到虚空中有花朵”，以及“夜空中出现第二个月亮”一样。如果能够砍断这种错误认知，也就“立地成佛”了。

那么如何认识清楚“四大”不是自己的“真身”，“六尘缘影”不是自己的“真心”呢？在今天是否有“断无明”更科学的方法？

下面以“六根（眼耳鼻舌身意）”如何生出“六尘（色声香味触法）”为切入点，开始认识清楚为什么“四大”不是自己的“真身”，“六尘缘影”不是自己的“真心”？为什么一切皆“幻”？——也即开始“断无明”，以及明悟生命宇宙的真相。

第一节　六根是如何生出六尘的（感觉器官与感觉机制）

一、我们是如何看到这个世界的（眼）

当你看到一朵玫瑰花的时候，玫瑰花并没有直接进入你的脑中，那么你是如何看到它的呢？

在人视网膜视觉神经细胞的“视杆细胞外节”的膜上，存在着一种叫做“视紫红质”的大分子。之所以称其为“大分子”，是因为它是由一分子的视蛋白和一分子的视黄醛组合成的。

视黄醛分子在以其中间节点被折弯成90度角（被称为11–顺型）

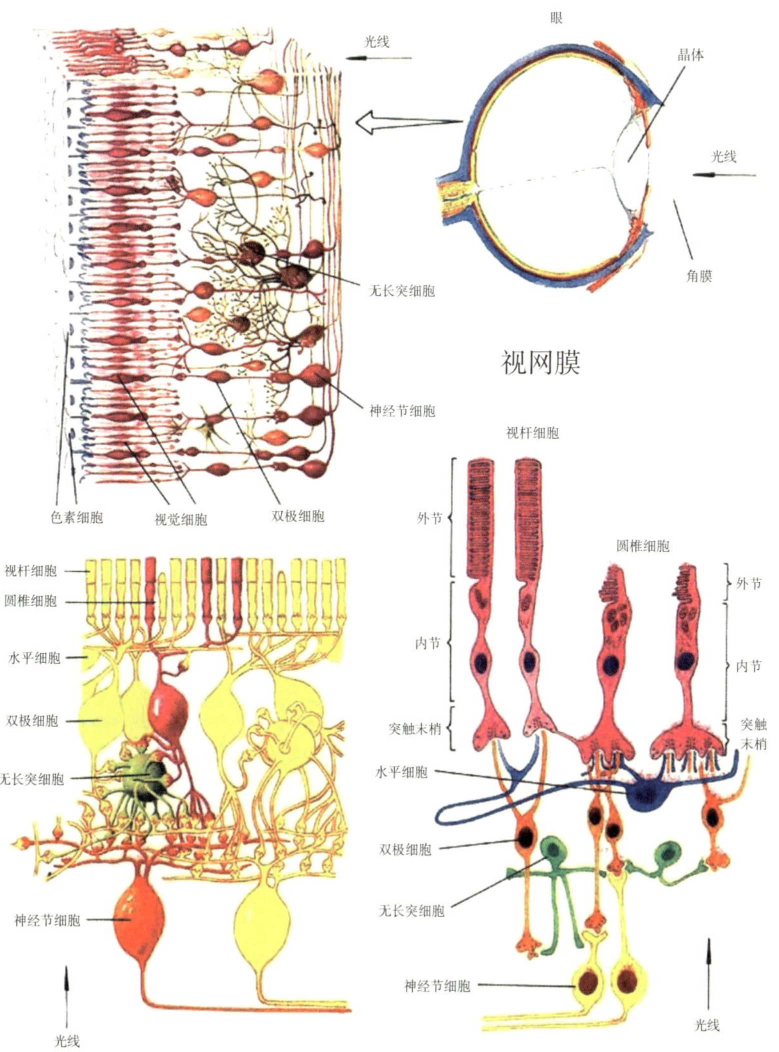

图 9-1　视网膜结构及细胞分层

的方式嵌入到视蛋白分子中。当一个光子射到视黄醛分子弯折处的碳原子上时，因为碳原子中的电子在接收到光子后，能量会突然增大而飞得离原子核会更远一些（热胀冷缩就是这样形成的），这样碳原子就膨大了一点，就导致这个碳原子所在视黄醛分子的弯折节点处发生微结构变化，引发了整个视黄醛分子突然由弯形弹伸为直形（被称为11-全反型）。因为变为了直形，所以视黄醛分子会突然从视蛋白分子中弹射出来，由此导致视蛋白分子的构型突然由凹形变成了凸形。

这种凸形的变化会进一步激活细胞膜上“转运蛋白”的构型发生变化（裂开了一个小口），让原在细胞膜外的大量带正电的钠离子瞬间涌入神经细胞突触末梢内。然后由水平神经细胞、双极神经细胞收集这些“微电量”（图9-1）。当电流的量度经过时间、空间总和达到爆发一次动作电位的阈值时，双极神经细胞就会因此形成一次动作电位——即一段电流在神经纤维内流动。

图9-2为电子显微镜下真实的神经电流运行在神经纤维内的影像过程。

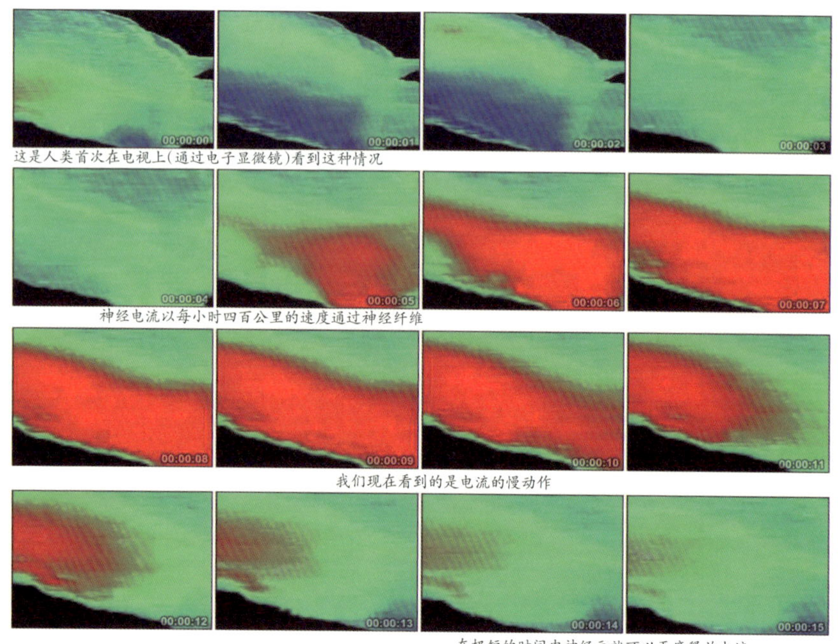

图9-2　电子显微镜下真实的神经电流运行在神经纤维内的影像过程

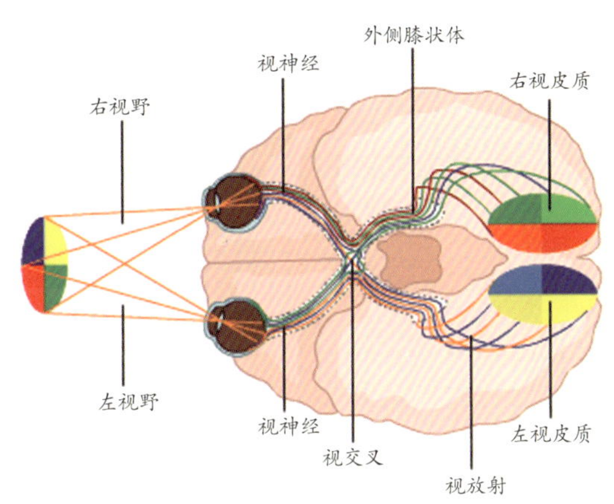

图9-3 神经电流在脑中的传导线路示意图

这段电流会传递给神经节细胞，神经节细胞会继续把这个动作电位（一段电流的波的移动）继续传向大脑。

如图9-3所示，从眼睛过来的神经电流冲动传向脑皮层的路径是：神经电流沿着神经节细胞轴突穿出眼球壁聚集成的视神经传导，然后电流会穿过视交叉继续传导到“外侧膝状体”。在此处，电流会通过“电—化学”方式被转换传递给下一级神经细胞，最终投射到视觉皮层中。

在视觉皮层中存在着对各种刺激敏感的神经细胞（比如对形状、颜色、运动速度等敏感的神经细胞）。当这些神经细胞被来自眼睛的神经电流冲动激活时，我们就产生了与之对应的视觉体验（如看到一片树叶或一只燕子）。

二、我们是如何听到这个世界的（耳）

声音本质上是空气的振荡，比如两个人在太空中是无法对话的，因为太空中没有空气。那么我们是如何听到声音的呢？

当敲击鼓面时，会引发鼓皮剧烈的上下振动，这种振动会推挤鼓面的空气发生剧烈的上下振荡。当这种空气的振荡以340米/秒的速度通过外耳道运行到你的2毫米厚的鼓室时，由锤骨、砧骨和镫骨组成的听骨链会将其能量扩大20多倍（图9-4），然后被进一步传递到耳蜗中。在耳蜗内，大约有15000个排列规则布满纤毛的毛细胞（图9-5）。这时的振荡已经由空气的振荡转换为骨链的振荡，再转换为了充斥于耳蜗中的淋巴液的振荡。

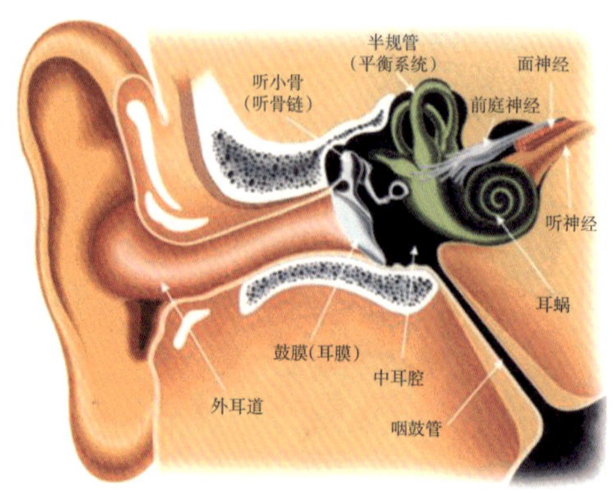

图9-4　内耳结构图

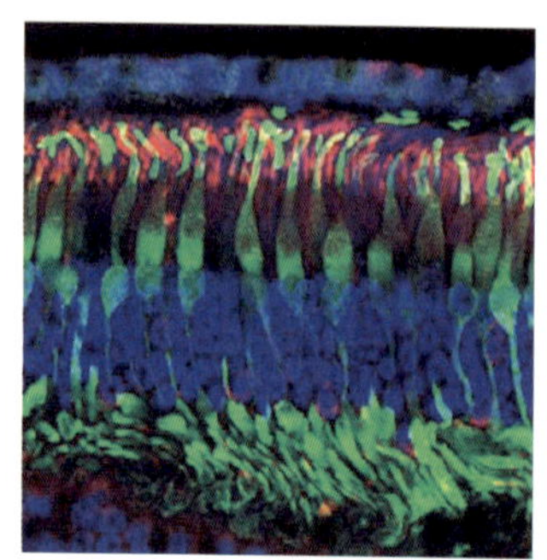
图9-5　图中红色部分是毛细细胞的纤毛；绿色部分是连接毛细胞与大脑的神经

淋巴液的振荡会推挤毛细胞上纤毛的前后移动，由此引发毛细胞膜上转运蛋白质构型发生改变，进而导致存在于细胞外带正电的钠离子瞬间涌入细胞内。当这种电磁场的能量（电流能量）通过时间和空间的总和，达到能够引发听觉神经细胞爆发动作电位的阈值时，神经细胞就会爆发一次电流的波动。

如图9-6所示，这种生物电流会沿着听觉神经经过“螺旋神经节、耳蜗神经节、外侧丘系核、内侧膝状体”转换传递到大脑颞叶的听觉中枢。在传递过程中，电流信息像一个“接力棒”一样会被许多个神经核中的神经细胞传递。为了保证传导的速度和准确性，沿途这些神经核团还会对其信号的强度进一步放大。当这个电流信息传递到听觉皮层，并激活皮层中对某些频率的声音敏感的神经细胞时，我们就听到了

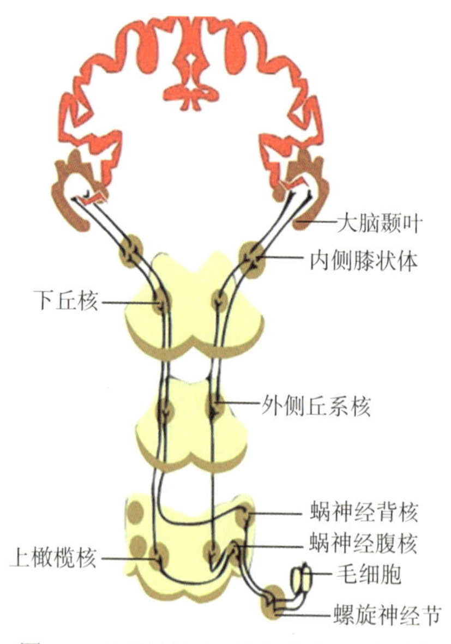

图9-6　听觉神经电流传导线路示意图

鼓的声音。

三、我们是如何嗅到花香的（鼻）

如图9-7所示，在你鼻子的鼻道处含有一种叫做嗅细胞的神经细胞。每一个嗅细胞只对一种或两种拥有特定分子结构的气味分子产生反应。这种细胞呈圆瓶状，每个细胞的顶端有5到6条的短纤毛，底端是穿过筛骨直接进入嗅球的称为“嗅丝”的长突。

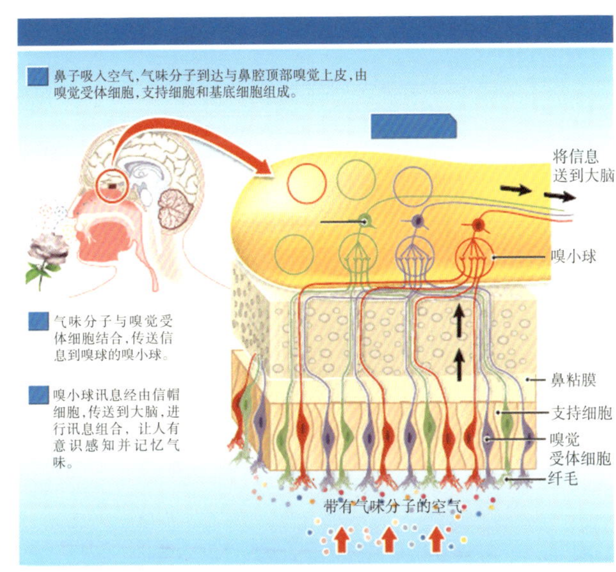

图9-7 人类如何闻到味道示意图

当一种存在于空气中的特定的味道分子（比如花香）与纤毛上

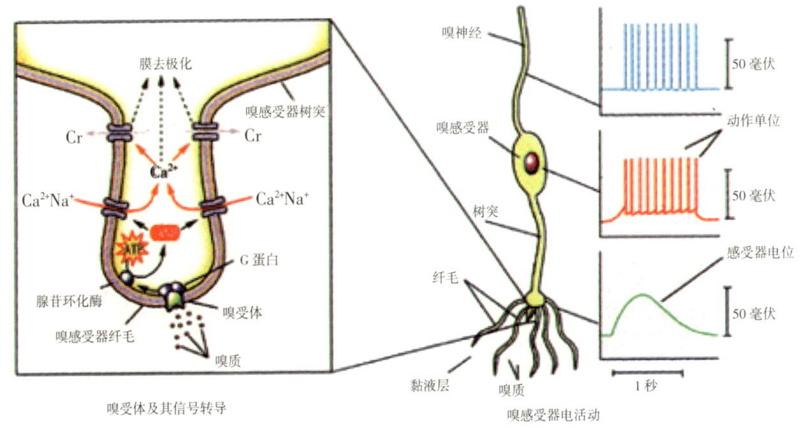

图9-8 嗅觉感受器示意图

的对特定分子敏感的转运蛋白（嗅受体）相结合时，就像是一把钥匙会打开一把特定的锁一样，转运蛋白分子就会打开一道离子通道，让带有正电场的钠离子、钾离子瞬间涌入细胞内（跨膜移动）。当细胞内电压的量度经过空间与时间的总和达到细胞爆发动作电位的阈值时，神经细胞就会发放一次电流的波动。这个电流波动会沿着嗅丝传向嗅球，进而传向更高级的嗅觉中枢，引起人的嗅觉体验。

四、我们是如何品尝到甜味的（舌）

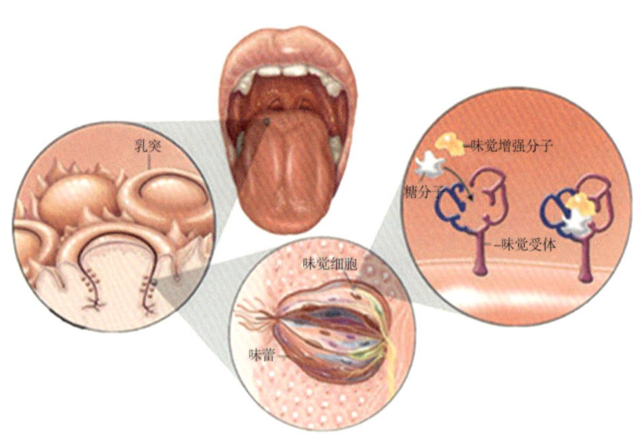

图9-9　味蕾结构

如图9-9所示，人的舌头上大约有10000个味蕾；每个味蕾由100个左右的味觉神经细胞组成。每一个味细胞顶端又有许多纤毛，称为味毛。在味毛上有对特定分子敏感的受体蛋白（如三种G-蛋白）。当某个特定的分子（葡萄糖分子；谷氨酸钠，即味精）与味毛上的受体蛋白结合时，就会导致受体蛋白打开一道门，让带正电的钠离子、钾离子瞬间涌入神经细胞内。当电场经过时间和空间总和达到引发动作电位的阈值时，味觉神经细胞就会爆发一次动作电位。不同的分子结构会激活带有不同受体蛋白的神经细胞。当由不同分子激活的特定神经细胞的生物电流冲动传递到代表味觉的脑皮层中的特定区域时，我们就体验到了各种味道（甜、咸、酸和苦）。

五、我们是如何触摸到这个世界的（身）

如图9–10所示，在你的皮肤中存在着大量游离的感觉神经末梢和各种特殊形式的感觉小体。以冷热觉为例：当皮肤的温度低于30℃时，存在于冷感觉小体上的受体通道蛋白上的原子就会由于温度的降低引起电子释放能量——即释放光子导致分子结构发生变化。这样会进一步让受体蛋白的构型发生变化，打开了一道允许细胞外带正电场的钠、钾离子瞬间涌入神经细胞纤维内。当进入的电流能量经过时间空间的总和达到阈值时，一个感觉神经就会爆发一次动作电位。

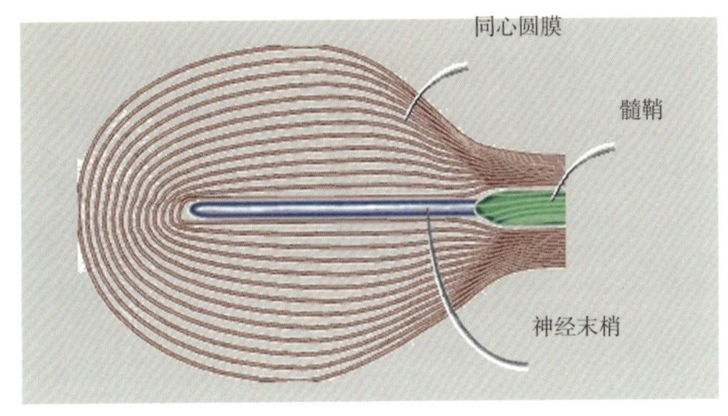

图9–10 环层小体（帕西尼体）——皮肤的触觉感受器

然后就像是烽火传递一样，激发出的神经电流经过一个又一个“接力神经元”最终传递到脑皮层中代表“冷感觉”的区域时，就让我们产生了“冷”的体验。

特定的感觉对应着特定的感觉细胞，比如人体皮层中存在着对“触压觉、冷热和痛觉”的感觉小体（图9–11），每一种小体只对一种刺激分子“感兴趣”。

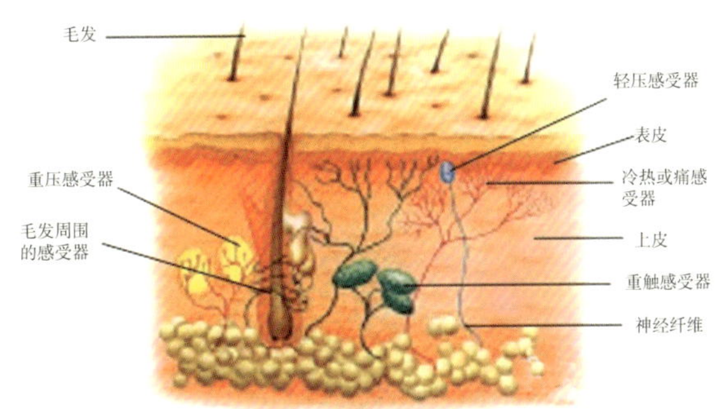

图9–11 皮肤中的各种感觉小体

六、我们是如何思念这个世界的（意）

现在的脑科学已经初步掌握通过扫描仪器（磁共振成像技术）监控大脑皮层中相关区域神经细胞电流活动的方法，“窥探”一个人的大脑思想。用这个方法可以实时“读出”一个人看到了什么，听到了什么，或者正在想些什么（可以把一个人大脑中的思想在计算机上转换成图像）。这种“读脑科技”现在只是初步阶段，未来将会进一步发展出无限的可能性。比如可以检测别人正在想些什么；或者用仪器记录人的梦境，然后在早上重新播放昨晚做过的梦。为什么科学家会做到这一点？

人体中每一种感觉器官所激发出的神经冲动（眼耳鼻舌身）在脑皮层中都有与之相对应的“代表区”。当你的手指头被针刺到（或感到冷、看到花……）时，与之对应的脑皮层区就会被激活。当你想象手指被针刺到，或者在你阅读这几个字的时候，你的这个代表“针刺疼痛”的脑皮层区同样会被激活。这两种“刺激”所激活的脑皮层区中的神经细胞都是同样的，没有任何本质区别。

我们只有五种感觉，所以我们的思念也逃不出这五种感觉所设的“框限”。你脑中每一个的思念都会激活与之对应的脑皮层感觉神经细胞的活动。同时每一处脑皮层中的感觉神经细胞被强烈地激活，也都会让你体验到“一个意念感受内容”（如狗在身边狂叫时，

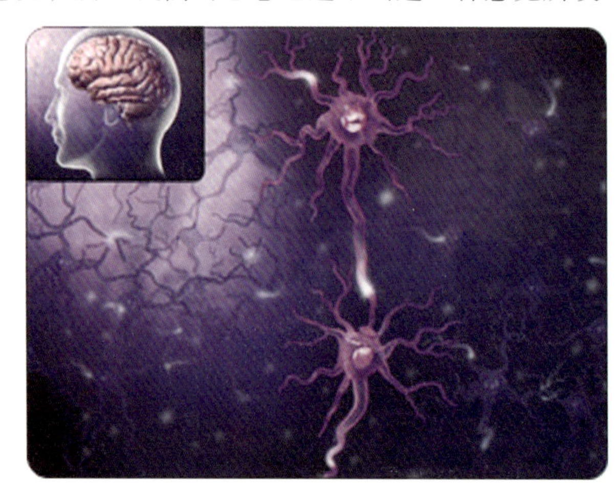

图9-12　脑中的神经细胞

你的听觉脑皮层细胞会被强烈激活，而你的意念中就会被强迫地感受到狗叫）。所以我们会“不自主思念”的原因是人们脑皮层中的神经细胞活跃的聚焦点会遵循“联系引发联系，思想引发思想”的规律性“不自主的游移”。

如图9–12所示，你的每一个思念都会在硬件上（神经细胞）发生即时的变化（比如脑中正在想象玫瑰花或刺疼所激活的脑皮层区域是不同的），所以科学上才会发明出通过仪器监测脑中某个神经细胞被激活了的方法，判断一个人脑中正在“思想”着什么内容的技术。

由以上我们可以清楚地看到，我们的思念（妄想），也就是我们的“意”不是一个脱离大脑而存在的东西，而是脑皮层代表区神经细胞相互之间电流的流动。同时因为“意”是对“眼耳鼻舌身”感觉连接后的综合体验，所以意=眼耳鼻舌身。

以上即是六根生出六尘的神经生理机制。

第二节　代理机器人

为什么一切皆是虚幻和唯心所造的？我将用科幻电影《未来战警》中“代理机器人”的现象加以辅助说明。

代理机器人的概念是，一个人可以制造出一个机器人来代表自己生活在这个世界中，而自己能够“真实地”体验到机器人所遇到的一切体验，这样自己就如同生活在真实世界中。人们制造代理机器人代表自己的好处是，因为代理机器人具有可替换性，所以一个人就可以永远年轻漂亮、力大无比，而且不会惧怕任何危险。下面即从“代理机器人”之所以会存在的神经生理机制开始做出论述。

一、你看到的是苹果吗

你眼前看到的是什么？是苹果吗？（图9–13）实际上，这是一种错觉。为什么呢？

苹果本身不像灯泡一样自己会发光，苹果上的光芒来自于对太阳光的反射，所以你看到的不是苹果本身。然而，你看到的也不是“太阳光”。为什么？我们看到的到底是什么？

图9-13　红苹果

我们看到“苹果上红色”的过程是这样发生的：当振动频率为红光波长特征的太阳光子从苹果上反射进你的眼睛中时，会直接射入视网膜感光神经细胞（视杆细胞、视锥细胞）表面受体蛋白上的视黄醛分子中间部位的碳原子中，由此就会直接导致整个受体蛋白构型发生改变，打开一个通道，让细胞外大量带正电场的钠、钾离子瞬间涌入细胞内。然后神经细胞会在一瞬间爆发一次动作电位。

当动作电位引发的“电波”经过几百个神经细胞的接力传递后，在到达脑皮层代表视觉的区域时，就让我们体验到了红色。所以我们最终看到的：

第一，不是苹果本身上的原子；

第二，不是特定频率的太阳光子；

第三，不是视神经细胞膜上的视黄醛分子；

第四，不是最初爆发动作电位的那个视杆细胞；

第五，不是在动作电位传递到视觉皮层过程中的每一个传递神经细胞；

第六，不是最初的那段神经电流，因为神经电流的“波动”（电波）在传递过程中已经被“转换”许多次了；

第七，也不是某段特定的神经电流本身，因为脑内神经中任何一处的神经电流都一模一样，没有任何本质区别。

那么你到底看到的是什么？

二、我们看到的是脑皮层代表区内神经电流的流动

从以上对人类感知这个世界神经机制的解析，我们可以清楚地看到：我们有五种感觉器官（佛经称为五根：眼耳鼻舌身）对应着五种感知对象（佛经称为五尘：色声香味触）。然而“根和尘”都不是让我们觉知到某种感觉体验的关键，那么我们的“觉知”的关键在哪里？

五种感知器官（根）能够对五种感知对象（尘）产生的因应机制是：“每一种感知器官末端的感知神经细胞膜上都存在着对不同刺激（光子、振动、压力）敏感的受体通道蛋白质。”含有通道蛋白的神经细胞被称为“感受器”。因为感受细胞的作用是将外在的刺激能量（光、声音）转换为内在能量（神经电流），所以感受器又叫做“换能器”。

无论是什么形式的外在的刺激，只有被转换成为“神经电流”，然后再被接力性地传递到脑皮层代表区中时，我们才会觉知到它的存在。

所以到这里我们看到了一个关键点是：无论外在刺激是什么样的，当它进入到人体中时，都变为了同一个刺激形式，即都被转换为了神经电流。人脑中任何一处嗖嗖穿过的神经电流都是一模一样、没有任何本质差别的“电磁场”的移动（电流即是电磁场的移动）。

最终我们看到的是什么？答案：是脑皮层代表区中神经电流的流动。只要是脑皮层中某处神经细胞被激活了，我们就会体验到与这个皮层区域所代表的感觉相对应的“觉知体验”。

在佛经中，将五种觉知体验称为“五识”：眼识、耳识、鼻识、舌识、身识。因为只有在脑皮层代表区被激活时，人们才能体验到各种“识”的内容，即各种觉知体验。所以五识的脑神经生理定位是“脑皮层代表区”。

进一步地说，我们的觉知体验来自于对脑皮层代表区的激活。只要能够激活特定的脑皮层代表区，我们就会体验到与之相对应的特定觉知体验（如红色、鸟叫等）。

三、代理机器人的感觉器官

现在的科学已经可以做到：用一种纳米探针刺入神经细胞，然后以对探针发放电流脉冲的方式激活某一个单一的特定神经细胞爆发动作电位（实际上直接用电磁场激活某个区域的神经细胞爆发动作电位就行了。下面之所以用纳米探针来说明，是为了能够更清楚地表达）。

以视觉为例说明：视觉的神经电流传递线路的“站点”是：太阳光子→视杆细胞→视神经细胞→视神经束→视交叉→外侧膝状体→视觉皮层代表区。那么我们把“纳米探针”刺入神经传递线路哪一个站点上比较好呢？

实际上无论刺激哪一个站点，只要最终能够激活脑皮层代表区，我们就会体验到与之相对应的觉知体验。所以无论把纳米探针刺入哪个站点，效果都是一样的，而最准确的就是直接刺入脑皮层代表区。我们从神经的线路站点可以清楚地看到，如果切断大脑皮层与五种感觉器官的神经联系，而单单只用这个探针直接刺入脑皮层表区的神经细胞，然后对之放电激活的话，一个人就会体验到与皮层代表区相映射的感觉体验。比如，红色、鸟叫、玫瑰花香、咸味，以及让人感受到愤怒或快乐的体验。

再进一步地说，如果要让一个人体验到“清晰、真实的觉知体验”，五种感觉器官以及连接脑皮层的神经线路可以是不需要的，只要能够用一种方法激活脑皮层代表区，那么一个人就会活在活生生的世界中。

所以要想制造出一个代理机器人，首先就要制造出与人的五种感觉器官所具有同样功能的机器人感知器官，那么科学技术是否会完成这个任务？

回答是：未来的科学技术（今天已经部分得到实现）完全可以在机器人身体上制造出类似于一个人所具有的五种感知器官的“换能器”。换能器的运作机制如下：

1. 代理机器人的眼睛。

人的眼睛是由视杆神经细胞将光信号转换为“电流信息”的（即光—电转换）。现在的摄像机是通过图像传感器CCD（一种高感光度半导体材料）将外界的光信号转换为“电流信息”的。转换的方式虽然有不同，但关键的是被转换后的“电流信息”却是没有任何本质差别的。所以只要能够实时地将外界的光亮信息转换发放为不同频率的电流信息，那么机器人的眼睛是完全可以替代人的眼睛的。

2. 代理机器人的耳朵。

电话工作机制是：送话器构造（麦克风）可以直接将外界声波信息（即空气振动）转换为电流信息。电流信息在传递一千公里到达话筒后，受话器的构造（音箱）会将电流信息还原转换为“空气的振动”，也就是声波信息，这样我们就听到了声音。电话是通过麦克风将声波转换为电流信息的，而人的耳朵是通过对空气振动敏感的听觉神经细胞将空气中的振动转换为电流信息的。虽然转换方式不同，但是转换后的信息形式却是没有任何本质区别的。所以我们只要在机器人的耳朵上安装一个“麦克风”，就可以很容易做到将外界的声音信息实时地转换为电流信息了。

3. 代理机器人的触觉。

人工制造的压力感受器、冷热感受器，完全可以代替人体触觉细胞所具有的将外界压力、冷热的环境情况实时转换为电流信息的能力（即“压力、冷热—电流信息”的转换）。

4. 代理机器人的嗅觉和味觉。

人工制造的能够分析各种化学分子的分析仪器，完全可以代替嗅觉神经细胞和味觉神经细胞将不同化学分子的信息转换为电流信息。所以人工制造的“化学分子—电流信息”的转换完全可以替代人体嗅觉和味觉器官感知外界世界的功能。

从以上的论述我们可以清楚地看到：我们感知的外在世界有一堵无法逾越的“墙”，即任何环境的刺激（声音、光亮、气味）在其进入到人体中时，都被转换为了“电流形式”。一个人能够体验到相关的觉知体验的关键是：脑皮层代表区被激活。所以只要用一种方式（这个方式可以是人体感知神经细胞，也可以是纳米探针）能够激活人脑中代表相关感觉体验的“脑皮层代表区”，那么这个人就会体验到与这个代表区所对应的真实的“觉知体验”（如红色、方形）。

由以上的论述得出最关键的结论：一个人是否会体验到某个觉知体验，与转换器及其传导的线路没有本质关系，而与脑皮层代表某个特定感觉的代表区是否会激活直接相关。

四、代理机器人的工作机制

以上面的理解为基础，我们看“代理机器人”的工作机制是：人脑拥有一千亿个神经细胞，所以可以制造出一千亿个“纳米探针”（也可以用电磁场代替探针来激活脑皮层代表区中的特定神经细胞）。对应于五种感觉器官，将纳米探针分为五组。每一个纳米探针的一端连接到与之对应的脑皮层感觉代表区中的每一个神经细胞上，而将纳米探针的另一端连接到一台高精密的电脑上（现今世界上运算速度最快的电脑是每秒钟1000万亿次，完全超越承接这个工作的能力，未来“量子电脑”的出现，会把运算这么快速度的电脑做到比一枚硬币还要小的体积）。

这样，当“代理机器人”走在大街上的时候，每一种感觉器官的感受器（也叫换能器）会将它所遇到的各种刺激（如声音、颜色、味道等）转换为电流信息，实时地传递到“代理机器人”的特定感觉集中处理区（类似于人脑）。特定感觉集中处理区就像是一部发射无线电波的微型雷达，会实时地将所接受到电流的信息通过无线电波的方式传输到“精密电脑”中。精密电脑再将无线电波传递过来的信息再次转换为电流信息。然后这些电流信息会被传输到纳米探针上（或电磁场运行的模式上），这样纳米探针就以不同的频率激活了与之相连的大脑皮层代表区中的神经细胞（比如，“代理机器人”的食指感觉的激活，对应于人脑皮层手指感觉代表区中代表食指的神经细胞）。这样一个人就真实地和实时地体验到“代理机器人”所遇到的任何刺激：比如听音乐，接吻，或者打排球。

如果一个人想弹它的手指，那么这种信息就是反向传输的，即人脑运动手指的代表区被他的意念激活，然后这种激活的神经细胞内的电流会通过纳米探针传输到精密电脑上，电脑再发射无线电波到代理机器人的“运动控制中枢”，然后运动中枢会发送电流激活控制代理机器人的手指做出“弹指”动作。这个弹指动作会再次激发机器人手指上的感觉装置，这个感觉装置也会即时地将信息通过“无线电波—精密电脑—纳米探针—传输到人脑皮层代表区”的方式被觉知到。这样一个人就可以实时地通过对手指的感觉监测，矫正手指的运动力度及方向了。

因为最终激活的都是同样的脑皮层代表区，所以这种代理机器人式的觉知体验与肉体式的觉知体验没有任何本质区别。

五、在代理机器人现象中，为什么人们会体验到自己是生活在活生生世界中的呢

如果你听到了鸟叫，这没有什么奇怪。但是如果你看不到有鸟的存在，那么就会认为这一定是幻境（幻听）。如果你看到桌子上有一个苹果，这很正常。但是当你去抓它的时候，抓到的却是空气，那么你也会认为这是“幻境（幻视）”。如果你感到脖子上有虫子在爬，但是当你照镜子的时候却没有看到虫子，那么你就会认为这还是“幻境（幻觉）”。

假如，你听到鸟叫而且看到了一只鹦鹉，你看到了苹果而且摸到了它，你感到有虫子在爬也看到了虫子的存在，那么你就会认为这些都是“实境”。

所以非常简单清楚地说，判断“真实”与“幻境”的区别是：**一个现象，当你去通过你想获得的觉知体验去验证它的时候，如果某种觉知体验是缺失的，那么就会认为这是“幻境”。如果不是缺失的，那么你就会认为所经历的一切都是真实发生过的**（比如当一个人中了彩票大奖时，会下意识地去掐一下自己，因为如果“他”感到痛，就说明不是在做梦。所以人们都是依靠某一种感觉是否是缺失的来判断幻境与实境的）。

在代理机器人的现象中，人们之所以会体验到自己生活在“活生生世界”中的原因是：在五种感知体验当中，对于一个现象，没有一种感知体验是缺失的。比如对于吃苹果这个现象，代理机器人会将苹果的形象、红色、触感、味道（酸甜）、敲打苹果引发出的声音，实时地以“精密电脑—纳米探针—脑皮层代表区被激活”的方式让人们体验到这些感觉内容。假如你实时地体验到这些觉知内容，你会认为自己是生活在“幻境”之中吗？答案：肯定不会。

第三节　第一层幻——所觉皆是幻

一、人们通过代理机器人体验到的世界与人们玩的电脑游戏体验到的世界没有任何本质区别

有许多人都玩过游戏《魔兽世界》。对于这个游戏的描述是这样的：一个宇宙里含有无数个世界；世界之间通过“扭曲虚空”相连接。世界里到处都是恶魔的身影；正义的守护者为了远离扭曲虚

空，在名为“艾泽拉斯”的大陆上建立了称为“提瑞斯法”的文明。在魔兽世界中，你可以选择成为“牧师、法师、圣骑士、盗贼、猎人、战士、女人或者一只野兽”。然后你就根据游戏规则开始在游戏世界里生活了。

如果你觉得魔兽世界有些玄幻，那么游戏《模拟人生》则更接近于生活。在该模拟人生的游戏里，你可以选择一种“数码DNA”作为自己的基因，然后你会经历“婴儿、少年、青年、中年、老年、死亡”的整个人生阶段。在游戏里，你的性格、生活方式和接触到的教育都会直接影响你在游戏里的性格、长相和所担当的社会角色。情感、身体动作、体育比赛，在游戏中你都可以实现。你也可以有轰轰烈烈的爱情，以及会把你一半的“数码DNA”遗传给你的后代。

现在人们体验这种游戏的方式是通过看到画面，然后在脑中想象获得的。而操作游戏中人物的各种动作，也只是通过鼠标来实现的。比如你在游戏中喝酒，但是你的嘴里并没有品尝到葡萄酒；你在游戏中被伤到，而你并没有感到疼痛。所以人们在这种游戏中的感觉体验是非常少的。我们可以把现代的这种游戏称为“一叶木舟”。

当有一天，二维的电脑屏幕变成了“身临实境”的三维立体形式（如果让一千年前的古人看今天的电视，“他”会认为荧屏中真的有“小人及山河”的存在，同样可以想象一下，在今天的某一个人突然处于未来高科技发明出的“实境体验”的游戏房间中，他是否会被吓一大跳），所有游戏中的感受情形都会通过“电脑程序激发出的电流，再刺激纳米探针连接到你的五种感觉器官上的神经细胞（这里说的是人体感受器上的神经细胞，而不是大脑皮层中的神经细胞），那么你就会“品尝体验到葡萄酒的味道”和“感受到被玻璃割伤时的疼痛”。而游戏中人物的动作不再通过鼠标来实现，而是通过你肢体的实际动作来完成。如同随着科学技术的进展，航空母舰一定会被制造出来一样，未来的“一叶木舟”必将成为“航空母舰”。

通过对“代理机器人的感觉机制”和“未来游戏的操作机制”的论述，可以清楚地看到以下两点：

1. “代理机器人”传输给一个人感觉体验的方式是通过“代理机器人感觉器官获得的刺激—无线电波—精密电脑中的电流程序—纳米探针—脑皮层代表区神经细胞”获得的体验。

2. 游戏程序传输给一个人的感受体验是通过“电脑中的电流程序—纳米探针—五种感觉器官上的神经细胞—脑皮层代表区神经细胞”获得的体验。

从以上两点，我们可以清楚地看到：人们在通过两种方式（电脑游戏程序、代理机器人）获得一种觉知体验的信息传导通路中，游戏程序与代理机器人有一个共用的、没有任何本质区别的传输通道。这个共用的通道是“电脑程序—纳米探针—脑皮层代表区神经细胞—觉知体验”。

也就是说，由此带来的最关键节点是：**在本质上，一个人根本无法分辨一个刺激信号的来源是来自“代理机器人”，还是来自电脑游戏中的“程序”。所以一个代理机器人所遇到的世界情景，完全可以由“一段事先编制好的游戏程序来替代”**。

也许你会提出一个疑问：在代理机器人中，如果一个人想用手摔杯子，“他”就会在脑中发出一个意念，这个意念会通过“运动脑皮层代表区—纳米探针—精密电脑—无线电波—代理机器人的手臂肌肉”的方式完成这个动作。代理机器人也会通过它的眼睛和耳朵将摔碎玻璃的画面和声音传输给“精密电脑—脑皮层感觉代表区”的方式让一个人体验到（这种反馈会让一个人感知到自己很真实地活在实境中），而在游戏程序中会有这样的信息反馈吗？

答案是：游戏中所有的规则，都可以按照现实中事物发生发展的规律性进行模拟，然后通过把引发感知的电流信息反馈性地传输给大脑。比如用一个意念去抬手，结果就会看到手被抬起，这种“被看到”完全是可以由事先设计好的游戏程序来实现，其过程是当电脑接收到一个人大脑运动皮层发出的“抬手”神经信息时，电脑就会根据意念激发出的神经电流的强度，实时反馈、应答性地发放电流刺激到纳米探针上，以激活视觉皮层中代表手臂和运动的神经细胞，让一个人“真实地看到手臂被慢慢抬起来的情景”。

最终，如果一个人脑皮层代表区无论通过什么方式，只要能够获得所有的意念活动引发出的所有的感觉体验反馈都得到实现，那么“他”就会认为“他活在一个十分真实的世界之中”。

进一步的结论是，一个人在本质上根本无法分辨出一个“感觉内容”（听觉、视觉等）是来自于“代理机器人”的实际经历，还是来自于游戏中“虚幻的程序”。

二、此时此刻我们也是代理机器人

1.“代理机器人”的感觉机制。

假设科学家为你制造出了一个“代理机器人”，然后你把他送到了另一颗与地球环境（有人、动物和植物等）一模一样的星球上。代理机器人将他所遇到任何环境中的刺激实时地通过无线电波传输到地球上的精密电脑中，这台电脑专门用来刺激你的脑皮层让你产生各种感知觉。那么你就会经历“代理机器人”所经历的一切，如清风拂面的细微感觉、脚被树枝刮出血后的疼痛、看到火山历历在目的爆发、品尝酸甜的水果滋味、坐在公交车上欣赏窗外的风景；你用手摔杯子会看到玻璃迸射的画面，也同时会听到玻璃杯摔碎时的乒乓响声；你可以结婚，你的“妻子代理机器人”也会生出一个“小的代理机器人”；你可以操作望远镜看天上的旋转的星系；可以赛车、画画、写作，或者去放风筝。总之，凡是你在地球上经历的一切，你都可以经历，而且非常真实。

虽然你非常清晰、真实地生活在另一个世界中，可是你会清楚地知道（也是代理机器人的感觉机制）：

（1）自己所经历的一切都不是自己亲身经历过的，所有的一切都是“代理机器人”传输过来的“无线电波信息”。比如当你被蛇咬到感到疼痛时，你看到一只老虎扑向你时，你品尝一顿美餐时，你都会十分清楚地知道这一切都是“假象”，因为“代理机器人”传输过来的只是“无线电波信息”，以及进一步的精密电脑把这信息转换为电脑内的“电流信息”。你只能觉知到这些“电流信息”，因为蛇并没有真的跑到地球上来咬你，老虎也没有跳到地球上来，食物也不会真的飞到地球上你的肚子里，你体验到的“美味和饱食”的感觉也只是代理机器人传输过来的“电流信息”。

（2）“代理机器人”的五根，即“眼耳鼻舌身”感觉器官是没有任何思想的，它们只是将环境中的声音、光、化学分子转换为电流信息的“能量转换器”。而外界的五尘（即“色声香味触”）接触到的也只能是代理机器人的能量转换器，它们（老虎、美食）本身也无法飞进代理机器人的感觉处理集中区中，当然更不会直接飞入地球上你的脑子中。

（3）如果“代理机器人”的眼睛某一天被树枝挂坏了时，那么你就成为了瞎子。

如果代理机器人的耳朵某一天被雷击到损坏了时，那么你就成为了“聋子”。

如果某一天“代理机器人”的触觉传输器损坏了时，那么你就失去了所有的感觉能力。

如果某一天“代理机器人”的舌头、鼻子都被老虎吃进肚子里时，你就失去了所有的感知觉。这时“代理机器人”就死了，而你也同时“死了”。可是你非常清楚地知道，自己没有死，只是“代理人”死了而已。

2. 人体生命器官的感觉机制。

此时此刻，你在看什么、听什么、摸什么？电脑、书、手机、灯、太阳、一朵玫瑰花、青山、大海、白云，或者眼前的爱人。你认为你看到了一朵玫瑰花，那么玫瑰花是直接进入到你心灵中的吗？

答案：从对生命器官感觉机制的论述，我们已经清楚地看到，人们感知外在世界有一堵无法逾越的墙，即“外在世界无论出现什么样的刺激（声、光、冷热等），当它们进入到人体中时，都必须被转换为一模一样的电流信息（电磁场的移动）”。所以此时此刻，你看到的一切（电脑、灯、人）、听到的一切（歌声、说话声、心跳声）、触摸到的一切（清风、粗糙感、冷热感、本体感）、嗅到的一切（花香、臭味）、品尝到的一切（甜味、辣味），并没有直接进入到你的大脑中（比如，玫瑰花和辣椒并没有进入到你的脑中），进入到你的脑中的是由这些物体特性所激发出的“神经电流”。因此，结论是：

（1）我们的“眼耳鼻舌身意”与代理机器人的“眼耳鼻舌身意”一模一样——即对于外在世界的“色声香味触”，本质上我们也永远感知不到它们的存在。比如，在实际上我们永远无法看到、摸到或者品尝到一个苹果的存在、颜色、形象或者滋味，我们所能觉知到的仅仅是被苹果的这些特性所激发出的、我们自己脑皮层代表区中的“神经电流”。

（2）人体的五根，即“眼耳鼻舌身”感觉器官也是没有任何思想的，它们也只是将环境中的声音、光、化学分子转换为电流信息的“能量转换器”。而外界的五尘（即“色声香味触”）接触到的也只能是我们的感觉器官，任何外在的事物也都不是直接飞进我们脑中，让我们感知到它们的存在的。

（3）同样，无论一个人失去五种感觉器官中的任何一种，这个人还是会活着的，所以人的“眼耳鼻舌身”与代理机器人的“眼耳鼻舌身”在功能及感觉机制上是一模一样的。

（4）如果你了解一些人工智能（仿制人脑的功能）方面的内容，你就会十分清楚，思想只是我们脑神经细胞的逻辑计算。因为我们脑中的思想是“眼耳鼻舌身”等五种感觉体验的集合。如果没有了五种感觉的存在，就没有了对五种感觉的体验，也就等于没有“意”。所以在“代理机器人”感觉处理区形成的“意”（对各种感觉进行的电脑的逻辑计算），等同于我们脑皮层中脑神经细胞的计算，也就是等同于我们脑中的“意”。

从对“代理机器人的感觉机制”和“人体生命器官的感觉机制”的比较，我们可以清楚地看到，我们本身也是一个“代理机器人”。

三、为什么一切所觉皆是幻

“人们通过代理机器人体验到的世界与人们玩的电脑游戏体验到的世界没有任何本质区别”，这一点十分清楚地说明了：

首先，“代理机器人”传输给一个人各种感觉的末端是“电脑—纳米探针—脑皮层感觉代表区—觉知体验”；其次，游戏程序带给人们的真实感觉的传输末端是“电脑—纳米探针—感觉器官（这个感受器可以省略）传递至脑皮层感觉代表区—觉知体验”，所以一个人在本质上是永远无法分辨出他所经历的生命世界是来自于“代理机器人的实际经历”，还是来自于一段“游戏程序”。

由此也就说，在未来代理机器人被制造出来的时候，因为在人们的生命历程中，活的就是一种感觉体验，所以未来完全可以制造出模拟出各种感觉的电脑游戏程序来代替一个人整个生命所经历的各种感觉体验（如星系、地球、树、鲜花、老虎和兔子等，都可以得到模拟），所以未来一个人的整个生命体验可以是一段程序，而且承载这段游戏程序的电脑可以做到比芝麻还要小的体积。**进一步地说，在“代理机器人”出现的时代，一个人的整个生命体验（念小学、踢篮球、结婚生子、山川河流、地球、星系、宇宙）可以被装在一个“芝麻之中”。“他”所体验到的一切，本质上都是程序、都是幻。**

根据以上对“代理机器人”的比喻，当我们发现“我们也是如代理机器人一样永远、也根本不可能摸到我们认为存在着的这个世界上的任何一样‘东西’时，我们感知到的也只能是脑皮层代表区中运行的神经电流，由此我们以为存在的世界也只能存在于脑神经程序中，外在世界对于我们来说也都是虚幻不实的”的时候，我们也就清楚地看到了，我们就是“代理肉体人”，我们所经历的生命、星系、宇宙也可以是被装在一粒芝麻之中的“游戏程序”（在佛经中表达为“芥子纳须弥”）。

所以，此时你眼前看到的世界中的一切程序，也都是“幻”。因为是“幻”，所以宇宙世界是“小而无内大而无外”、“不生不灭”和“非常非断”的。

第四节　第二层幻——能觉也是幻

前几天看到一则报道说：“一条愚蠢的蛇竟然在吞吃自己的尾巴（图9-14）。”

非常明确，佛祖释迦牟尼是依靠禅定悟道的，而自古以来对于不修禅定者试图通过理辩去领悟本质的“幻”，都变成了那条蛇，而在今天，我们通过一个比喻从理悟上来解开这个“死结”。

想象这么一个情景：在一个婴儿刚出生后，即给“他”制造出了一个“代理机器人”。婴儿的身体及大脑通过输液的方式（如同今天给植物人输液维持其生命存活的方式）维持其生命的存在，而

图9–14　一条愚蠢的蛇竟然在吞吃自己的尾巴

婴儿接收到的所有的感觉全部来自于“代理机器人”发送过来的信息。这样婴儿体验到的世界就是一个活生生的“外星人”的世界。

不同于先前“代理机器人”的生命器官，对于这个“代理机器人”的皮肤、肌肉、骨骼和头发等，都处理为智能化的，即随着时间的推移，此类“代理机器人”也会经历从童年、中年直至老年的生命历程（这种情况类似于《阿凡达》电影中人类的“灵性”通过电子仪器进入到“阿凡达”肉体中一样）。

假设，这个“代理机器人”后来成为了心理、脑及哲学方面的科学家。“他”开始研究自己的“心灵”是什么，开始寻找自己的那个“能觉之性”。那么他会如何研究呢？

经过对其他“代理机器人”的解剖，“他”发现：自己的眼耳鼻舌身五种感觉器官都只是一种“能量转换器”——即将外界“空气的振荡、光、化学分子”等转换为体内微电路中一模一样的电流（更准确地说，是电磁场的振荡）。

“他”也会进一步发现，自己的“心灵体验”来自于一个非常复杂的、专门用来处理五种感觉器官传递过来电流信息的“电路系统”（代理机器人感觉集中处理区）。每当代表某种感觉的电路系统区域被激活时，自己就体验到了这种感觉；同时自己任何的思念都会激活与之相关的“代表感觉电路系统特定区域”的活动，任何一个感觉处理电路区域的活动都会让自己体验到某一个特定的思念内容。

所以“意”不是另外的一个感觉器官所引发出的感觉，“意”是五种感觉的综合体验。“他”把五种体验的每一种体验过程表达为“识”（眼识、耳识、鼻识、舌识、身识）。把各种感觉集合后的综合体验，即“思念”表达为“意识”。

就算如此分门别类地深入研究，“他”依旧非常迷茫，不知道自己那个心灵到底存在于何处。因为他非常清楚地知道：自己的“眼耳鼻舌身意”都只是一种“能量转换器”，当然不是自己的“真心”；而其所对应的“色声香味触法”等外界现象都是自己的“感觉”。比如冰并不是凉的，是自己脑的复杂的电路处理系统将手指传递过来的电流信息解释为“凉的”。对于自己“识”的体验，“他”发现，就算自己失去了听觉识别能力，或者失去任何一个识别能力，“他”都会感到自己还在“活生生地活着”，所以眼识、耳识、鼻识、舌识、身识、意识（这里的意识指对思念妄想的体验）等都不是自己的“真心自性”，都不是那个“能觉之性”。

通过以上的研究，这个“代理机器人”确定了如下两点内容：

第一点：“代理机器人”通过研究发现了一个让自己不敢相信的真实情况：外在的世界的一切物象，这包括原子、分子、蛋白质、青山树木、河流动物、自己的眼耳鼻舌身意、色声香味触法、眼识耳识鼻识舌识身识意识等，因为都并不是直接进入到自己的脑中而让自己感知到它们存在的，自己所能感知到的只是这些外在世界引发出的脑皮层内神经电流的运行，所以它们都只是自己脑中的一种“感觉”。

就是说，外在世界没有真实物质的存在，自己以为的所谓“存在”都是自己的感觉，即来自于感觉集中处理区（同人脑）的处理过程。他只能活在运行在“感觉集中处理区”中的程序之中。他所经历的一切都是“幻”的。

第二点：当“代理机器人”再进一步环顾一下自己时，突然“虚空粉碎，大地平沉”地领悟到：不但自己感知到的、此时此刻自己存在的房间、身体、手、眼睛，而且最关键的是，自己认为真实存在的、自己所有感觉体验来源的“硬件设备”(这包括感觉集中处理、神经电流、脑皮层电路处理系统、电路系统中流动的电流)，以及自己整个的研究寻找心灵的过程，因为都是靠自己的“眼耳鼻舌身意”来感知到的，所以这些也都是感觉出来的幻中之“幻”。

由此我们反观自己，不但此刻你觉知到的一切（玫瑰花、牛粪、鹦鹉、电脑、清风、萝卜、旋转着的星系）都是“幻”，就算是脑皮层、神经元、电磁场、原子、佛祖、佛法、佛经也都是“幻”。因为一切的分辨都是通过你自己的“眼耳鼻舌身意”来获得的“幻”。

此刻，你即可以环顾一下四周明亮的世界：灯、小鸟、电脑、与你对视的眼睛，这世界之所以如此的明亮，第一，不是眼前的灯(或太阳）及其所照亮的物体进入到了你的大脑。第二，也不是由外在世界激发出的神经电流照亮了你大脑中（因为如同连接灯泡的电线不会发出光亮一样，传导电流的神经细胞也不会发出光亮照亮你的大脑，所以你的脑内并不如你看到的世界一样明亮，你的脑内是漆黑一片的)，**所以能够照亮这世界的不是外在世界，而是你的“觉性”；你感到明亮着的世界也不是外在的世界，而是你的“觉性世界”如此明亮着！**

更清楚地说，你以为此刻自己处在了一个明亮的空间中——比如此刻你坐在卧室或饭桌前，这只是一种“觉”。宇宙中并没有“你”及“此刻你所处卧室”的存在，一切的“存在”都是“觉性”创造出的“幻”。就算是此时此刻，你对“一切皆是幻”的感知分辨，以及对佛法的任何领悟也都是“觉中之幻”！

也因为一切的本质都是“觉中之幻”，所以所有的“幻”都是“觉”，所有的“觉”也都是“幻”。幻即是觉，觉即是幻，即“空即是色，色即是空，受想行识亦复如是”；因为是“幻”，所以才是“无无明，亦无无明尽，乃至无老死，亦无老死尽。无苦集灭道，无智亦无得，以无所得故”的根本所在！这即是名为“阿耨多罗三藐三菩提”的第一义“空”，第一义“空”即为不可说！

此“不可说”的原因是，一切“说”皆是“幻中说幻”。比如任何的佛法都是幻，而佛法之所以是“佛法”的关键在于佛法是“手指”，在指导我们“用自己的刀削自己的把”，所以“悟道”才是“非逻辑性”的。理解了这点，你就会对“有说即乖”、“说似一物即不中”、“见性成佛”等等类似的说法一融百融、一通百通了！

体悟佐证到“性空缘起”，就是得“阿耨多罗三藐三菩提”。由此就可以**“心无挂碍，无挂碍故，无有恐怖，远离颠倒梦想，究竟涅槃”**。这个就是**“大神咒，是大明咒，是无上咒，是无等等咒，能除一切苦，真实不虚”**的般若大智慧！

第五节　本心在哪里

一、代理机器人寻找自己的觉性

对于那个一出生就生活在“代理机器人”所感知世界中的人，在“他”寻找自己“觉性（本心）”时候，会做如下两点分析：

第一层幻：无论“他”多么不愿意相信，他所发现的真实情况是：在他认为存在的世界（宇宙）之中，因为有“中间换能器（眼耳鼻舌身）的存在”，所以“他”永远不可能、也永远没有任何办法能够去真实地看到、听到、闻到、嗅到、品尝到、触摸到任何东

西。"他"所能接触到的只能是在"他"的大脑皮层代表区中以振荡波形式穿行在神经细胞之间的"神经电流（电磁场的移动）"。因为从来到世间一直到死亡，"他"根本、也没有任何办法接触到任何东西，所以就算是"他"多么的不愿意相信，外在世界的存在都只能是个"幻"。

第二层幻：即便是"他"认为存在着的脑皮层代表区、神经细胞、神经电流等一切的存在，也必须通过他的"眼耳鼻舌身"去感知到它们的存在。由此，他也是永远不可能感知到任何所谓的"皮层代表区、神经细胞、神经电流"的存在，所以他认为存在着一个承载这"幻"的"实在物质"本身也是"幻"。就是说，即便"他"认为外在世界是"幻"的这种想法本身也是幻。无论"他"怎么去思考，他都是在"幻"中。思考到这个时候，如同是思考到了蛇吞到了自己的尾巴，而且吞到不能再吞下去的程度。

进一步清楚地说，如果说"地球上的大脑"是这个"代理机器人"的"本心"，那么这个"代理机器人"无论怎么思考都永远不可能摸到地球上的大脑，所以"他"是无法通过思考找到自己本心的，由此"他"也就永远不可能找到对于"他"来说的生命宇宙的终极答案。

同样道理，"代理机器人的感觉机制"与"人体生理的感觉机制"是一模一样的，那么我们的本心又在哪里呢？

二、本心（觉性）的位置在哪里

第一层幻：我们也是永远无法感知到"外界物质"的存在，我们能够感知的也只能是自己脑中的神经电流，所以外在世界的一切都是"幻"。

第二层幻：我们认为存在着的眼睛、脑皮层、神经电流，因为也是依靠我们自己的"眼耳鼻舌身"才能感知到它们存在的，所以"所觉与能觉"都是"幻"。实际上，无论如何我们都在幻中说

“幻”，这当然也包括此刻写这段文字的“我”及看这段文字的“你”！

如果“代理机器人”的“本心”可以有一个位置——在地球上，我们感知世界的心理神经机制与“代理机器人”的情况一模一样，那么我们的“本心”也应当有一个空间位置，而这个位置在哪里？

答案是：对于“本心”发出的“幻”，我们可以明确感知到其存在着空间与时间，但是人们试图通过空间与时间概念去度量、寻找“本心”的位置是非常愚蠢的，原因却是非常简单：因为时间与空间是本心创造出的“幻”。

进一步地说，问本心位置的问法类似于“一个电视剧中的人物在电视中问播放自己的电视在空间中的哪个位置”一样的愚蠢。

更清楚地说，人们对时间与空间的感知本身也是“幻”，所以问“本心在哪里”的问题如同问“快乐有几斤重”一样，问题本身就是错误的，所以答案也是不可能存在的。所以我们的本心是没有空间位置的。

那么我们不问觉性（本心）的时间空间位置，我们问：觉性长什么样？

三、觉性的样子是波粒二象性的

如果一个代理机器人通过实验发现“他”看到的石头、树、燕子、花朵、山川、河流的存在都是实际存在的，而且“他”也检验了制造自己所用的“钢铁、木材、塑料、电路板、晶体”也都是实际存在的，那么虽然“他”通过两层幻的逻辑推断“判断”一切都是“幻”，但是他会重新理智地去思考，进而会“强制性地”否定自己以前认为外在世界是“幻”的“判断”。

但是，如果这个“代理机器人”通过实验，在检验他所看到的石头、钢铁、树、花朵，以及自己看着这一切的眼睛、感知这一切的脑皮层等等一切物质时，发现一切物质的存在都处于“非有非无”的状态，那么此时“他”就会十分坚定地相信：**一切的所谓“实在”都是“觉中之幻”——即一切都是虚幻不实的。**

反观我们自己，当我们用实验去检验我们认为存在着的物质时，会突然震惊地发现，眼前的猫、树、花朵、燕子、对面爱人的眼睛、蹦来跳去的孩子、太阳、月亮、星系，以及你用来观察这一切的眼睛，用来触摸这一切的手，用来传导这一切信息的神经细胞、神经电流，都是由原子组成的，原子又是由质子、电子、光子组成的，而质子、电子和光子是“波粒二象性”的，所以检验的结果是：这个世界是“波粒二象性”的。波粒二象性说明了什么呢？

“波”的属性是无处不在。无处不在=哪里都不存在=虚无=因为对时间的计量是对物质在空间中位置变化的测量，所以没有相对运动，也就不存在时间与空间。

“粒子”的属性是有固定的位置。固定的位置=存在于一个点上=存在=因为有位置就有了物质的相对运动，也就等于创造出了时间与空间。

如果问“电子（光子、质子）在哪里”就等于问“快乐有多重”一样，所以“电子在哪里”的问题，回答只能是：电子既是波也是粒子。这等同是说，电子既在“这里”又“不在这里”；也即是说物质既“存在”又“不存在”——处于“即有即无，非有非无”的状态。

那么是什么导致物质出现这种“非逻辑性”的“非有非无”状态的呢？也就说，是什么让物质成为这个样子的？

“波粒二象性”之所以会成为“波粒二象性”，完全是因为“你”的存在而让物质呈现出“波粒二象性”的，所以答案非常简单：是你，是你的观察，是你的心。也就是说，你的本心创造出的“幻”具有“波粒二象性”的特性。

所以终极的答案是：如同镜子中反映出的不是镜子本身而是我们的影像一样，当我们去检验外在存在的物质时，实际上检验结果反映出的不是："物质性质"是"波粒二象性"的，而是"本心是波粒二象性"的（现在你即可以看一下眼前的桌子、手机、手、脸皮、眼毛、眼睛，都是波粒二象性的，都是"觉中之幻"）。

对于"本心"的这种"波粒二象性"，或者说对于"本心的特性"，在佛经中是如何描述的？

"本心"在佛经中又被表达为自性、如来、佛性、觉性、空性、本空、本觉等。佛祖用了六百卷大般若经来讲"空"，最终将六百卷的内容浓缩为260字的《心经》。《心经》之所以叫做"心经"，就是因为是说明"心"为何物的经（《心经》中将"本心"表达为"空"）。

《心经》首先说"五蕴皆空"，即人们认为真实存在的外在世界的"五蕴"（五蕴：色受想行识。色指物质方面，"受、想、行、识"指精神上的思念活动方面）都是"空"的。这种"空"的特性不是指没有，而指的是"色不异空，空不异色；色即是空，空即是色；受想行识亦复如是"。这里的意思是说，"本心"与它创造出的"物质与精神"是一元的。

四、为什么心物是一元的

首先，因为"人们永远不可能触摸到外在世界中物质的存在"，由此生命宇宙中所有的"存在"都只是存在于一个人的"觉"中——就是这么简单的一元性，所以才会是"幻不异觉，觉不异幻；幻即是觉，觉即是幻"，也即是"色不异空，空不异色；色即是空，空即是色；受想行识，亦复如是"。

其次，无论"觉"中生出什么"幻"，"觉"本身是"不生不灭"的。这种"不生不灭"的情况比喻来说，就像是"无论油墨在纸上画出什么景色，景色可以千变万化，但是油墨本身是不生不灭”的一样（如同诗人把爱情比喻成玫瑰花后，有人拿着一朵玫瑰当做“爱情”一样，注意这里的油墨与画只是逻辑上的一个比喻），所以《心经》接着说这个“空”是**“是诸法空相，不生不灭，不垢不净，不增不减”**。

同时，如同对**“油墨”**来说，任何的景色都是**“无”**的一样，《心经》进一步说：**“故空中无色，无受想行识，无眼耳鼻舌身意，无色声香味触法，无眼界，乃至无意识界；无无明，亦无无明尽，乃至无老死，亦无老死尽。无苦集灭道，无智亦无得。以无所得故。”**

如同无论对电子从“波”或“粒子”的哪一个方面去认识都会被“卡住”一样，在逻辑上对“本心”的认识也不能从单一的有无、实幻方面去认识，因为“空”，即“本心”是“超越逻辑”的。所以，“心物是一元”的。

五、如何去体证到觉性的存在

假设那个“代理机器人”也修禅定，当他“断绝”所有感觉（眼耳鼻舌身意），回归到那个“能觉之性”中时，“他”就体证到了“觉性”的存在。由此就等于证悟到了“性空缘起”。

进一步地说，修禅定修的就是让自已处于清净境界之中。这种清净就是“空境”，也就是“没有任何妄念的心灵状态”——没有任何妄念的“觉”的状态；“觉者佛也”，所以是“佛”的状态。

由此反观到我们自己。实际上，自古以来的圣人只有佛祖找到了最终的答案。该答案是在“深入禅定之中证悟到那个本觉的”。那么佛祖告诉我们应当如何“离幻显觉”呢？

佛祖在《圆觉经》中说：**“心如幻者，亦复远离；远离为幻，亦复远离；离远离幻，亦复远离。得无所离，即除诸幻。”**这句话即是修禅定的指南针，也是指向“觉性”的手指。而具体到离幻的操作方法则非常简单：**“知幻即离。”**

如同**“代理机器人”**通过实验和思考是无论如何也不可能找到“地球上觉性”的存在一样，**对于我们自己的觉性，只有修定才能最终证悟到它**。当然这个**“觉性”**不会是处在另外一个时间空间中，那么“它”在哪里？

所谓“不识庐山真面目，只缘身在此山中”，进一步地说：**“不识觉性真面目，只缘身在觉性中”**。因为**“幻即是觉，觉即是幻”**，所以也是**“不识幻性真面目，只缘身在幻性中”**。如果问**“本心”**在哪里，就像是正在呼吸着空气的你却在问“空气在哪里”一样。**此心即是佛，此心即是道！“本心”、“觉性”，当下即是！**

——凡所有相，皆是虚妄，若见诸相非相，即见如来！

《法华经》中记载，佛祖应舍利弗之请为大众说“甚深难解不可思议妙法”时，与会中有五千多人退席而去，佛祖默然而没有去制止他们。当时佛祖对舍利弗说：“我今此会，无复枝叶，纯有真实。舍利弗，如是增上慢人，退亦佳矣。”

这句话的意思是，出于对甚深法义的无法理解，同时大部分人也认为自己都领悟了佛法，所以就让他们离席而去了。他们的退席，就如同是淘汰了无用的枝叶，只留下有用的果实一样，是去粗存精的好事情。正所谓**“天雨虽宽，不润无根之草；佛门虽广，难度不受之人。”**

祝愿各位居士对佛法信心不逆，直取菩提！

南无本尊释迦牟尼佛！
南无本尊释迦牟尼佛！
南无本尊释迦牟尼佛！

第十章

学佛有什么用

第十章 学佛有什么用

一位“哲居士”曾提出如下几个问题：

1. 请问老师：“领悟佛法真义之后”与“未领悟之前”有什么区别？比如，我身边的人常问我，你学佛学成了有什么用？我说当然有用啊，比如能减少烦恼，增长智慧，怎么能说没用呢？

2. 他们又说，你学佛又没有多赚钱、没有更加扩大事业、也没见你身上发生什么显著变化，你学佛有什么用？我开玩笑说，学好了临终还能“预知时至”，连自己什么时间离开这个世界都知道。他们“嗤之以鼻”地笑说，就是能“预知时至”又能如何？还不是得和这个世界“拜拜”？

3. 又比如，有位古代高僧大德说“修行如骑驴找驴”；别人问高僧修成后能干什么？高僧说，“如骑驴回家”；有人再问，修成和修不成的区别在哪里？高僧说，“修成如带鞭骑驴，看护好不伤他人田”。这又该如何理解？

4. 再说说我本人，工作生活条件都不错，按照佛学术语讲就是“福报好”，自我感觉学佛就像是找到了一个“精神家园”。可是若从“世俗”的角度看，仍有许多实际问题难以理解，比如学佛怎么没得到客观回报啊，没见到“心想事成”啊，学佛有什么感应，有没有“神通”，能不能用“神通”办点自己的私事儿，如多多赚钱、事业扩大、升官、生儿子、身上发光等等？……如果有了这些回报，我身边那些对我学佛“嗤之以鼻”的人又说“他们也信佛”，那我该如何回答他们？

5. 另外，我突然明白了，怪不得有些人要“搞迷信”、设“堂口”（去拜“堂口”的人就是要升官、发财、除病、长寿和生子等），原来就是为了要“香火钱”，要“自己地位高”，要“别人众星捧月”啊！现如今，学佛的人中发“小乘心”的人寥寥无几，发“大乘心”的人又去哪儿找啊！

所以，恳请高老师从“世俗人”、“现实点”的角度（通俗点说，就是“这边拜佛、那边就想佛菩萨赐予点什么宝贝”)，深入浅出地给我讲讲“证得本心”后的情景，讲讲学佛后能得到什么好处。

“哲居士”的提问很典型，也很具有普遍性。对“哲居士”的提问，我可以简单总结为一句话，即“学佛有什么用?”为了明晰问题，下面先看看“什么是佛”?

第一节 什么是佛

如果一位古印度人用手指着一个苹果说：“贡西耶。”你就会明白，原来这位古印度人把我们叫“苹果”的东西叫做“贡西耶”。当这位古印度人指着一个人说：“佛陀耶”，我们就会迷惑，不知道“佛陀耶”指的是个什么东西?

实际上，如同我们不能说“一个善良的人”是“一个东西”一样，“佛陀耶”指的也不是“一个东西”，“佛陀耶”表达的是一个“意思”。什么“意思”？“佛陀耶”翻译过来的意思就是“一个觉悟的人”。

“简洁就是美。”古人直接把“佛陀耶”这个发音简化为一个发音“佛”，把“佛”所表达的“意思”也简化为一个字“觉”。这样，就形成了对“佛”最简单的解释：佛者，觉也。

清楚地说，“佛”指的不是一位“神”，而是拥有一种“特质”的人，这种特质就是“觉悟”。所以说，**“学佛”学的不是要成为一位“神”，而是要成为一个“觉悟”的“人”。**

问题是，“佛”觉悟到了什么？这种“觉悟”对人有什么实际好处?

古印度一位叫做乔达摩·悉达多的王子，在看到世间人生处处都是各种“苦”后，就开始寻找一个方法来解脱人生的这些痛苦。

经过多年艰苦修行后，最终他认识到了一个“大秘密”——由于他悟到了这个“大秘密”，也就脱离了人世间诸多的“苦”，获得了对生死的“彻底解脱”，因此他就成为了“觉悟”的人，即“成为了佛”。

那么，这个“大秘密”是什么呢？

这个“大秘密”就是乔达摩·悉达多在菩提树下悟到这个“秘密”时（也就是“成佛”后）所说的第一句话：“奇哉！奇哉！一切众生皆具如来智慧德相，只因执著妄想而不能证得。”

如果精简这个“秘密”就是“一切众生皆具如来智慧德相”，再精简一下这个“大秘密”就是“智慧德相”。这个“智慧德相”是什么呢？

这个“智慧德相”就是：“性空缘起。”佛“觉悟”到的就是“性空缘起”，悟到这一点就是“般若”。

总的来说，数不尽的佛学经论，核心的“大秘密”就是为了说明这个“智慧德相”——解释“性空缘起”是个什么道理。所以谁如果悟到了这一点，谁就成为了“觉悟的人”，即“成了佛”。

第二节　学佛有什么用

那么“学佛”或者说“成为觉悟的人”到底有什么用？

在前文中，我们已经清楚地理解了以下两点“实相”内容：

第一点：“执著、妄想”不是“真心自性”。

第二点：山河、虚空、大地都是“真心”中物——即都是“觉中之幻”。

根据以上对“实相”的觉悟，学佛会给你带来如下好处：

一、获得心身健康

为什么我会学佛？我是为了挽救自己的生命而去努力修习禅定、

进而才信佛的，结果我真的挽救了自己的生命。“禅定”是佛祖出世2500多年以来，在人类历史上经过无数高僧大德验证过的、“可以训练、激发出不可思议心灵力量”的一门“技术”（就如同学骑自行车一样），经过训练，人人皆可掌握之。所以，通过科学修习和运用“禅定力量”，你就一定会获得健康。

二、离苦得乐

佛祖创建佛教的目的就是让世人“离苦得乐”。那么世人“苦”在哪里？请看下面一段话：

终日忙碌只为饥，才得饱来便思衣。
绫罗绸缎买几件，回头看看房屋低。
高楼大厦盖几座，房中又少美貌妻。
娶下娇妻并美妾，恨无田地少根基。
置得良田千万顷，出入无轿少马骑。
骡马成群轿已备，叹无官职被人欺。
县丞主簿不愿做，想要朝中挂紫衣。
五品六品他嫌小，三品四品还嫌低。
当朝一品为宰相，还想面南去登基。
心满意足为天子，更望万世无死期。
人心不足蛇吞象，不种善根费心机。
若要世人心满足，除非南柯一梦西。

从上述文字中可以看出，是无止境的“欲望”让人们每天生活在“苦思、恨、叹、嫌、失望”之中，世人“苦”的原因并不是“欲望”没有达到，而是无尽的“贪欲”得不到满足。所谓“欲而不达”引发的仅是众生的“小苦”，更大的“苦”则是人们为了满足不断升级的“贪欲”而不择手段、作恶多端后所遭遇的“果报”——正是这种“恶有恶报”的自然规律将人们拖入了无尽的痛苦之中难以自拔。

可以说，这些“作恶”之人虽然还生活在世上，但每天却如“行尸走肉”般在“人间地狱”中忍受着“煎熬之苦”！

那么如何才能“离苦得乐”？请问，你听说过“有谁因为做了一件坏事而欣喜若狂吗”？恐怕没有。那么，你看到过有人“因为做了一件大好事而痛苦得要死吗”？恐怕也没有。所以只有“行善”才能让人在本质上获得“快乐”。

佛祖说“离苦得乐”的方法时，并没有直接说“离欲得乐”，事实上只有“死”的人才能“无欲”，因为“情”与“欲”是一体的，所以假若真有人可以达到无情无义无欲，也就等同于了“木头”。请问谁想做根“木头”？所以不要简单地将“欲”与“恶”、“苦”联系在一起。比如“大慈大悲”也是一种“欲”，佛祖发心“普度众生”也是一种“欲”。“悟道”并不是要直接通过“灭欲”来达到“悟道”的。

因此“离苦”的方法绝不是要“灭欲”，而是“诸恶莫做”，这样就获得了对“苦”的解脱。如何“得乐”？答：“众善奉行。”顺应“因缘果报”去追求快乐，这样你所生活的现实世界就是“西方极乐世界”。“诸恶莫做、众善奉行”便是“带鞭骑驴不伤他人田”。

三、改变命运

“性空缘起”引发的一个现象是“欲知前生事，今生受者是；欲知来生事，今生作者是”。所以佛学并不是“宿命论”，而是“命运自造论”。为什么呢？

“今生”就是今天、此时此刻、当下；“前生”就是上一秒钟、昨天、上一个月、去年、十年前和上辈子；“来生”就是下一秒钟、明天、明年、十年后和下一辈子。所以，无论如何在你看到本段文字时，或者说在意识到这一点的“当下”，请环视一下你身边的一草一木，你所遇到的所有被你评价为“恶”或“善”的人，一阵清风、一个抬手、一个眼神等等，无论你喜不喜欢或愿不愿意，这一切对你而言都已是“过去”——即“一秒钟之前”的所有时间里创造的“因”而导致出来的“果”。

“时间过去了就永远不会再回来”。这句话是说，你永远不可能改变已经发生过的事情。但是，最关键的一点（也是极其幸运的一点）是，虽然过去的“因果”不能改变，但就在此时此刻，你却能完完全全可以决定“下一秒钟”将要发生的事情！——也就是说，通过改变现在、当下、此时此刻你的认知与行为，你就能够完全改变和决定下一秒钟、下一分钟、明天、明年以后将要发生的所有事情！

所以，**命运就在“当下”你的手中**。无论过去你做过多少的“恶”，只要你意识到“性空缘起”的自然规律，从“当下”就开始修“善”，那么从“下一秒钟”开始，你的“恶的果报”之路就会逐步（注意：是逐步地）转向“善的果报”之路，这就是“放下屠刀，立地成佛”的本质所在。

所以，**人的命运是可以改变的。从此时此刻、从你看到这段文字开始，永远记住：只要开始就永远没有太迟！一切快乐幸福的事情必将重新开始，“一元复始，万象更新”**！

四、解脱生死

请问：有谁不怕死？相信每个人都怕死。当一个人面临死亡时，金钱、房子、车子、衣服、贪婪和虚荣心等等都瞬间变得“毫无意义”了。所以，人生最大的“苦”并不是贪欲没有得到满足，而是每个人都必须要面对“死亡”。

有没有一个方法可以“摆脱”死亡呢？

事实上，人们自古以来一直在追寻一个可以“摆脱”死亡的方法。比如有人“修气功”希望“得道成仙”而“长生不死”，有人“恳请上帝赦免罪行而升入天堂”，有人想以“神通免于生死轮回”，但都未能获得“不死”，即便是佛祖的肉身也要“灭尽”以显世间“无常”之理。既然“死亡无法摆脱”必须要面对，那么究竟采用什么方法可以“解脱”死亡呢?

1. 至善解脱。

“性空缘起”的意思是“唯心所造”。比如，佛祖在《楞严经》中说：“不知色身，外洎山河，虚空大地，咸是妙明真心中物。”

但是大家必须要清醒地认识到：佛所说“心”指的绝对不是一个可以“覆手山倒，抬手海啸”的“神心”，而是指的那个创造出“因缘和合”、“能生”虚空大地的“真心”。

再清楚地说一遍，“唯心所造”绝不是一个神通似的、可以改变“因缘果报”的那个“唯心所造”，而是创造出“因缘果报”的那个“真心”！——这个“真心”就是此时此刻你自己看到这几个字时的“心”。

对于“因缘果报”的“定数”（即“任何事情一旦因缘具足就必然要发生的规律”），连佛祖也不能改变，佛祖也不能“凭空造出金山”，或者用“神力”阻止一场战争（当佛祖的家乡迦毗罗卫国被琉璃王屠城时，佛祖也没有“神力”以解救自己的子民。就算是“神通第一”的目犍连将500个迦毗罗卫国的民众保护在钵里，在三天屠城结束，目犍连将钵摊开后，这些人也都化为了“血水”）。

所以，只有“行善”才能获得“善报”，“行至善”就能获得“至善的解脱”。佛祖在“悟道”后说了一部《金刚经》，就是让大家“在没有用禅定证悟到实相的时候”，获得对世间“苦”和“生死”的彻底解脱。

在《金刚经》中，佛祖开篇即说：“所有一切众生之类，若卵生、若胎生、若湿生、若化生；若有色、若无色；若有想、若无想；若非有想、非无想，我皆令入无余涅槃而灭度之。如是灭度无量、无数、无边众生，实无众生得灭度者。何以故？若菩萨有我相、人相、众生相、寿者相，即非菩萨。菩萨于法，应无所住，行于布施。若菩萨不住相布施，其福德不可思量。”

以上即是说，要发心、布施、度尽众生，但不要怀有“有所得”的“念想”。只有真实地、从内心中做到“如此的善”，才能做到“至善”；只有做到“至善”后，才能得到“至善果报”，如此才能获得“至极快乐”而获得“彻底的解脱”。在这里，我们已经清楚地看到：“般若”是对“实相”的证悟，而“超道德”是证悟后一个人“行为上发生的结果”。

“至善”真的会得到“彻底的解脱”吗？如何用科学证明呢？

探测山洞深浅的一个方法是：扔一块石头到洞里，然后根据“叮叮当当”的声响延续了多长时间来对山洞的深浅做出判断。对于“至善能否会获得彻底的解脱”，有一个人往“性空缘起”的山洞里扔了这么一块石头。在江本胜写的《水知道答案》一书中，描述了这么一个现象：把一张写有文字（可以是任何国家的文字）的纸片贴在“有水存在”的玻璃器皿上，然后放进冷冻室冷冻3个小时，最后用显微镜观察玻璃器皿内的水所结的冰晶体。这时就会看到，当纸片上写的是“爱”、“感谢”和“南无阿弥陀佛”等善的词语时，所结的冰晶体是“有序而美丽的”。当纸片上写的是“恨”与“混蛋”等恶的词语时，水“几乎不能形成有规则的冰晶体，即便有结成的情况也是杂乱无序的”。

对这种现象，简单用“量子力学”解释一下：

（1）如果把“一滴水”放大到“地中海”那么大比例的话，一个“原子”也就如“一滴水”那么大。

（2）一个大城市是由许多楼房组成的，楼房则是由砖头垒积起来的。如果任何一块砖头的存在与否依赖于“意识”的观察而决定的话，那么“微观决定宏观”，一座楼房直至整个城市的存在都是依赖于“意识”而存在的。

以上述两点为理解基础，首先，用来结晶的水是由氧原子和氢原子组成的，这些原子又是由光子、电子和质子组成的。在“量子力学”上，这些什么“子”的“存在与否”是依赖于人的“意识”而决定的。那么，微观决定宏观，意识上“善”的观察就会形成“善”的有序的冰晶体，“恶”的观察则会形成“恶”的无序的冰晶体（别忘了，你身体的90%以上都是由氧原子和氢原子组成的水分子，而且剩下的10%也是由电子、光子组成的各种原子）。也许你会问：纸片又不是一个有“意识的人”，那么请问，纸片上的字是谁写的呢？又是谁赋予了它意义的呢？答案是：一个有意识的人。所以文字可以是任何国家的文字，而关键取决于“是一个有意识的人写的，并且这文字表达了他‘当下’想表达的‘内心之念’”。

以上实验真实地说明了“善”一定会引发“善”的变化，“恶”同样会引发“恶”的改变，“至极的善”就会获得对“苦”和“生死”的“彻底解脱”。

2. 实相解脱。

佛祖说：“凡所有相皆是虚妄，若见诸相非相即见如来。”如果能见到“如来”，也就见到了宇宙山河虚空大地、生命、星星与石头的“本来面目”，你就彻底解脱生死了。为什么会彻底“解脱生死”呢？下面以“游戏程序”来比喻。

一个“游戏程序”具备如下特征：

(1) 游戏程序具备一个统一的规则：因缘果报。

(2) 在游戏程序中，有山河、虚空、大地、树木、人物、各种牛羊动物等等。程序中的任何一个人都认为自己是“实在”的，他们会因“因缘果报”而经历痛苦、烦恼和快乐，以及生离死别。一个人的出生与死亡只是一段特定的游戏程序——即“觉中之幻”的发起与结束。

(3) 游戏中一切生生灭灭的“有为法”，虽然都是程序，但有一个东西，即承载这程序的“显示器”（觉性）是“不生不灭”的。

生命宇宙的“实相”是：

（1）你是游戏程序中的一个“人物”。

（2）你是制作游戏程序的“程序员”。

（3）你是承载这游戏程序的“显示器”。

什么是“悟道”？“悟道”就是悟到“人物、程序员、显示器”是一个东西，也是一体的。更清楚地说，就是悟到“自己”就是自己制造出来的一段游戏程序，而且这“程序”就在“当下”（显示器）、此时此刻正“运行”着！

以上比喻即是《心经》中所说“义理”：“色不异空，空不异色；色即是空，空即是色；受想行识，亦复如是。”这里的“有”是怎么个“有”、“无”又是怎么个“无”的情形，就是“即空即有，非空非有”的“般若”大智慧——阿耨多罗三藐三菩提。见到此“性”，即“除一切苦”，得大自在和大圆满。

那么悟到“性空缘起”后，又该如何洒脱地面对“世俗生活”呢？

（1）面对“社会道义”，你也许会贪婪地“背信弃义”，但面对“因缘果报”时，你则“无处躲藏”，因为“你本身”就是“它”。

（2）当游戏中的一个“人”认识到了“自己就是自己制造出的一段程序”，而这“程序”是“虚幻”的。那么，肯定有一个知道这“幻”的东西，否则“幻”相对于“谁”来说呢？所以必定有一个“不是幻”的东西，这个东西就是“本心”——即那个“能够制造出程序”的东西是“永恒”的。

当你“证悟”到这一点时，虽然你知道自己最终也得“死”，但是你已经十分清楚地知道，死亡只是“一段程序的结束”，那个“不死的东西”还会发起另外“一段程序”（“死亡”只是另外一个开始），这样你就获得了对死亡的“彻底解脱”。

（3）佛祖在整部佛经中并没有告诉我们“怎么修炼而最终能够

在死去的时候死得快乐”——就是说，佛祖并没有告诉我们“如何去死得快乐”，而是告诉了我们“如何离苦得乐——更好更快乐地活着”。

更进一步地说，当你证悟到自己本身就是“程序员”（虽然是“非逻辑的”）时，你就会知道一切皆“幻”，但是“幻”也是“美”的，今生“在在处处皆是美”的。你就永远不会再被“世俗烦恼”所流转、羁绊，还可以“真空生妙有”——“缘起”一个“西方极乐世界”。

佛祖释迦牟尼在菩提树下“悟道”后，马上就要“涅槃”。当时，“帝释天人”都下来跪求佛祖不要“涅槃”，要留在世上“普度众生”。佛祖说：“止！止！止！我法妙难思！。”

行文至此，相信你已经悟了“一半的道”了，“另一半的道”就需要你用“禅定”去“证悟”。

为什么要去“证悟”？

因为“悟”与“未悟”的差别只有一个字：信！为什么是信？

“证悟”就像“品尝”到苹果的甜味道，“理悟”就像“谈论”苹果的甜味道，如同“语言文字永远不可能真实地让一个人品尝到苹果的甜味道”一样，“真信”必须要去“证悟”，否则只能是“妙难思”！

“信为道源功德母”，如果你能够在没有证悟到实相的情况下，真正相信“性空缘起”，那么此刻你就是“佛”！

请问：你真信吗？

第十一章

心身健康的新革命

对于如何通过心灵控制生命机能进而获得心身健康，接下来快刀斩乱麻，直接切入主题。

下面论述的主线是：

第一，心身健康的心理生理学机制。

第二，因为我们不能指望让猫会长出翅膀飞起来，所以要十分确定我们的“心灵”在本质上是否真的有这样的功能和能力？

第三，如何去主动超强激发生命生理机能以获得健康。

第一节　心身健康的心理生理学机制

对于由“心”到“身”的健康机制方面的研究，在心理学上都是围绕着人类的“情感”与“身体”之间的交互作用为轴心开展的研究。那么，情感是如何影响身体健康的呢？

一、情感的进化意义

情感是人们能够主观感受到的快乐、悲伤、愤怒、恐惧、焦虑和沮丧。情感是天生的本能，不是后天学来的。

在神经生理学上，当一个人接收到一个特定刺激时（美女或老虎），处于人脑中心位置“情感脑”内的固定神经线路就会被“启动”，这样的启动就激发了呼吸加快、心跳加速、分泌各种激素等一系列的生理反应。整个神经程序被启动的过程，会伴随着让我们体验到恐惧、高兴、愉悦等的情绪反应。这种先天

图 11-1　原始人在遇到野兽时会体验到恐惧和愤怒的情感

性固定的神经线路，就是让人类在进化上一直能够逃避危险、繁衍后代的原因所在。

比如，当一个原始人遇到野兽或性对象时（图11-1），这一刺激信号会首先“启动”大脑内情感脑皮层的神经处理区，然后以神经电流为载体的神经信号就会传递到位于肾脏上方的“肾上腺”。肾上腺的反应是释放出“皮质醇”和“肾上腺素”，皮质醇会即时改变身体的生化过程，将人体内的碳水化合物、蛋白质、骨骼组织、免疫组织迅速分解成可以利用的燃料分子（ATP），以使机体适应下一步活动的需要。

人体情感形成和机体内分泌之间的关系如图11-2所示。

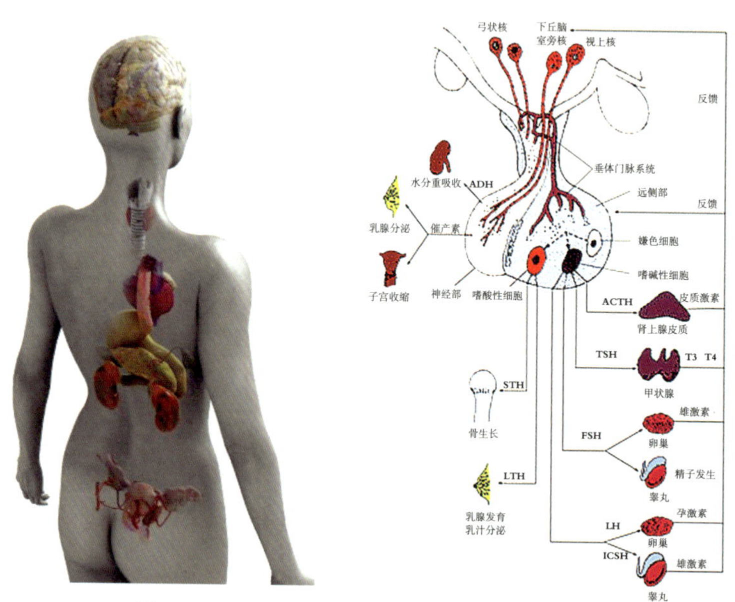

图11-2 人体情感形成和机体内分泌之间的关系

肾上腺素使身体的神经系统加快运转，产生那种我们非常熟悉的“逃跑”或“战斗”的感觉，如会让你感到心跳急速加快——这样血液就会尽快地把更多地氧气、养料输送到肌肉中。由于大部分血液被分散到了四肢中，这样就导致了人们在遇到恐惧对象时会出现“面色苍白”的现象。

这种情况在心理学上称为“应激”。这样的适应性机制是生物上亿年进化出来的本能反应，它只在短时间内起作用，以用来应付“迫在眉睫”的危险。

“应激”在人的情绪上的体验就是担忧、害怕和焦虑。在大多情况下，这些情绪反应是正常的，仅在反应过分强烈，或体验到与事实不相符合的反应时，才会产生危害。

例如，当我们横穿马路时，一辆汽车向我们疾驶而来，此时担心会被汽车撞上而体验到“紧张”和由此引发出的生理应激反应是正常有益的。假如一个在公园里休息的人，如果他担心会被马路上行驶的汽车撞上，则这种反应就是过分的、有害的，这种反应就被称之为“恐惧症”。

在正常情况下，由应激反应分泌出来的皮质醇类激素受到“负反馈回路”的控制。

这就像一个人吃饱了，大脑会接收到“已经吃饱”的信号一样，当血液中的激素到了一定浓度后，皮质醇便向大脑发出信号，然后停止自身的分泌。

如果由于某种原因，皮质醇类激素长期没有被停止，激素便像“慢性毒素”那样作用于身体相关脏器上，这就会导致人们罹患各种疾病。

二、激素有什么毒性吗

首先，被分泌出来的皮质醇类激素把脂肪、肌肉、免疫组织、骨骼组织中的蛋白质分解成氨基酸，氨基酸又在肝脏中转化成葡萄糖，为人体快速提供能量——这样的机制让我们拥有了“快速反应”的能力。如果身体组织短期被分解，损失的组织可以迅速得到恢复，但如果长期被分解就会出问题。

例如若骨骼组织长期被分解的话，就会引发一个人容易骨折和患骨质疏松病。本人在1993年因治疗脑膜炎需要，用了近三个月的皮质醇类激素（“皮质醇类激素”有抗感染的作用），由于其负面作用的结果，最后就患了股骨头坏死。否则，以我当时的年龄是不应该患这种病的。

“皮质醇类激素”同时也具有提高胃酸及胃蛋白酶分泌的作用。人的胃液的主要成分是盐酸（其浓度足可以溶解金属或把地毯烧个洞），由于皮质醇激素的异常分泌就会同时引发胃液异常大量分泌，这样就很容易使人罹患胃炎及胃溃疡。所以，当一个人经常处于精神压力和紧张的工作状态中时，那么他患胃病的概率就会变得非常高！

“一夜愁白头”的现象，是一个人经过一夜的精神极度焦虑后，导致“内分泌全线崩溃”的结果。而白头发仅仅是这种“崩溃”导致形体变化上的现象之一，还有更为深层次的、我们无法用眼睛看得到的生理生化变化。

“最要命”的是，皮质醇分解了免疫组织，阻碍了新生免疫细胞的形成，从而抑制了免疫系统正常功能的发挥。如果免疫能力低下，就会导致一个人容易引发各种感染，如发炎、感冒等。在细胞层面上，皮质醇甚至可以直接杀死免疫细胞。

三、什么东西会导致激素异常分泌

简单地说，我们的大脑是刻板的。大脑对于“实际上的威胁”和“想象中的威胁”不会作出区分。在大脑神经生化学上，一个人“脑内的想法”同一个“外部事件”是同样重要的，因此即便这样，我们只是通过“想象”及“预感”到威胁，大脑也会即刻启动“生理应激反应”。

尽管与张着血盆大口的猛虎相比，工作考核、疾驶汽车、失业和失恋，这些令我们感到焦虑的事情，虽然对我们都够不上真正

“致命”的威胁，然而在我们体内所激发出来的皮质醇的数量却和古人面对猛虎时一样的多。比如人们在“心惊胆战”地看着恐怖片时，虽然主观上认为那是假的，但在脑内引发的生理化学反应却与实际遇到危险时的情况“一模一样”，即都会激发同一“应激反应”(不用担心，只有长期引发反应才会出问题，短期的“应激反应”是正面的、有益的)，这样的情况就类似像“看到山楂或倾听别人描述山楂”和“实际咀嚼山楂”都同样会分泌口水一样。

所以，当一个人因失去亲人、金钱、恋人等而面临极度痛苦时，只要经过一夜，免疫能力就会直线下降，免疫细胞就会遭受到较长的时间分解和压抑，引起了原在控制之下的病毒、细菌大量繁殖，进而导致身体发生明显的改变。比如，身体有咽喉红肿、两眼红赤、鼻腔热烘、口干舌痛、流鼻血和牙根发炎肿痛等病症发生，即通常所说的“上火”现象。回想一下，你是否曾经有过这样的经历呢?

四、是什么使这一古老的警报系统长期处于紧张状态的

很简单，一个人的恐惧、紧张、焦虑、精神上的挣扎或面对重大损失等，如果问题长期得不到解决，人体内的生命机能系统就会总是处于“警报系统”被拉响的状态。而这个状态就是平常我们经常谈论的“心理疾病”——抑郁症、焦虑症、恐惧症。这些各种各样的症，短期的是利于我们生存的，但当长期存在时就是“疾病”。不但能引发心理上的痛苦，还会更容易让人罹患其他各种身体上的疾病。

对于从“心理到生理”的这种固定线路的联系，是我们进化来的、不可被改变的“先天性联系”。这种联系也是人类所必需的正常反应。所以在心理学上，对于“心理对身体健康的影响”，只能向上推一个级别——即消除长期的抑郁、焦虑、紧张和压力对“情感大脑”的启动。如果要想遏制这种启动，就要重新编排我们大脑中认识世界的程序——思想，以便在我们遇到某一刺激（损失、失

败、被责骂等），降低“情绪大脑”被启动的程度，让身体尽最大可能降低心理对生理造成的伤害性影响，这就是心理学上的“心身健康机制”。

实际上，对于如何消除这种负面影响，一直以来就是心理学的研究主题。消除负面情绪对身体健康的影响可以说是一种“被动的心身健康”方法，那么有没有“主动获得身体健康”的方法呢？下面，首先确定我们的“心灵力量”到底有多大。

第二节　心灵的力量

一、被心灵处死的俘虏

二战期间有这么一个实验：实验者是一名军医，被实验对象则是一名即将被处死的俘虏。军医将俘虏的双眼蒙住，绑在一张床上。然后在俘虏的手腕静脉处扎入一支注射针头，并导上一根导管，在床侧放一个盆子，告诉俘虏说：“我们将放你的血，直到你流尽最后一滴血为止！”两天以后，那个军医在观察俘虏时，发现他已经死了。

其实，军医并没有放俘虏的血，那根导管的另一端是封闭的。那种液体滴在盆子里的“滴答”声，是由一个底部有小孔的容器装上水让其滴落在盆子中发出的。俘虏是被“相信自己会死”的“心灵”杀死的。

二、被心灵冻死的人

有一个人被无意中关进了冷藏车。第二天早上，人们打开冷藏车后，发现他已被冻死在里面，身体呈现出冻死的各种状态。但奇怪的是，这辆冷藏车的冷冻机并没有打开，冷藏室的温度同外面的温度差不多，而这种温度是绝不可能冻死人的。这位不幸的人被关进冷藏室之后，就不断地担心自己要被冻死，这种“意念”对他的身心发生了巨大的影响，于是他真的就被自己的“心灵”冻死了。

三、被心灵电死的人

一个美国电气工人，在一个周围布满高压电器设备的工作台上工作。他虽然采取了各种必要的安全措施来预防触电，但心里始终有一种恐惧感，害怕遭电击送命。有一天，他在工作台上碰到了一根电线，便立即倒在地上死了。而且他的尸体也与触电致死者的一切症状相吻合：身体皱缩，皮肤变成了紫红色与浅蓝色。但是验尸的时候却发现了一个惊人的事实：当那位不幸的工人触碰电线时，电线中并没有电流通过。他是被相信“自己会被电死的”心灵“电”死的。

一个强烈的信念引发出的“心灵”力量，可以让人“死”，同样也可以让人“活”。关键是要找到一个有效方法。

四、莱特之活

1957年，在美国的心理协会发言稿中，叙述了一个患有晚期淋巴组织癌的叫莱特的病人，这个绝望的男人哀求医生给他试用了一种特殊的药。几天以后，他的病情戏剧般地发生了好转。不幸的是，不久报纸上报导了这种“神丹妙药”实际上并非那样有效。莱特过了两个月的健康生活后，面对这样糟糕的曝光新闻，病情再次恶化。

他的医生怀疑莱特的又一次病情恶化，是由于失去了对药物的信心，便再次给他注射“新的超纯度双倍疗效”的药品。不错，莱特又十分明显地好转起来——即使这次给他注射的只不过是消毒水。在美国医学会颁布一份该药无效的证明以前，莱特的病情一直朝健康方向发展着。然而，不久以后，莱特入院，随即他很快死亡！“莱特之活”完全证明了心灵不但有“死”的力量，还有“活”的力量。

第三节　寻找心灵力量的证据

我们会飞吗？肯定不会，因为没长翅膀，所以，我们的能力取决于生命机体拥有什么样的机能。我们都有什么生命机能？看看下面我贴在自家柜子上的一则报道（图11-3）。这则报道一直激励着我勇往直前地用心灵力量去治愈疾病。

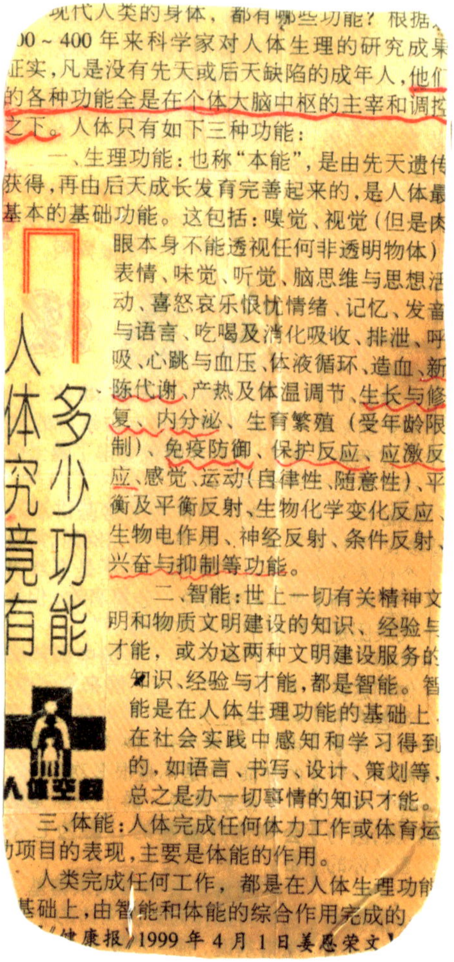

人体究竟有多少功能

现代人类的身体，都有哪些功能？根据00～400年来科学家对人体生理的研究成果证实，凡是没有先天或后天缺陷的成年人，他们的各种功能全是在个体大脑中枢的主宰和调控之下。人体只有如下三种功能：

一、生理功能：也称“本能”，是由先天遗传获得，再由后天成长发育完善起来的，是人体最基本的基础功能。这包括：嗅觉、视觉（但是肉眼本身不能透视任何非透明物体）表情、味觉、听觉、脑思维与思想活动、喜怒哀乐恨忧情绪、记忆、发音与语言、吃喝及消化吸收、排泄、呼吸、心跳与血压、体液循环、造血、新陈代谢、产热及体温调节、生长与修复、内分泌、生育繁殖（受年龄限制）、免疫防御、保护反应、应激反应、感觉、运动（自律性、随意性）、平衡及平衡反射、生物化学变化反应、生物电作用、神经反射、条件反射、兴奋与抑制等功能。

二、智能：世上一切有关精神文明和物质文明建设的知识、经验与才能，或为这两种文明建设服务的知识、经验与才能，都是智能。智能是在人体生理功能的基础上，在社会实践中感知和学习得到的，如语言、书写、设计、策划等，总之是办一切事情的知识才能。

三、体能：人体完成任何体力工作或体育运动项目的表现，主要是体能的作用。

人类完成任何工作，都是在人体生理功能基础上，由智能和体能的综合作用完成的。

《健康报》1999年4月1日姜恩荣文

图11-3　人体究竟有多少功能

这个报道说明了什么呢？

生命生理的潜能是巨大的。一个非常、非常关键的问题是，这些生命机能全部在大脑的控制之下。一个人的“心灵力量”就是通过“大脑拥有控制所有生命机能”这种本质的基础能力发挥作用的。

17世纪一位很有影响力的哲学家笛卡儿认为宇宙是由两大元素组成的——“物质”和“意识”。而人的“灵魂”则是通过脑内一个名叫“松果体”的部位与大脑进行交流，大脑再通过神经系统控制全身各个器官的功能。理论上，笛卡儿把“有思维”的东西（大脑）与“没有思维”的东西（人体）从本质上分开了。可以说这种“二元论”的观念，已经折磨了人们300年的时间。

现今的科学已经证实，“松果体”仅是一个具有一定功能的神经细胞核。正如物理学家一开始相信“空间”与“时间”是两个彼此无关的东西，但在今天已经确认**“时间与空间是连续一体”的一样，心与身也是一个不可分割的整体。**物理事件直接影响到“心理事件”，心理事件也在即时地影响着“物理事件（生理事件）”。这种交互作用时时刻刻都在发生着。比如，远处的一声枪响会让你心惊胆战一阵子，而你也可以通过意念把手举起来。

心灵既然拥有如此强大的潜在能力，而在生命机能控制上，心灵等于“大脑”，所以下面我们要看“大脑”是如何控制生命机能的？为了理解这点，我们先看心灵控制生命机能的“硬件设备”是怎样的？

第四节　心身交融的硬件

首先人脑内拥有一千亿个神经细胞，这些神经细胞被均匀地分布在面积约2200平方厘米（如四张A4纸一样大小）的脑皮层上。（图11-4）。

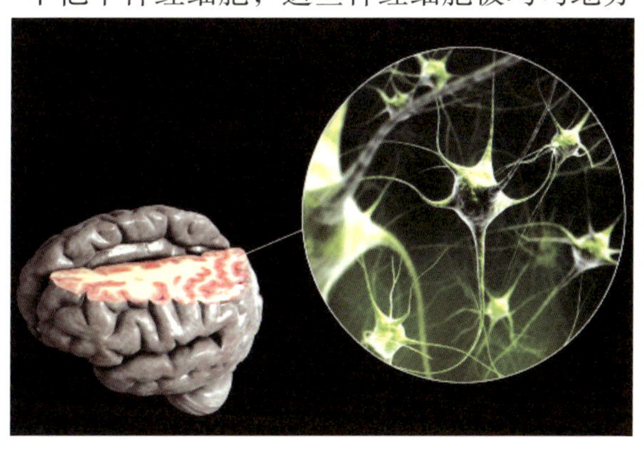

图11-4　脑皮层中的神经细胞示意图

根据神经细胞的不同种类和功能特点，在与皮层表面垂直的方向排列着几百万个呈链状的神经细胞功能柱——它是脑皮层最基本的功能单位（图11–5）。

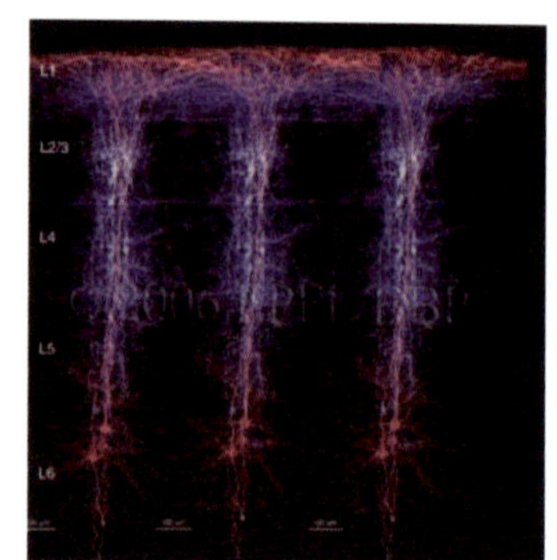

图 11–5　脑皮层神经细胞功能柱示意图

科学家通过用微电极插入皮层柱内，已经确认了像感觉柱、运动柱、内分泌激素柱、控制胃肠蠕动柱等拥有特定功能的神经细胞群。每一个“功能柱”内有十万个左右的神经细胞。每一个神经细胞都“各司其职”与其他神经细胞互相联络，这样就使得每一个“功能柱”都成为一个具有处理一组特定神经信息的“微型电脑”。

大脑就是藉这些神经细胞形成网路，进而通过脊髓及边缘系统延伸出来的纵横交错又卷曲细小的神经纤维，伸入到了你身体最细微的角落——体细胞间隙中的。

然后，神经网路以“电流—化学”交替信号为载体的方式来传递即时的信息。这样的信息最终就产生了我们的“思想”，并进一步控制着四肢、内脏器官、分泌胃液激素，以至生命拥有的所有机能。

例如，人们受到惊吓时，就会即刻出现的心跳加速、毛发耸立和全身起鸡皮疙瘩现象，这些都是出于大脑神经系统作用的结果。即便是神经不能“触摸”到的部位（比如血液中流动着的免疫细胞），大脑仍能通过“无线通信”分泌出激素和神经递质，通过血液流动到全身的组织中，通过扩散对免疫细胞进行控制。大到任何一个器官，小到单个的细胞，都无法逾越大脑的控制。

现代科学对于大脑的研究深度也仅仅处于起步阶段。例如，如果重新给“植物神经”定名，就绝对不会用“植物”二字。因为植物神经系统也受人脑自由意志的控制及影响，这些神经并不是“植物的”。

在大脑拥有的功能上，对于一位脑神经科学家来说，需要花上多年时间才能获得一点点有关上千个或很重要的处理区域的粗浅知识，大脑因此才被认为是宇宙中最精密的东西。而此刻，我们只需要知道的和完全确定的科学事实是：**你身体里没有孤立的细胞，大脑控制着一切。**

剩下的一个最关键的问题是：我们明确知道可以用“心力”拿起杯子，或将哑铃举过头顶，将手握成拳头，然而在控制类似“内分泌系统”这样的生命内部机能时，却无“东西”可握——即不知道怎样用“心力”去控制生命的内部机能。当然，这样的控制也包括“启动”免疫能力超强发挥在内。为了寻找方法，我们看一下大脑的“软件程序”。

第五节　心身交融的软件

一、非条件反射

我们都知道大脑控制着一切生命机能，问题是“大脑是如何控制一切的?”经过科学家们的研究发现，大脑通过人体内的神经反射控制着一切生理活动。当我们还是母亲腹中的胎儿时，基因就为我们在脑及体内预设下了一组组的神经反射，这样的反射叫做“非条件反射”，又被称为“本能”，或者说是一组具有功能结构的神经程序，这样的程序包括膝跳反射、眨眼反射等。

在进化上，把“中枢神经系统与肌肉内脏器官联结在一起的每一组神经程序”都有其“物竞天择”上的进化意义。比如脑神经系统与免疫系统、脑神经系统与内分泌系统、脑神经系统与肌肉骨骼系统之间的联系。各个生理系统间又存在着相互密不可分的协调关系。这些先天性的“机械装置”不但拥有强大功能，而且还可以自动运转。

一个处于“无意识状态”中的人，仅依靠这些非条件反射就可以活上许多年。比如“植物人”，其神经系统、呼吸系统和内分泌系统都会自动运转许多年。

当然，这种自行运转的系统，以及系统间的非条件反射性联系也包括“大脑与免疫系统”在内，否则一个植物人早就因感染得病而死去了。所以，**“非条件反射”是先天性的、固有的和不可被改变的“神经系统与生命机能”之间的联系**。

二、条件反射

虽然我们不能改变诸如膝跳反射、眨眼反射、缩手反射等生命系统的先天性联系，但是我们可以通过“意识”来启动、加强或减弱某一组神经程序的运行，比如加快心跳、胃肠蠕动。

就是说，我们可以在脑内预设出第二级的能够启动非条件反射程序的“条件反射”。在经过意识“扶持”一段时间后，这些程序也可以被训练成自动运行的程序。因为条件反射最终还是通过启动非条件反射起作用，所以第二级的神经程序的生理效应就等同于非条件反射的生理效果。又由于它不是先天具备的，所以相对于非条件反射而言，它就被称为“条件反射”——即需要一个条件才会引发的“神经反射”。

“条件反射”本质上即是记忆、潜意识。“潜意识”当然也包括非条件反射，从这里你就可以看出，名词要在一定的背景中谈论才有意义。

例如，恐惧、微笑、手脚运动是生下来就有的“先天性反射”。而后人们可以通过看书、交谈、或者看到一只猫、走到某一广场而产生恐惧或喜悦的感受。原因很简单，是我们过去的经验在我们脑内“预设”了一组组能够激发非条件反射运行的神经程序。人们在电影院里又哭又笑，不是座位底下有什么，而是脑中有什么。

再比如一个幼儿，不会看着赵本山的小品笑出声，而成人却会。因为在我们的成长过程中，通过学习而在脑中预设了那些能够激发人们高兴的、后天获得的神经程序——即能够激发人们高兴的条件反射。

实际上，新生婴儿大脑皮层内几乎没有任何突触接触，它的“高级脑”只是拥有两千亿个未被神经连接的细胞。“低级脑”在婴儿诞生前就已经发育成熟，并产生不同的本能行为，如吮吸、哭叫、回缩，甚至可以盯住眼前移动的东西。但高级脑却是一片空白，还未被建立起复杂的条件反射——就是说有记忆“潜在能力”，但还没有“记忆内容”。

然后，婴儿在诞生后的最初几年，大脑每秒钟会生成近两百万个接通神经细胞间联系的“突触式”接触位点。与此同时，大脑也以每秒钟25万个的速度将未被加强的神经键“剪除”。

由于竞争作用，一年后婴儿脑中的两千亿个神经细胞被削减成一千亿个。这一千亿个神经细胞会陪伴着一个人的一生，并且一个人一生中的所有记忆内容都将会被储存在这些神经细胞相互间联系的“联结模式”中——比如一个人的“性格”或“他的初恋记忆”。

所以在激发生命生理机能上，具有超强灵活性的措施就是建立“条件反射”。比如一个婴儿学会走路和说话的过程，就是通过重复刺激逐步建立起能够激发“非条件反射活动”的神经程序——即是建立条件反射的过程。

经过一段时间的练习，这样的神经程序就具有了精确的和遇到刺激时自动执行的特性。比如，熟练的骑车技能、背诵唐诗，或是一吃生冷食物就导致的胃肠功能性腹泻等。

三、神经系统与免疫系统的联系

当代医学研究指出：一个人能够从疾病中康复，人体本能的自然治愈能力占90%，剩下10%才是医生的治疗和药物。我们的机体有一种强大的自我治愈的“超级潜能”，这种能力即是“免疫能力”。可以说，我们的健康，几乎全部取决于免疫系统功能的强弱。

比如感冒药的作用是缓解我们感冒时身体难受发烧的症状，只要经过3~7天人体免疫系统功能的彻底发挥，我们就会逐步好起来。

再比如，我们的体内每天都会产生超过3000个癌细胞，但是，并不是每一个人都会发展成肿瘤。原因很简单，人体正常的免疫系统每天清除癌细胞的数量远远超出了癌细胞产生的数量。如同短期的痛苦会导致我们“上火”一样，**长期的精神压抑及抑郁就容易让人罹患癌症——由于免疫能力的长期低下，它将难以清除日益增加的癌细胞。**

那么，神经系统与免疫系统间有直接的联系吗？如果能够确定它们之间有控制性的联系，因为心灵等于大脑，所以也就确定了我们的心灵拥有控制免疫力的能力。

在传统医学上，人们一直认为免疫系统是独立于神经系统而起作用的。然而，美国科学家罗伯特·阿德尔于1981年出版了《心理神经免疫学》一书后（从而倡导了一个新的学科“心理神经免疫学”），便打破了几千年来人类传统医学的错误概念，免疫系统在人体中独立于其他组织而起作用。

这门学科在今天已经成为了生命科学最尖端的研究领域。下面我们就看一下，阿德尔是如何发现脑与神经系统间存在着直接联系这个秘密的。

第六节　心理神经免疫学

1974年，阿德尔博士正在用老鼠做一项经典的“条件反射”实验。在这项实验中，阿德尔试着教会老鼠把恶心与品尝本身无害的糖精水联想在一起。

第一天，他将糖精水与能引起恶心的药物“环式磷酰胺”配合使用，使老鼠有了条件反射：即品尝掺了药物的糖精水——会引起恶心反应。在后续几天中，阿德尔只饲喂给老鼠不加药物的糖精水，老鼠同样引起了强烈的恶心反应。阿德尔本来的目的是想记录老鼠每次喝的剂量，以便确定它们“记住”恶心联想的持续时间。然而阿德尔却遇到了意外的麻烦。几天以后，一些老鼠尽管年轻健壮却开始生病死亡。

经过数次重复试验后，阿德尔知道了环式磷酰胺不但能引起恶心，而且还是一种烈性免疫系统抑制剂。他明白了，老鼠不仅在脑中把恶心与糖精水联系起来，而且还把糖精水与抑制免疫系统联系在了一起。

每一次摄入糖精水，它们的免疫系统就会相应的被削弱，接下来便是它们更容易得病。这是一项惊人的大发现，因为当时的医学观念认为，“大脑与免疫系统是完全独立的两个方面，大脑不能直接控制免疫系统”，而这一配对精巧的实验完全证明：**我们可以通过像训练肌肉运动一样去训练控制免疫系统。**同时这一实验也是让心理神经免疫学在世界科学界引起冲击波式震动的原因所在。其后，阿德尔与儿科专家卡仁·欧尔尼斯合作，对一名患有严重狼疮（属于一种“自身免疫疾病”）的13岁小姑娘玛瑞特，采取了“以玫瑰花香与抑制免疫系统药物配合的条件反射治疗”的方式，治愈了该女孩的疾病。

一旦科学家们认可了神经系统与免疫系统之间的关系，他们就开始寻找在解剖学上的联系。20世纪80年代初期，科学家们利用萤光染料跟踪神经经络到胸腺、脾脏、淋巴结等免疫器官，发现这些器官内分布着错综复杂的神经网路。由此，科学从解剖学上证实了**“免疫器官接受大脑神经系统控制”**的科学事实。

同时，我们之所以能够举起左手,是因为在脑中有一小群“神经元”专门用来启动左手的肌肉细胞，大脑指挥控制身体其他功能也

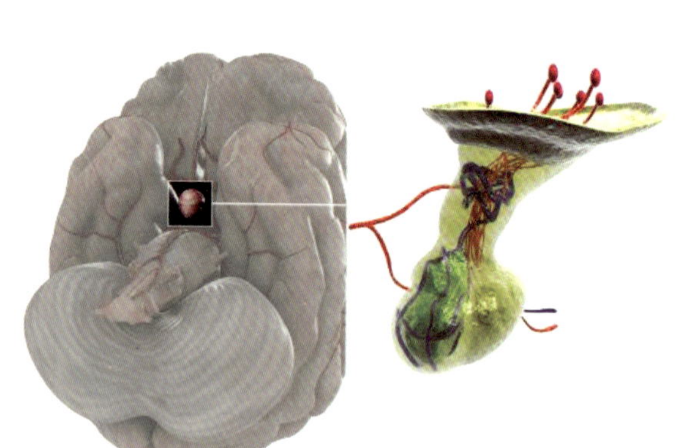

图 11-6　下丘脑在大脑中的位置

是同样道理。现今的科学家用正电子散射断层（PET）和脑损坏实验已经完全确认，“下丘脑”的一小块区域的神经元是专门用来启动人体免疫系统的（图11-6）。**“免疫系统”同“内分泌系统”一样，完全在大脑的控制之下，这种科学观念的转变，让人难以置信的是竟然只有20多年的时间！**

近几年的分子生物医学研究也已经证实，存在于人体免疫器官及游离在血液中的所有免疫细胞，都发现了神经激素的受体，如皮脂酮、胰岛素、睾丸甾酮、雌激素、生长素等。而这些已被确认的神经激素受体仅仅是人类已知激素受体中的冰山一角！相关心理生理科学实验已经证明，**我们免疫细胞的活性可以在一分钟内产生增强或减弱变化，是神经系统分泌的“神经激素”直接控制着免疫细胞是否“被启动”或“被抑制”。所以就像大脑控制着肌肉运动一样，大脑也直接控制着每一个人的免疫系统及免疫细胞的“活性”。**

进一步清楚地说，脑与免疫系统存在着非条件反射控制联系，然而由于几十年前人们一直认为“脑与免疫系统是互不干扰的两个系统”，这就导致没有人用“科学信仰”地去尝试训练在脑内建立起可以激发大脑控制免疫能力非条件反射的反射——建立“能够激发免疫系统活性的条件反射”。

另一方面，就像人们可以很快地学会投篮球，是因为人们每一次投球都会有投进与否的反馈为参照进行矫正，**而对于免疫系统是**

否被启动了，因为没有反馈可以参照，所以在这方面，人们就不知道如何去“用力投球”。这也就是人们自进化以来，只知道去启动肌肉力量，而不知道如何启动内脏功能的本质原因所在。

我们都拥有同样的神经结构（指神经系统与免疫、内脏、肌肉的联系），就拥有同样的功能。对大脑控制生命机能（增强免疫系统）的训练，就如同婴儿学走路一样，需要一段时间的练习就会获得。

第七节 如何用心灵控制生命机能

从以上分析，我们可以清楚地看到，大脑——你的“心灵”拥有控制生命系统（内分泌系统、免疫系统等）的能力，而下一步的关键的问题是，如何用心灵激发这种能力？

“心理学”又是怎么说的呢？心理学对心理控制生命机能的描述从总体上可分为两个方面，即弗洛伊德将之划分为的“意识”和“潜意识”。如果从生命哲学的严格意义上讲，这种划分是不正确的。因为潜意识是逻辑程序，而意识是非逻辑的感知。但在精神分析及心理治疗上，用这种划分来理解心理现象是有实际意义的。

首先明确，潜意识、条件反射、非条件反射、记忆、神经程序，这些名词都是在不同科学门类及文化背景中对本质上为一个“东西”的不同描述而已。

在我们脑及机体内只有一部分的神经程序会自动运行，比如心跳、呼吸，而剩下的“非条件反射”和被建立起来的“条件反射”，在没有外界刺激的情况下，都会处于“休眠状态”。否则，一个人会成为乱蹦乱跳的机器人。

进一步地说，当一个条件反射被建立起来后，除非遇到一个相似的情景或与此有联系的相似刺激才会被启动。比如我不提起你慈爱的母亲，那么你母亲的“影像”还是会在你脑内神经细胞联结中“睡觉”。

再比如，如果不是阿德尔不停地给那些倒霉的老鼠喂糖精水，老鼠脑内与抑制免疫系统相关的非条件反射也不会不断地被启动，老鼠们最终也不会生病死亡了。所以，“神经程序”需要恰当的刺激被启动才能产生生理效应。

之所以有人说“潜意识可以在意识之下运行”的情况是这样的，当一个人遇到一个刺激情景时，“意识很忙”，结果这组被启动的神经程序就会偷偷地自己运行了。直到“意识不忙”时，如果这组程序被启动的强度足够强的话，就会在晚上你休息时或睡梦中，提醒你它的存在。比如你突然想起白天见到的那个人原来是去年一次聚会上认识的——实际上对这个人的判断，在你的脑内“已经运行了一天的时间”。再比如你会“日有所思，夜有所梦”。所有“暗地里”运行的神经程序都只是在“一段时间内”运行，然后就会备份到大脑深处了。原因很简单，你并不是每一天早上都会在脑中涌现出昨夜思考问题的答案的。也就是说，只有在思考的当天，脑内“潜意识”才会活动，一旦问题解决了，潜意识就没有用了，大脑会自行抑制它的继续活动。

就是说，每一个“意念”都会在你体中产生生理化学变化。比如，你现在就回忆一下自己的初吻，哪怕几秒钟，心理生理学家就会用仪器在你的血液中检测到性激素的增加。实际这同谈个几秒钟的山楂流口水是一个道理。只不过性激素存在于血液中，需要精密仪器检测而已。

不单是性激素，单单通过想象自己的免疫细胞正在刺杀细菌病毒，那么一个人就可以在一分钟内，从血液中检测到免疫细胞活性的加强。因为每一个人都具有大体同样多的免疫细胞，免疫力的强弱取决于它们是否被激活，所以你可以通过想象而加强你的免疫能

力。

可是我们每时每刻都在思想着，却为什么没有看到它对身体产生的影响呢?

这就像一个酒鬼从酒吧里摇摇晃晃地走出来到处乱逛，甚至一夜也走不出一条街的范围一样，一个人的思想每时每刻都是不停地变换着的，一会想想这，一会又想想那。结果什么反应都产生了，只是很微弱，在表面上看不出来而已。

但是当一个人经过了一夜忧虑后，那么他的生命生理就会发生变化，比如咽喉发炎或“愁”白头发。这种情况就好像是，这个酒鬼向一个方向猛冲过去，结果就到了另一条街。

你的每一个“意念”，无论是负面的还是积极的，都会在脑中形成一股股“洪流”，通过神经电信号扩散开去。然后，在你体内与之有精确定位联系的“体细胞”就被注入能量，迅速活跃起来。负面的思想及感受只能摧残自己的灵魂，削弱自己的斗志，使得身体内脏器官好的机能全面下降，使免疫系统、内分泌器官处于不抵抗状态。

在这种情况下，一个人就会被疾病缠身，或使原有疾病进一步加重。相反，一个积极的思想会激发准确的神经原群分泌出大量的神经激素，或启动内分泌系统分泌激素，这些好的激素使我们身体中的细胞充满了生机和活力!

对于大脑接收到的神经程序，意识像警察一样起着监督过滤作用，它把认为不好的思想排除掉，把认为好的思想（即神经程序）以“记忆”或叫做“潜意识”，或者说是“准备动作的行为状态”贮存于大脑深处（即储存在神经细胞相互间联系的模式中），留待日后在遇到“相似刺激”时作出反应，为机体生存服务。

当我们的意识批判错误时，我们就会为自己制定出一个错误的神经程序，从而为自己埋下“定时炸弹”，成为自己的“掘墓人”

而过早地送命！比如，恐惧症、焦虑症、抑郁症、强迫症等。

如何主动激发生命的生理机能——什么能够启动及建立起针对某一特定生命机能的神经程序进而引发“生理效应”呢？

对这一点，我们进行四个方面的论述。

一、愉悦心情

医学上有一句名言：“什么人会有病，比这个人有什么病更重要。”所谓“心悦胜百药”，那么心悦是如何胜百药的？科学家在一次的试验中偶然发现了“情绪与免疫系统”的正面联系。

在一个动物棚内，兔子被关在宽敞的笼子里以备研究之用。笼子被摞成两层，而且需要一张凳子才可以毫不费力地够到上面一层笼子。这些兔子由一个对兔子生活习性了如指掌的女饲养员照料。每天她都很早就来到动物棚内，其目的就是除了给动物喂饲料之外，还可以有多余的时间做些其他事情。这个女动物饲养员不十分高大，于是由于个人的习惯，她在无意之中就偏爱下层兔子，而且也不会忽略上面一层兔子的生理卫生和食物供应。每天早上，她一边轻轻抚摸着下层笼子里的兔子，一边跟它们说话。

为了弄清楚某种肿瘤细胞在兔子体内是否会形成块状肿瘤，几位科学家进行了一项试验，在这些兔子体内均植入了肿瘤细胞。如果块状肿瘤在这些动物体内形成了，那么几个星期后，在它们的皮毛下就应该摸到肿瘤结。几星期以后，事情的结局使大家感到十分惊奇。下层笼子中的兔子几乎都没有可触摸到的肿瘤结，而与此同时，上层笼子的兔子几乎都长出了大小不一的肿瘤。

用刻板的科学定理法则来解开这个谜是很困难的。所有的兔子都吃相同食物；被植入相同数量的肿瘤细胞；经诊断，动物体内没有疾病；兔子们吃得很好，并且它们的体重也在正常范围内增长；正在生长中的肿瘤绝不会对兔子的健康状况产生消极影响；即使是遗传因素也被排除了，因为这涉及血亲动物的近亲血族。因此，没有人能想象得出，为什么下层笼子中的兔子几乎没有长肿瘤的迹象，而位于其上层的兔子却都长出了很明显的肿瘤。

一位参与试验的科学家偶然发现女饲养员对下层兔子进行了特别的照料，从而揭开了谜底。抚摸的均匀刺激和令人镇静的声音明显地使动物感到兴奋和愉悦，以至那些通过接种被植入的“肿瘤细胞”被提早通过免疫系统清除掉了。事实上，人们还在这些兔子的血液中发现了能够杀灭癌细胞的免疫细胞的“活性”日益加强。有肿瘤和无肿瘤的动物之间唯一的区别就是，是否被倾注了大量的“情感”。

就是说，由于这个女饲养员的行为，导致兔子们有了十分愉悦的情感体验，进而启动及加强了大脑中枢神经系统与免疫细胞之间的积极联系，使得免疫细胞对外防御危险的“活性”变得敏感了，因而兔子们通过“情感活动”消灭了肿瘤细胞。无论如何，爱的力量是十分强大的。

接下来科学家们又在人身上做了实验。这个实验是由美国加利弗尼亚的罗马琳达大学医学院预防医学副教授李·伯克博士与其合作者对一组男人观看60分钟幽默录像进行的研究。伯克在观看前、观看中、观看后及第二天，分别对这些男人都抽取了血样。最后研究者们发现，与观看录像前比较，这些男人血液中能够启动免疫细胞的干扰素水平明显上升了，包括活性T细胞、天然杀手细胞、B细胞和免疫球蛋白都有了明显的增加并变得十分活跃起来。这些免疫反应至少能维持一天时间。这篇论文发表在1995年美国行为医学会年会上。

当一种“觉察”在感官和感情上都得到默许，这种觉察就会转化为意识。由意识能量的驱使，情感内容就会启动与之相对应的“神经程序”。神经程序就会再次以有明确目的的生物电流活动形式，进一步启动与之相连接的内分泌系统、免疫系统及个体细胞，接下来就像推倒第一块骨牌一样（图11-7），所有与这一情感有联系的生物化学反应和生理健康机能就被瞬间启动了。

图11-7　骨牌的连锁反应

例如，当我们在意识中感到羞愧时，那么我们就会引发脸红的生理反应；当我们感到悲伤时，我们就会哭；当我们高兴时，我们就会笑；当我们对公众讲话时，我们就会怯场。哭、笑、怯场、害羞都是语言、思维和情感的外在表现，当然都是在“意识”的驱动下对“神经程序”进行操作的结果。同时，这些外在表现只是“冰山一角”，**实际上每一思念、想法，都会在人体内细胞层面上产生极大的生物化学变化，进而影响人体的健康。**

所以，恐惧死亡、怕死、非常不想死和“一定要活下来”、“就算能多活一天也要不计代价地勇敢与死亡决战”，虽然是同样的不想死亡，但最终却会导致“生”与“死”的本质差别。

我们不但有“生”的机能，同时也有“死”的机能。当我们绝望时，生命机体接受的是一个“死”的信息，各种生理功能全面减退下来，逐渐停止一切对外防御，将我们带向死亡。

当我们对生命有着强烈的渴望，在内心中克服恐惧，充满激情勇敢地直面死亡时，我们的机体就会接收一个“活”的信息，从你的大脑到它所控制的所有生命器官将全面被启动起来，进而会超常发挥功能治愈疾病。

我们每一个在“意识”上的单独思想都表现出一种“能量”的运动，运用念动的“心灵控制力量”，改变生物电流的运动及方向，

你将决定细胞的死生。

二、生物反馈

“生物反馈”（图11–8）是一个新兴的名词，对其开展的研究仅仅才四十多年的时间。其最根本原理是“以人脑控制生命生理一切活动”为基础的。其目的在于，通过用“意念”操纵那些在其他情况下意识不到、或感觉不到的生理活动，以达到控制机体内部活动的目的。比如对心脏的跳动，一般人们是意识不到的，也难以随意使之加快或减慢。如果把心脏跳动以一定的声高来表示，就可以通过使信号变大或变小来达到使心率加快或减慢的目的。通过这种方法，可以对心动过速或心动过缓进行治疗，这就是“生物反馈”。

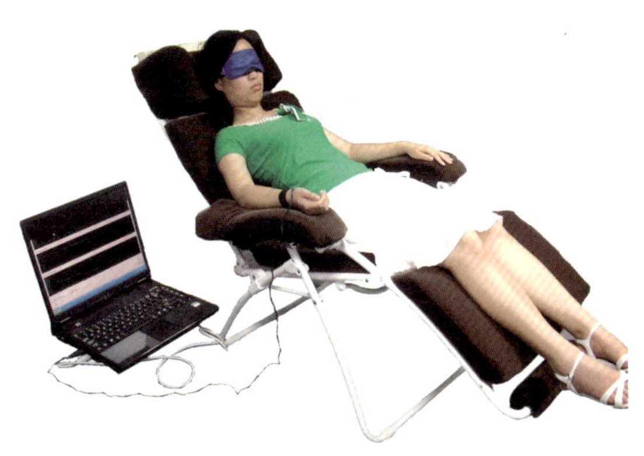

图11–8　生物反馈仪

科学上对生物反馈的研究，既有理论意义又有实用价值。它打破了传统的学习理论，即认为“植物性神经系统所支配的器官不能进行学习及不能随意控制”的旧有观念，开辟了“内脏学习”的新领域。通过生物反馈训练，可以改变机体的内部环境，改变神经、循环、呼吸、消化等系统的工作状态。

在控制生命机能上，生物反馈与自生训练相比较，生物反馈就解决了一个问题，即可以在意识上校正自己的“意念内容”——就是逐步知道如何去用“力”控制生命机能。所以，生物反馈由于有信号的支援，简便易行，易于掌握。当然其效果也取决于意识能量的强度及意念的准确性。

但是生物反馈与自生训练相比也有一个很大的弊端，即由于能够反馈的信号极少，现今能应用的领域也仅包括紧张性头痛、原发性高血压、心律紊乱、嚼肌痉挛、运动员的技能训练等领域。而自生训练则可以由意识“制造”出无限多的内容。

总之，“生物反馈”是一项十分有效的，能够建立起有针对性控制生命机能“条件反射”的方法。但是由于其对设备的要求很高，研究甚少，导致其所能涉猎的训练内容十分局限。相信未来对于生物反馈的进一步研究与运用，会为我们带来更大益处。

三、信念

在第二次世界大战中，一个苏联士兵深夜被敌人追击时，一跃跳过四米多宽的万丈深渊。当第二天重返此地时，他被吓得目瞪口呆，不相信自己竟然会从这里跃过。相信你也一定听到过类似的事情。比如父亲为救出被压在汽车底下的儿子突然爆发出惊人力量，而这个男人平时是根本做不到的。又如一位日本妇女为了接住突然从楼上坠下的自己的孩子，其瞬间跑到楼下的速度，就算是世界短跑冠军也望尘莫及的。

简单地说，这样的“超潜能”被激发出来的作用机制就是“信念”的作用。什么是信念？实际上信念的概念很广泛，但在生命科学上，信念就是相信一件事情后引发的“意念过程”。通过信念激发出生命机能超强发挥的强度与其内心相信一件事情的深度成正比。对于控制机体肌肉能力，人体有这样的潜能存在，那么在控制生命机能上是否有类似的事件发生呢？

答案是肯定的，而且还有很多。比如上面谈到的被心灵“处死”的俘虏、被心灵“冻死”的俄罗斯人，都是由“强烈相信”一件事情后引发“心灵控制生命生理机能发生明显改变”的现象。

信念拥有的力量是不可思议的，其作用过程在本质上即是意念的过程。然而是什么让信念拥有这么大的力量？实际上，信念之所以能够在短时间内激发神经程序的超强运行，完全取决于意识能量的“强度”。原因很简单，无意识的人根本不会瞬间掀翻汽车或被信念“电”死。

既然“信念”是这么好的一个控制生命机能的工具，那么关键是什么能够激发出超强的信念呢？一直以来，人们错误地以为，能够激发信念的工具是对鬼神力量的相信、古代养生秘术等，这些“门道”通常都伴随着敛财或其他“欺骗性”的活动，因此对社会产生了一定的危害。

那么是否有正面的运用信念激发强大生命机能的方法吗？

答案是确定的，即通过正确科学地认识事物，然后再去运用事物。比如，通过学习研究科学地认识“人的心灵是如何控制生命机能”的，在你的内心就会产生“用心理治愈严重疾病的强烈信念”。这样的“信念”对一个人的健康是有十分巨大帮助的。当然这样的信念必须要通过学习而引发内在“真正地相信”，就如被心灵“冻死”和“电死”的人，假如仅是表面相信，无论如何也不会被冻死。

四、想象

美国有个名叫克内贝尔的作家，他的得意之作《五月的七天》一度成为畅销书，并因此而名噪一时。1976年春天，克内贝尔感到肠部不适，经医生诊断为直肠癌，癌症已扩散到肝脏。他四处打听治疗癌症的方子，了解到有个名叫西蒙顿的肿瘤专家。克内贝尔开始采用西蒙顿的“想象疗法”。

在西蒙顿的指导下，他“想象”自己体内的癌细胞虽“面目狰狞”，却是些“不堪一击”的东西；他想象自己体内的白细胞非常“犀利”，无坚不摧，把癌细胞打得“落花流水”，而且似乎看到体内所有的癌细胞从他身体的每一个毛孔中溜掉了。

克内贝尔还把接受放射性辐射疗法的光束，想象成无数支利箭组成的“箭雨”，在这些箭雨面前，癌细胞无处逃遁，只好毙命。一段时间后，克内贝尔到医院进行检查时，竟意外发现癌症已完全治愈，直肠和肝脏都恢复到了正常。

多少年过去了,克内贝尔仍然健康地活着。通过想象（也叫意象）的治疗，美国放射科专家西蒙顿在德克萨斯州成立的癌症研究中心，成为了许多癌症病人的“天堂”。实验证明，想象出来的“意念”几乎对所有疾病都有效果。

在通过“想象”控制生命机能上，还有一个方法就是“自生训练”。自生训练又被译作“自律训练”，是指练习者按照自己的意愿，使自身产生某种生理变化的一种训练。它是在催眠术的启发之下，由德国神经病理学家沃格特（Oskar Vogt）于1890年提出，由德国精神病学家舒尔茨（Wolfgang Schults）完成, 后来又由舒尔茨的学生卢即（W. Luthe）加以完善，并使之广为流传于世界各国。

自生训练包括六个部分：肢体沉重训练，使肢体产生沉重感，从而使唤醒程度下降；呼吸训练；上腹部发暖训练；前额发凉训练；肢体发暖训练；心脏训练，使心率发生变化。这六种训练中，应用较多的是“肢体发暖训练”。而肢体发暖训练中，最常用的是使手或手指发暖的训练。

自生训练会影响体内生理变化。如果被试者重复地说：“我的右手是温暖的”，那么手的温度和前臂的肌张力就会发生相应的变化。有研究表明，让被试者想象一股气流流向手指，可以使手指的温度升高，最高达摄氏14度。

经常用来对自己进行暗示的口诀有：“我是完全安静的”，“心跳平稳而有力”，“我的呼吸很轻松”，“太阳光照着，十分温暖”，“前额清凉、舒适”等。

自生训练经进一步发展，现今已被应用于体育运动中。比如运动员通过自我暗示，调节自己的心理状态，从而达到很好地控制、调节技术动作的目的。“自生训练”和“生物反馈”训练的显著区别就在于，它不使用反馈信号，主要靠自身的“意念”而使体内产生生理变化。

第八节 一切归结为意念

什么是意念？**“意念”就是以语言形式出现的想法、念头，**而你的每一个以语言形式出现的想法，都会激发生命生理发生巨大的改变——你的身体相信你说的“每一句话”。

而为什么人的每一个意念都会激发生命生理发生生物化学、分子层面、细胞层面、免疫系统层面、生命系统层面的变化呢？下面，我们再次清楚地看一下心灵操作“神经软件程序”的超能力。

一、大脑

在1.4公斤的大脑内约有1000亿个“神经元”（单个的脑细胞），脑中的每一个神经元通过一千到几十万个“突触”创造了你的“整个心灵世界”（突触：两个神经元之间的连接）。因此，你的大脑有近十亿兆的突触。每一个突触都有自己的目的连接不同的神经元。

从大脑延伸出来的“神经纤维”深入到了人体内每一处的细微空间——人体内没有孤立的细胞，所以才能“让你能够瞬间感受得到体内任何一处发生的细微变化”。同时你也可以通过细小弯曲的神经纤维，控制每一个体细胞内的化学反应。

你的“感觉”就是这些细胞的变化——本质上，你的“思想”就是“你自己体细胞感觉的综合”。所以，神经科学家有时称“情感”为“肠道感觉”。

每时每刻，大脑都在接受着身体各处传来的感觉信息，同时也在向外发放着相应的运动神经信息。所以，你的心灵不单单存在于“项上空间”，“心与身”是一个整体。

从生理学上看，心意与神经系统是硬币的两面，是大脑皮层在处理神经信息时“突现”出了心意的存在，所以心意功能特性等同于大脑处理神经信息的特性。那么大脑是如何处理神经信息的？又突现出了什么特性呢？

二、神经信息处理机制

1. 进化出的信息处理系统。

在进化上，单个神经元就可以形成一条智慧路径，即最小的信息处理功能单位：一端与传感组织相连接（感受器：树突），另一端与肌肉、腺体组织相连接（效应器：轴突），中间细胞体就是“中枢处理器”——单个神经元虽不具有选择功能，然而一切由此开始。

随着神经细胞数目的增多，中枢处理器形成了神经网路：一种能将动作与感觉相连接的复杂路径。比如水母的神经网遍布全身，因此刺激水母身体的任何地方都会引起它的肌肉收缩（我们也是一样，如险些被车撞到时，人们心脏猛跳、毛发竖立、眼睛圆睁，都几乎会在瞬间发生），水母的神经网路就是最简单的神经系统。

复杂一点的神经系统就拥有了一定的选择性。比如飞蛾可以绕过障碍物自由地飞行，可它还是会“固执”地撞向玻璃窗，直到撞死为止。因为飞蛾的脑神经系统还没有进化出思考能力，不会作出复杂选择。

当鱼进化成两栖类、爬虫类时，脑也进一步扩大。当进化到哺乳动物、再到人类时，脑变得越来越复杂，脑进化出了不可思议的精密结构，以及突现出来了神奇的功能特性。

2. 进化出的大脑结构。

从神经元、神经网到有真正意义的脑，随着进化，任何种类的大脑皮层都被分化出了“感觉皮层”、“运动皮层”和“中间联络皮层”，从而出现了中枢信息处理系统：大脑——宇宙中最精密的机构。

3. 感觉皮层。

应生存需求的需要，大脑要对当前的野兽、野果、女人或男人进行判断，所以首先能够表征这一刺激的“感觉皮层代表区”就被进化出来。

“感觉皮层”接受来自身体各处体细胞（如眼、耳、皮肤、内脏器官）的变化所引发的以神经电流为载体的各类神经信息。这些信息被进一步分流到更为细小的、专门与某一种特定功能相映射的“脑皮层代表区”。例如，各种颜色和各种声调在脑皮层内都有与之相映射的“代表区”。正是因为有了这些“代表区”的存在，我们在碰到一样东西时，才会知道它是什么以及它在哪里。

如同电视画面是由“细小色斑”组成的一样，脑皮层内的各个“代表区”综合起来就描绘了身体的整体图像——这包括看到的、听到的和感受到的内容。

4. 中枢信息处理系统。

为了能够正确判断出“什么是吃我们的，以及我们是吃什么的”，人脑就必须有可参考的资料，“记忆系统”便应需而生。

“记忆”是一种能够将机体每一次获得的新鲜体验所启动的相应脑皮层“感觉代表区”有机联系在一起的脑神经网路的运作机制。当一个刺激触动了一段记忆网路的一角时，记忆中的整幅图像就会复苏——即重新启动了不同的感觉皮层表征区。

比如，假设我问你昨晚在哪里吃的饭，那么你与谁在一起吃的饭及喝了什么酒，就都会在你的脑中闪现一下。

为了做出“明智判断”，大脑增加了越来越多的神经元并组建了更复杂的结构，以对“记忆图像”进行逻辑计算，而这一计算过程就是“想象”和“思考”过程。比如，额叶、神经节等中枢皮层联络区，是由数千个可以独立处理一组特定神经信息的“小功能区”所共同组构的更大的功能处理区。

人体细胞的“即时变化”通过神经纤维直接映射到感觉皮层，然后感觉皮层将“综合后”的结果传输到“中枢联络皮层”。皮层经过计算、比对事物间的必然联系，才决定是否将感觉信息直接转化为运动神经信息。

5. 运动皮层。

运动皮层接受感觉皮层和中枢联络皮层传来的神经信息，然后向诸如肌肉、腮腺体、肾上腺等身体的各个“效应器”发放神经电流，以启动相应细胞的活动，产生生理的生物化学反应。由此进而使得肌肉收缩或腺体分泌出激素。

就是说，无论感觉皮层及中枢皮层有多么复杂，它们存在的意义只有一个——激发生理反应，以让动物得以逃脱威胁和获得食物。

脑为了什么而存在？从基因到细胞，漂亮的衣服，驾驶的汽车，交易的股票，谈判和战争，我们用几十亿年进化出的美妙大脑，本质上只有一个目的：繁衍后代。这让生物在另一个意义上获得了“永恒”。

6. 脑处理信息的机制。

以上可见，大脑皮层“感觉代表区”不断地接受来自身体各处传来的神经信息，然后将之映射为“感觉”。感觉信息进一步传向“皮层中枢联络区”，对传来的感觉信息进行计算。最后将结果以“启动运动神经活动”的方式输出到“效应器”，引发四肢和内脏的生理变化。

比如人们误认草丛中的绳子为毒蛇时，首先是十分恐惧地“肌肉紧绷”，在瞬间发现“真相”后，人们就即刻停止了“逃跑动作”。大脑就是这样快速地处理神经信息的。

7. 突现的特性——想象。

我们人类生活中的一切都是“想象”与“思考”的结果，否则人类只能是“自动反应机”。那么“想象”与“思考”是如何从进化的神经系统中“突现”出来的呢？

8. 想象的基础。

首先，进化出来的“感觉皮层代表区”，为大脑脱离外界刺激的限制而仅仅通过刺激代表区就可制造出自己想要获得的感觉体验扫清了道路。

其次，大脑内的中枢神经回路系统，可以自由决定是否将“自己”刺激出来的感觉转化为生理活动。大脑拥有了脱离外界刺激创造出另一个“真实世界”的能力。

9. 想象的神经运作机制。

一个刺激，比如一个人突然出现在一只狗的面前，那么这个人的音容、气味就会通过狗眼和鼻子的感觉细胞转化为“神经信息”，传输到狗的“感觉皮层代表区”，进一步又传导到狗脑中枢神经联络系统。中枢系统通过“神经回路”以启动“记忆”的形式，再次启动了感觉皮层相关的代表区。这样，这个人曾经是让自己痛过（踢了自己）、还是高兴过（给了骨头）的影像就被启动了。

动物大脑通过启动曾经经历过的“新鲜体验”，以再现事物间联系的方式对当前“刺激”作出对比、判断和选择，以避免危险，求得生存。在“想象”的过程当中，被重现的“感觉”是否启动运动神经的活动，取决于“中枢神经回路系统”。比如狗看到一个“危险人物”，可以跑，也可以不跑。

这种进化出的对动物生存至关重要的神经运作机制，就叫做“想象思维”，即通常所谓的“形象思维”。想象是大脑通过类比真实世界对曾经发生过的事物图景进行再次重现的过程。“思考”是对通过想象而表征出来的事物进行“规律性逻辑计算”的过程。

这种“图景重现”和“计算”就是心意、思想、忧虑、愤恨、好奇和爱情等。这些看起来好像是不同的概念，都是从不同层面上对一个东西即心灵的描述。

10. 语言让想象获得解脱。

能够主动创造出“意象”去思考问题是脑神经系统质的飞跃。随着进化，从爬行动物到哺乳动物，从蜥蜴、海豚、黑猩猩最后到人类的大脑，出现了又一次“质”的飞跃——大脑不再只是处理被外界刺激出来的旧的“新鲜体验”，而是具有了处理能够映射这“旧体验”符号（语言文字）的能力，进行象征性思考。自此，人类的想象获得了解脱。

11. 语言出现。

原始人可能嘴里咕噜出一个声音，如“火”，然后用手指着摇曳不定的火苗——这就足以向其他人表示这个“咕噜”的意思，其后仅靠“咕噜一声”，大家也会明白他要表达的什么意思了。这样用以表征一个意象的“单词”就被创造出来。

随着不同的事物，比如牛、羚羊、水、女人等，不断被表征为不同的“咕噜声”，大脑专门开辟出了负责制造单词和语法规则的皮层区——今天人脑内与语言相关的脑皮层区占据了大脑的大部分体积。

12. 脑内语言表征系统。

语言的进化，让人脑从总体上分成两大系统。

人们将能够引起条件反射的刺激，称为“信号”。对现实环境刺激做出反射机能的系统被称为“第一信号系统”。第一信号系统是人与动物共有的系统。比如，吃过山楂的人，只要一看见山楂的形状、气味或颜色，那么曾经吃过山楂的情景图像就会在脑中被“复苏出来”，紧接而来的就是由此引发的生理反应——流口水。

在脑皮层中，能够将现实中的刺激，比如山楂，映射为符号（语言、文字）的神经系统，被称为“第二信号系统”。第二信号系统是人类所特有的神经反射系统。比如，现在只要有人谈论“山楂有多么多么的酸，简直就把牙酸倒了”，或写一个“酸溜溜的山楂酸极了”的字样，就会导致人们联想到山楂的外形、酸味，从而引发分泌唾液。

第一信号系统是脑皮层直接将外界刺激映射为生理活动的机能系统。第二信号系统是将第一信号系统的单纯刺激映射为具有抽象意义的“语词信号”。第二信号系统是在第一信号系统的基础上建立起来，但反过来又影响和支配了第一信号系统的活动。

很简单，人们仅通过语言就可以控制生理反应。如“谈虎色变”，人们并没有见到具体“虎”的形象，一个“虎”字就使人脑联想到具体的虎的凶残与兽性，而引发从心理恐惧到生理肾上腺分泌等的连锁反应。

13. 语言使想象获得飞跃。

除非一只狮子看到、听到或嗅到一头羚羊，否则它的脑中不会直接反映出一头羚羊的影像，动物的大脑仅局限于当前事物中。

进一步地说，动物的大脑没有语言功能，只具有随着外界刺激而到来的非随意想象。比如当一只狗看到某人或嗅到他的气味时，才会想起这个人曾经踢过它。而这只狗绝不会无缘无故地在某处趴下来“生气地回忆起曾经的这段恩怨”。

从黑猩猩到螃蟹、从羚羊到狮子，所有大脑不具有用来表征事物的语言功能的动物，脑内的影像和情感仅局限在与当前环境刺激有关的事物之中——就是说，它们脑中的“想象”及一切“思念”活动，完全被限制在一个狭窄的“时间框限”内了。

而“人”能够将符号映射为图像，让我们的大脑“突现”出了从未有过的功能特性，可以随意想象一头羚羊，还可以主动创造性地想象出“自然图景”中从未出现过的事物。比如想象一只黑熊，穿着一件红白相间的T恤，一手夹着根香烟，一手牵着条狮子狗，嘴里兴奋地向你述说它的幼崽有多么淘气。当然，除非看到，否则其他没有语言功能的动物脑中绝不可能出现这样的图景。

语言让我们回忆过去和想象未来，突破了时间和空间的束缚，达到了“思接千载、神通万里”的境域。语言让我们随意地、自主地回忆起学生时代是“谁伤害了我们”，而“我们又亲吻了谁”，也能够预测和期待明天、明年或是十年以后的好日子。

三、大脑的超能力

1. 思想是物理学的。

“思想”并不是“虚无缥缈”的东西，而是基于以大脑处理神经信息为物质基础的物理学过程。就像关闭开关电灯会灭掉一样，如果我们截断了某一神经通路，与之相对应的“心意”（思想）功能也就停止了。比如脑科学家在一个人说话的时候，通过电极刺激方式造成相关神经系统的传输短路，就可以直接让说话者无法说出一整句话或计算不出平时很容易计算出的算术题。

科学研究显示：一位大脑损伤患者听音乐时，分辨不出是伤感的还是欢快的音乐——他们失去了对“音乐情感”的判断，然而他们还是会看着悲剧电影而落泪。就是说，仅仅是“负责判断能够听到的音乐与情感体验”相关的神经线路被“损伤中断”了，而其他神经线路一切完好。

今天的脑科学家已经在测试脑皮层内，某一个单独的“神经细胞”对应着某一种“特定的感觉或运动”。比如在猴子脑内，科学家用微电极检测到，只有在一个特定的物体向特定方向运动时，某一个“神经细胞”才会被启动。否则无论多么强烈的刺激，神经细胞都处于休眠状态。

如果脑皮层损害区域较大时，就会直接影响到与之相映像的生命机能。比如，脑中风病人出现的视觉模糊、口角歪斜、偏瘫等现象，就是因为出血部位破坏了相关皮层的“功能代表区”，导致与之相映射的肢体器官失去了运动和感觉能力，进而导致了偏瘫和肢体麻木的病症。

语言使脑突现出了超能力。最为关键的是，“想象”是物理学的过程，而语言让人类的想象拥有了“再造想象”和“创造想象”。而这种想象可以让我们主动地、有意识地启动脑内引发特定的“物理学过程”，而这才是真正的心灵力量。

“再造想象”是大脑在记忆基础上再现事物的表象——情景感觉；“创造想象”则不仅能再现过去的事物，还可以创造出全新的、现实中从未出现过的事物，如凤凰或米老鼠等。

简单一句话，在大脑控制生命机能上，**通过语言文字的第二信号系统所激发出来的“想象”与通过情景刺激的“第一信号系统”所激发出来的“想象”，在对启动运动神经系统激发生命生理活动上，具有同等效应。**

就是说，**在人体大脑所能控制生命生理机能的框架下，我们都可以通过“任意的想象”去影响、加强控制生理反应。**比如，通过想象激发、控制免疫系统超强地发挥免疫能力。

2. 意念是想象的精致化。

从另一方面来说，“意念”就是你的“意识”专注于一个“意象”的过程。比如你想喝水时，首先你是想象喝水时所产生的结果——用手举杯子，把水倒进嘴里，以及湿润、甘甜等想象中产生的解渴幻觉；然后你的意识能量就激发了与之相对应的神经程序的运行，手举起杯子的动作就在意识的监控下运行了，这样你就喝到了水。这一过程就叫做“意念过程”。

意念也被理解为念动。想象可被理解为不成熟的意念。

比如，你要想抬起右手的话，首先要有“抬手”的意念，紧接着神经电流会启动手臂上的“肌肉细胞”引发一系列的动作完成。而假如你只是去“想象”抬手的话，手是不会被抬起来的——即便脑内引发抬手的神经程序已经运行了，你的手也抬不起来，因为这样的程序最终不会将电流信息输送到肌肉细胞上。

然而为什么婴儿一开始是通过想象学会抬手的呢?

这就像是一个人要想学会打棒球，一开始也得通过想象“技能动作”，而后逐步再将想象的内容转化为“意念”，意念再驱动特定肌肉群的生理活动最终完成动作。一旦某一个技能动作熟练以后，就不需要再去想象了，这时直接用意念去执行就可以了。所以**“意念”起始于“想象”，意念是想象的高级形式。**

再比如，你用意念去流口水，则口水不会流出来。而通过“想象”山楂的酸溜溜，你就可以流出大量口水，这也是意念和想象的差别。同时，你也可以通过训练用意念流口水。方法是在想象山楂后马上用“意识”驱动“意念”流口水。这样的机制是，“二级条件反射”（想象山楂的酸）激发了“一级条件反射”（实际咀嚼山楂流口水），而意念是在二级条件反射的基础上建立起了“三级条件反射”，即是激发二级条件反射的“反射”。经一段时间的练习，三级条件反射就会等同于二级条件反射。所以，**想象的最终过程是意念，意念是想象的“精致化”。这种精致是脑的一种策略。**

愉悦心情是一种通过“旁敲侧击”的“意念”引发生命系统向一个“好好活下去”的协调方向发展的情况。生物反馈则是直接用“反馈激发意念”。信念是通过“深深相信”直接导致意念超强的发挥。“意念”是想象的高度精致化。

至此，事情已经变得非常清楚简单了，生命生理活动的完成，就是要启动相应的体细胞引发“生物化学”的反应。而所用的一切方法可以总结为：通过一个方式建立起相应的神经程序，而这样的程序本质上就是“条件反射”，当然，最终还是要启动非条件反射以发生生理效应。然后，再通过另一个方式来加强特定组的神经程序的运行。

最终，一切可以用“意念”控制生命机能来概括。一切取决于意念，这就是控制生命机能的秘诀了！（注意：神经程序、意念、想象等都是一个东西的不同描述。）

第九节　一切取决于意念内容

有些人会说，我们好像绕了一个大弯弯。两千多年前古人就说过，用呼吸的方法“想象”宇宙的纯洁能量，从头顶梵穴进入体内充满全身，或通过“神”驻于体内就可以获得神奇的力量，由此就会将身体中的污浊、疾病全部涤除干净从而获得健康。那么你今天所说的“想象”岂不与此差不多？

关键的差别在于想象的内容上。由于古人将获得健康的期望寄托在“神”或“神秘的东西”上，所以产生的“意念”只能是在“玄学”中出现的内容。比如想象有“真神”驻于体内。在这样的想象内容上，由于其宗教目的反而对人类造成了伤害。

即便出现对身体健康有益的内容，由于根本谈不上具有针对性的意念内容，所以作用机制只能是在信念及安慰剂引发的效果上。由于这样的效果局限在十分虔诚的极少数人身上，绝大多数人只是停留在“知道”及“表面”相信上，所以就在“似信非信”的内心状态下，导致身体上的生理反应也在安慰剂效应的机制下“似信非信”地产生着。

所谓“一念决定死生”。“死”与“生”虽然只是发音不同，但是在脑内所激发出来的神经程序运行的线路，当然也会像这两个字一样有着本质的差别。

进一步地说，当你的身体接受到一个有希望、积极努力的信息时，那么一切都会向好的方向发展。当接受一个消极、绝望的信息时，人体就会慢慢崩溃，向死的方向发展。比如，知道自己患了晚期癌症的患者会在短期内死亡的现象。

再比如：我说，“你不要想苹果，而此刻你脑中想的正是苹果。”而癌症病人由于恐惧死亡，脑中就会有很强烈的死亡意念，所以其脑中想象的就是很强烈的“死”的信息。解决方法是：只有成为与病魔斗争的勇敢、坚定的斗士，人的身体才会接受一个积极、努力“活”的信息，身体的生理机能才会向好的方向发展。这个“活的”生命信息的强度与内心坚定勇敢的强度成正比。

总之，你脑中“意念”叫去抬手，你的脚绝不会抬起来。意念的内容决定了“什么神经程序”会被启动，进而决定会发生什么生理反应。

我们已经看到要想激发某一生命生理机能的效应，就要通过一个方式在脑中形成“意念”。**愉悦心情、信念可以说是以“被动”的方式引发心身健康的。而生物反馈、想象及自生训练就属于主动方式了。其中最有效果的就是“想象”。**很简单，“想象”的目标明确，而且让我们有“握”住一样东西的感觉。下面，看一下我是怎么做的。

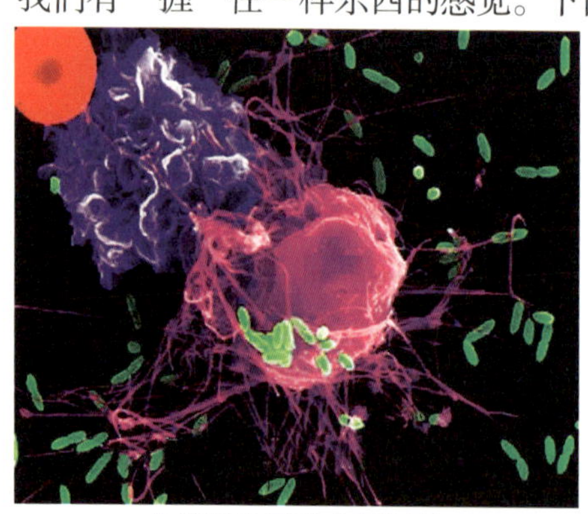

免疫细胞吞噬大肠杆菌

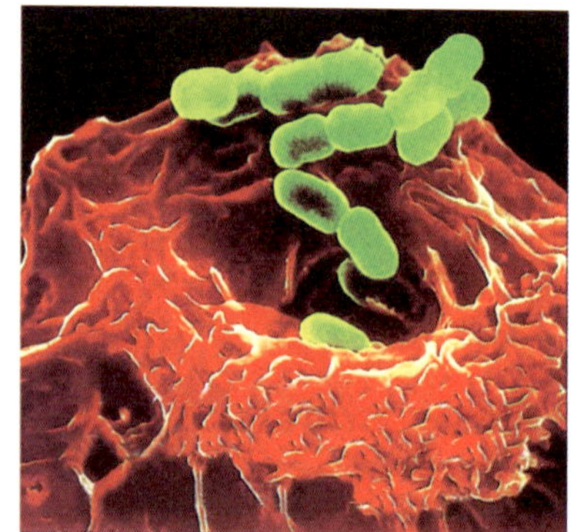

免疫细胞对身体炎症迹象的响应很快。白细胞像士兵那样快速奔赴需要它们的地方。沿着血管内皮进入到组织中与敌人搏斗。

图 11-9

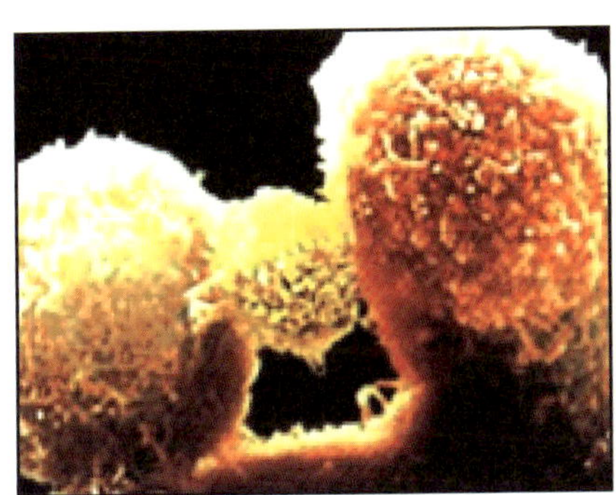
自然杀手细胞（NK-CELL）是免疫系统中另一种独特的细胞（画面上两旁为癌细胞，中间为自然杀手细胞，它是癌细胞的克星）。

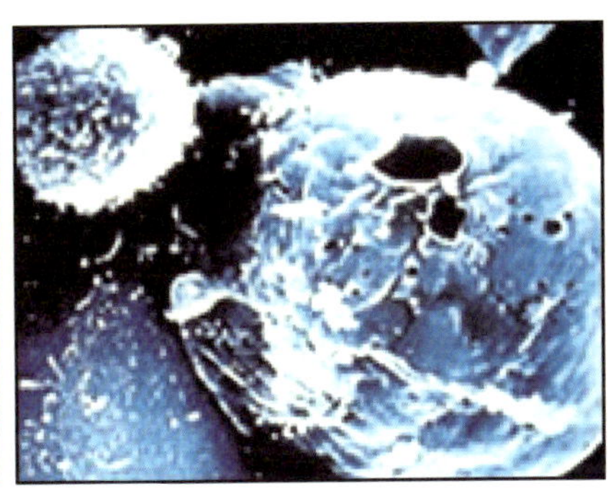
免疫细胞将癌细胞上穿破一个洞，癌细胞将在很短的时间内死亡。

图 11-10

如图11-9、11-10所示，我买了大量的关于免疫细胞刺杀病毒细菌的书籍、图片及影像内容。然后重复地看，再努力想象那个画面，想象自己的免疫细胞多么的强大，将血液中的“乙肝病毒”和“被感染的肝细胞”，以“杀无赦”、“斩立决”的坚定刚毅力量，全部杀死清除干净。

然后我又读了关于肝硬化形成的机制，以及肝脏内是如何溶解肝纤维组织的知识。然后我就想象肝内硬化组织被慢慢地全部溶解干净，肝脏逐步地好转。

在通过“想象治愈疾病”方面，你要有充足的知识以供你用来“想象”（免疫系统杀灭病毒的机制）。

对于如何治愈“股骨头坏死”方面，我就想象血液对股骨头进行充足的营养供应。这样就像一开始婴儿是通过想象来学习灵巧运动肢体，熟练后就可以通过“意念”（如抬手意念等）去运用一样，在一段时间后，我就将想象的内容“精致化”成了意念形式：“杀死它。”“杀死它”这三个字就足可以激发我的免疫力超强发挥。下面看一下我的一次实际运用。

自小我就是家中打针吃药最多的一个人，哥姐们叫我“病包子”，奶奶叫我“十不全”。2000年之前，我的身体是十分糟糕的，免疫力十分低下，经常感冒和拉肚子。而且每次得病，时间也比别人长得多。自2000年至今整整10年的时间中，对禅定的科学地运用，让我再也没有得过一次感冒，发过一次烧。

实际上，我知道一年中发一两次烧对人是很有好处的，因为每次发烧时，身体都会作一次“大扫除”。故在2003年春天，我根据以前的经验，给自己应用了大剂量的“丹参注射液”，只可惜，高烧只持续了3个多小时。

在2004年秋天，我的上呼吸道突然遭受到了一次细菌病毒的感染。当时我随朋友的公司出差，由于昼夜不停地紧张忙碌，突然引发上呼吸道发生感染导致咽喉发炎肿痛。当天晚上，在宾馆里我就与公司的人说“我要休息一会”。之后我运用禅定力量驱动“杀死它”的意念去杀灭病毒——就是在高度聚焦的意识中想着“杀死病毒”的意念。从当晚6：50 至9：10出定。出定后，我吐了一口黄黄的浓痰，就把病完全治好了。

就是说，我在短时间内激发出了“非特异性免疫细胞”（图11-11所示的 T淋巴细胞、K淋巴细胞、NK淋巴细胞等），“非常疯狂”地去杀灭和清除已经繁衍起来的病毒和细菌。所谓“病来如山倒，病去如抽丝”，以前这种情况，我至少会打一周的点滴。所以非常简单，要想建立一个有针对性的意念，一开始你就是通过“想象”，然后逐步地转化为“意念”就可以了。

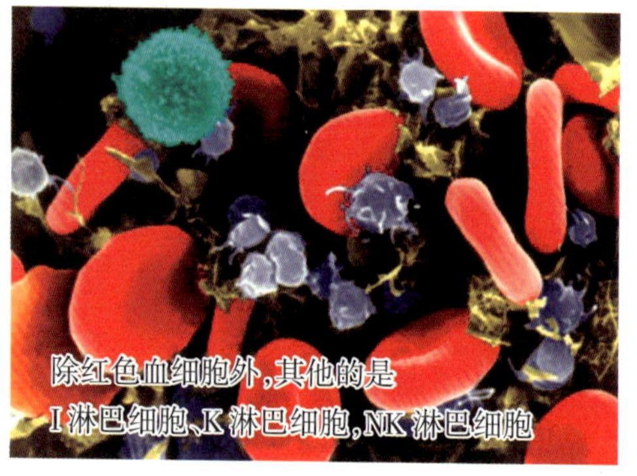

图 11-11　非特异性免疫细胞

第十节　一切取决于意识产生能量

一个细胞，一粒石子，一朵花，一个人体，星球及星系，全部都是由三种物质粒子所构成：电子、质子和中子。电磁力由光子作为媒介，将电子约束在原子核周围以形成原子，原子即为“化学元素之母”（即是引发化学变化的最基本的单位）。在原子外，残余的电磁力将原子结合成分子，分子与分子的聚合便构成了基因。从基因到细胞，再到器官和生命机体，都是原子逐次连接后引发运动的过程。而驱动原子有序及规律性运动的便是“意念”引发的“念动”——即是神经反射。

每一个“念动”都可以将“神经电流”准确地发放到特定器官的细胞内，激发出生物化学反应——即原子的运动。原子、分子间的剧烈化学反应导致原子发生重新组合，根据自然规律构建出拥有新特性的蛋白质，即“激素”。紧接着，激素又会激发下一个生物化学反应，最终导致生命体的明显生理变化。

蜜蜂也有“念动”，虽然脑中只有98个神经细胞，但它却可以在无思考的情况下完成从筑巢、觅食、撞到树时反方向飞等生存所需的神经反射。然而，蜜蜂脑内神经细胞的数量决定了“它”只能是“自动机器”，即蜜蜂的念动只能是被动地受外界环境所控制。

自然学家说：当一只狗奔跑的时候，是狗移动它的腿；而当海胆移动时，是腿移动海胆。这就是“有意识”与“无意识”的差别。所以，宇宙中唯一能够自由决定念动内容及强度的只有一个东西——意识。

你主观感受得到的思想、感觉、情感、愿望、记忆、本能、动机和信仰都会在“大脑量子场”层面上引发“骚乱”。这个主动的量子心灵，以“念动”的形式瞬间就会激发大脑神经系统发放特定程序的生物电流，生物电流沿着神经纤维，按照你的心中所想，将准确地发放到你体内特定的细胞，引发细胞内原子一系列的生物化学反应，继而制造出特定的氨基酸、蛋白质和激素等生命的基本构件，这些构件进一步决定了一个人身体的疾病、健康、痛苦或是幸福。

一切起始于那个“能知之性”，起始于我们的意识对念动的驱动。这也就是生命永远不会被“局限”的本质所在。

只要你跑得够快，就可以打败刘翔成为世界冠军。但要想达到这一目标，就需要通过艰苦的训练，不但要拥有强劲的肌肉力量，还需要有运用这种力量的技巧。对于游泳、体操或是射击等不同体育项目的运动员来说，力量与技能是双管齐下的。所以，运用禅定治愈严重疾病的技巧是对特定“念动”的训练，而力量则来自于对意识的“聚焦”（即澄清意识后获得的强大的心灵力量）。

第十一节　一切取决于意识能量的强度

很简单，控制生命机能的效果与驱动神经程序的“强度”直接相关。那么什么能够加强意识能量的强度呢？我们还是对谈过的内容逐一作一简单分析。

一、愉悦心情

愉悦心情当然很重要，但愉悦心情毕竟是通过“旁敲侧击”引发效果的。一个人谈恋爱或看幽默电影，虽然可以使免疫能力增强，但主动性及受限性太大，并且身患重病者是无法高兴起来的。所以其激发意识能量的强度是有限的。

二、生物反馈

生物反馈只可以激发及加强针对于控制某一特定生理机能的意识能量，然而问题是生物反馈所能针对的健康内容，至今还是十分有限。

三、信念

古代养生秘术和宗教内容引发的“信念”，在激发意识强度上当然是强大的，否则古代也不会出现那么多的邪教了。然而，由于其负作用（邪教等内容）的原因，应用此类方法就等同于“饮鸩止渴”。通过正确认识科学及事物而建立起来的坚定、刚毅意志的信念，不但是完全安全的，而且其激发出意识能量的效应也是十分强大的；这一点，需要你进行大量的学习和研究。

四、想象

想象的确是一个很好的方法。我就是通过运用想象而训练出控制生命机能的“意念”的。然而想象是方法，对加强意识的能量不具有直接针对关系，所以通过“想象”激发出的“意识能量”还是被限制在一定范围内的。

想想禅定的整个过程在干什么？

很简单，修习禅定的整个过程就是通过对“意识”的“澄清”和聚焦，让“意识”拥有超强能量的过程。而“入定”即等同于拥有超强的意识能力。**所以不要到哪里去找神奇了，“禅定”就是经过人们验证过的“获得超强心灵力量”的最佳方法。**

然而，自古以来，人们对于禅定对健康影响的认识，因为停留在“天君泰然，百体从令”的概念上，所以就没能把禅定对健康真正的功用发挥出来。古代，在运用禅定服务人体健康方面之所以始终停滞不前，关键是受到当时生命科学发展水平的限制，让古人无法对神秘的禅定力量做出科学合理的解释。虽然古人说**“初宜专修，后可随宜”**（就是当拥有了禅定的力量后，可以随意运用到其他方面），然而实际情况是，没有生命科学理论的正确指导，就无法有针对性地运用禅定力量服务人类健康，结果，一切都被局限了！

当你拥有了禅定的力量，你就拥有了主动激发出强大意念力量的能力，一切健康事件由此就产生了。**意识产生能量，禅定聚焦意识，念动导致转化。**

第十二节　一切取决于量变引发质变

在以上行文中，我用了好几个“一切取决于”，我是想说“一个结果与好几个因素”都有关系。这就像要想煮出一顿饭，首先要有“锅”（大脑的结构功能），其次要有“米”（想象及意念），然后需要“火”（意识的能量），最后还需要一个十分关键的东西就是“持续加温”（坚定努力），最终才会把米煮熟（获得禅定及健康）。而“持续加温”是一个“非线性”的问题。什么是非线性？接下来，我们就要讨论这个非常重要的概念。

一块钱可以买一块钱的东西，两块钱可以买两块钱的东西。这是线性问题，“因与果”成正比例关系。如果你的钱多到可以把制造东西的工厂买下来，就可以生产出更多的东西，这就到了非线性领域——因与果不成正比例关系了。

再比如，水变成冰的相变是从1℃到-1℃。温度只减了2℃，可是水却结成了冰。如果在开始时水的温度是30℃，你把它放在冰箱中，耗了不少电，让它的温度下降了29℃，到了1℃，可是什么也没发生。然后，当你把水温再降两度，奇迹发生了，水结成了冰。

同样，99℃的水不会沸腾，你只要再多加1℃，奇迹发生了，物质的“态”发生了变化——“水”成了“气”。所以，“非线性”的问题需要一个“转折点”。

非线性的问题就是“量变引发质变”的问题。一个阿拉伯谚语很好地说明了“量变引发质变”所产生的超强效应——如果你不断把稻草堆放到骆驼背上，总会到一个临界的情形，骆驼吃不消了，再放下一枝轻如羽毛的稻草就会把骆驼的背压断。就是说，你把稻草不断堆放到骆驼的背上，什么事也没发生，直到你把一枝跨过“临界质量”的稻草放上去，这个小改变就会产生一个极大的后果。在这个临界点之前，即使有相当大的改变，也似乎只是令人失望的小效应。

“修禅入定”也是一样，即是突然就有了“入定”的感受。当然，我治愈严重疾病的最终结果，虽然之前有了一定的改变，但最后也是突然就发生了“瞬间转变”。所以，在修入禅定及运用想象意念治愈严重疾病上，一定要有坚定的信念和勇往直前、永不放弃的努力，才能最终获得效果。在这一点上没有任何捷径可走，佛祖当年也是通过不断努力最终获得“无上正等正觉”的。

第十三节　在绝境中是什么激励着我勇往直前

首先，对佛祖说的“天上天下，唯我独尊”的理解，让我深深领悟到没有任何鬼神能够影响到我的命运，命运在自己的努力与创造中。

其次，对佛祖说的**“制心一处，无事不办”**的坚信，对自古以来大德高僧们在禅定上取得成就的确信不疑，尤其是南怀瑾老师的开示，让我完全相信禅定及其超强的效能性的真实存在。

再次，对“心理科学”及“催眠学”的研修，让我明白了心理现象。对生理学、脑神经科学、免疫学、生化学、物理学的研修，让我非常清楚地明白了“就像你用铁锤猛砸一个玻璃杯肯定会使其粉碎一样”，人体超强的潜能不是只存在于传说中，而是真实存在的。尤其是用禅定对生命科学、物理科学的深入思考，让我融通了修入禅定和运用禅定“更为深入的东西”。

在一次又一次面临死亡时，我不是想着如何去增强“信心”——

因为无暇去增强“信心”；也不是想着如何增强勇气——因为没有精力想着“勇气”；更不是坚持不懈——因为“坚持不懈”不能形容我坚定的努力；而是在内心中有一种无法用语言形容的努力，努力，不断努力……**因为我清楚地知道：稍有松懈便会死亡！**

我曾在自家的墙上画了一枝离开弓的箭，然后在下面写道：**“死亡之箭已经发出，不努力，马上死。”**在死亡面前，我充满着对未来美好生活的渴望，我努力地通过学习研究科学和禅定，逐步在内心中涌现出坚定、刚毅、无惧死亡、勇往直前的强劲力量。最终，我战胜了死亡！

第十四节 爱——就是一切

大自然很吝啬，不会在脑中给我们建立我们不需要的神经程序。比如，狗、鲨鱼和蝉能够觉察到人类完全听不见的声音；有些非洲鱼能够在自身的周围发出稳定的电场，感受到入侵者细微电场的扰动；海豚、鲸和蝙蝠用声呐作精确的回声定位。而所幸的是，大自然给了我们需要的神经结构，即控制免疫力的能力和诸多我们现在还不太了解的“自我痊愈”的强大生命机能。

大脑由1000亿个神经元组成，每一个神经元通过超过十万个“突触”位点与其他神经元“通话”。这个脑中无声的物质——宇宙中超级精密的机器——由其内流动的电子激发出了一个超级有序的“量子场”。而这个量子场符合量子力学所有的规律和特性，“它”是一种纯真的波粒二象性的大东西——意识（即导致感知和觉察）。

不断澄清意识就是不断激发脑神经系统、不断引发量子崩溃的过程，而崩溃得越清楚，则心灵的力量就越强大，这就直接导致主动控制激发某一生命生理发生生物化学反应的能力就越强。你只要遵循着必然的规律去运用大脑，就可以逐步“入定”。当达到一个

“临界点”，一切就会自然融通了，你也就拥有了超强的“意识力量”。然后在科学的指导下，对生命机能的控制会让你变得越来越健康。

永远记住：“科学禅定”同各种体育锻炼一样，完全是在相关科学理论指导下的一门技术——是一个人人都可以学习应用的对健康有实际效用的方法。否则即是亵渎人类科学和佛学。

至少在我们存在的宇宙中，就有超过一千亿个像涡流一样不断旋转的像我们存在的银河系一样的星系(图11–12)。如果你能够像“太阳光”一样，以每秒钟横穿23个地球的速度奔跑的话，那么要想横穿我们存在的银河系就需要10万年的时间（光走一年的距离为“一光年”)。这段时间，人类将会经历20个“上下五千年”。如果把你能够用肉眼看得到的天上的所有星星和星系加起来比喻成“一饭勺精盐”的话，宇宙中我们用眼睛看不到的星球及星系，就会充满一个直径3000米的大圆球。

此时此刻，想想我们身体内的每一个原子，都是由比太阳大10到100倍的恒星，在不到一秒钟内释放了相当于一千亿个太阳的能量制造出来的“精品”。否则，宇宙中只会游荡诸如氢原子、氦原子等简单种类的原子。从另一个方面来说，如果没有“这么大的太阳”，就不可能出现人类和岩石。

这些被制造出来的每秒钟转动几十亿次的原子，在飞奔冲撞中连成一段我们叫做基因（DNA）的东西。这些DNA又经几十亿年的复制、组合，被淘汰和被更新，最终演变成为一个只有通过显微镜才可以看得到的人体细胞。

如果把一个原子放大到豌豆大小的话，那么这个宽度不过20微米的细胞就得被迫扩大成直径800米的水球。这些“豌豆”经过再次组合，就成为小如篮球、大如汽车的分子团，即蛋白质。

这些大小不一、种类超过20万种的蛋白质以像子弹一样的

图 11-12　宇宙深场——这幅图像是哈勃望远镜从 2003 年 9 月持续到 2004 年 1 月对夜空中一块如针尖一样大小的区域进行不断放大后（如同拍摄月球上飞着的一只萤火虫大小的区域）拍摄到的情景。从照片上可以看到，星系中不仅包括大批经典的螺旋形和椭圆形星系，也包含有类似牙签等形状的其他一些古怪星系，还有少数星系在进行着相互碰撞。让人感到无比惊讶的是，在夜空中的这么“一小块区域”中就总共包含有约 1 万个像我们存在的银河系一样的庞大星系。那么，下一次，当你放眼夜空时，你就不难想像，在天空中你看不到的星系该有多么的多了！

速度，以每秒钟10亿次的速率彼此撞击着。而为这些“子弹”提供能量的便是我们吃的东西、呼吸的氧气在细胞里被合成的高压电流。而其电流强度足以超过一次雷电核心区域的电流强度，那为什么我们没有被烧焦，是因为电流传输的距离是以纳米来计算的。

这些四处奔走、互相乱撞、反弹的分子们，在不断犯错、毫无目的、无序的运动过程中，却跳起了非常精确的生命之舞，让一个细胞以一变二、二变四、四变八的复制模式分裂着。最终，这个“水球”只需经过47次的加倍分裂，便成为一个可以感受快乐、产生思想、又蹦又跳、活生生的宇宙之灵——你和我。

就像一块钢铁的不同组构决定了“它”是一座铁塔，或一列火车，或一辆自行车一样（即模式决定了“它是什么”），氢原子、碳原子、氧原子和其他一些种类的原子的不同组构模式，决定了你是成为一滴海水、一块岩石、一棵松树、一只飞鸟、一个人体，或者是一缕清风。

因为本质上我们都是由一模一样的不可分辨的电子、质子和原子组成的，所以一个人所拥有的所有原子，你只需要花上几元钱就可在五金商品店里全部买到。但在父母或情人眼里，你却成为无价的宝贝。

一年后，98%的原子将被你所吃的食物替换掉；7年后，你就是一个完全不同的人；可现在你还是会想起许多年前母亲叫你“小宝”时的情景，还有你永生难忘的初恋情人！

你身体里至少有10亿颗碳原子曾经属于释迦牟尼、圣人孔子、耶稣基督或者是一万年前从你眼前这几平方米土地跑过去的老虎的眼睛。

物质是永恒不灭的，生命是永恒不灭的。但是生命的表现形式是花开花谢、转瞬即逝的。

佛祖曾说：

我们的存在像过眼的秋云一样短暂，
观人之生死如同看舞蹈的动作一般；
人的一生就像划过天际的一道闪电，
就像沿着悬崖绝壁飞泻的一股山涧。

在量子力学层面上（这不是经典力学的推算，而是波粒二象性带来的结果），在宇宙诞生之初——137亿年前，就决定了此时此刻你我的相遇、相知、相爱，同甘苦、共患难的"缘"。

虽然这只是在无尽的空间与时间交汇处的一刹那，如果我们能够分享关怀、轻松和爱，就会为彼此带来健康和快乐。片刻即是永恒，你就在生命本质上获得了永恒！

第十二章

如何控制生命机能

如何通过“心灵控制生命机能”获得健康？下面从原子、分子、心理、生理学角度去理解和控制生命机能的原理。

第一节　生命是原子及原子的运动

一、汽油与皮肤

在很长一段时间内，每当我碰到低矮灌木丛几乎都会拽上一片叶子，然后用手把它碾成碎末。为什么我会有这种“怪异行为”？

有一次我拽着一个人的皮肤说：“你知道‘它’是由什么做的吗？”对方“无奈”地说：“不知道。”

我继续说：点燃一根火柴，你会看到火柴燃烧后留下来的黑色粉末。这黑色粉末就是由碳原子组成的。如果你把其中的1个碳原子和从空气中抓来的4个氢原子绑在一起的话，你就组装成了一个甲烷分子。我们几乎天天与甲烷分子打交道，因为厨房中的食物都是由它煮熟的，它就是煤气管道里流动的“天然气”。

甲烷、乙烷的化学分子式及空间结构如图12-1所示。

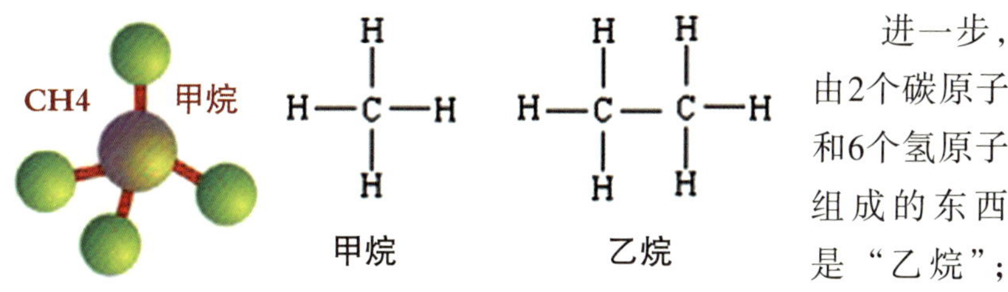

图 12-1　甲烷、乙烷的化学分子式及空间结构

进一步，由2个碳原子和6个氢原子组成的东西是“乙烷”；4个碳原子和10个氢原子组成的东西是“丁烷”。也许你会说“你从来没有见过丁烷”，假如你吸烟，就会天天与它打照面，因为丁烷就是一次性塑料打火机里的透明液体。

在古代历法中，用甲、乙、丙、丁、戊、己、庚、辛、壬、癸来表达数字，所以化学家也用这种排序来表达这些“什么烷”。比如“辛”排在第八位，辛烷当然就是由8个碳原子加上18个氢原子组成的东西。而辛烷就是让汽车得以奔驰的汽油。十八烷是由18个碳原子加上38个氢原子组成的分子，提到十八烷我们就更熟悉了，因为它就是蜡烛。

由于编进去的氢原子越多，分子就越稳定，因此在常态气压温度下，甲烷、丁烷是气体，到了辛烷就是液体了；等再到了十八烷时，就变成了固体。

当你把两个氧原子“焊接”到一个十八烷分子（蜡烛分子）的一端后，这个分子不再叫做“烷”，而叫做“饱和脂肪酸”。如果你能够在这个基础上用锤子“砸掉”几个氢原子，就变成为“不饱和脂肪酸”（人体每时每刻都在做着这种类似的“焊接”和“砸掉”工作）。“不饱和脂肪酸”就是鱼油、豆油；“饱和脂肪酸”就是你的皮肤。所以摸摸你的皮肤，再摸摸蜡烛，你会感到它们都有些“油汪汪”的。所以说，你与蜡烛只差两个氧原子。当对方听后，竟然惊讶得目瞪口呆，原因是她以前从来没有认真思考过“自己是什么”。

现在来回答：为什么我会去碾碎树叶？答案：我在思考“我是什么？”

为什么我要思考“我是什么？”答案是“只有知道了我是什么、心灵是什么，以及身体内的构件是如何运作的，才会深入理解如何去控制生命机能”。那么今天我们要从哪里开始思考“我是什么”呢？回答是：从控制生命机能的最基本的单位“细胞”开始。

细胞是如何控制生命机能的？答案：细胞对生命机能控制的方法是，一个细胞可以制造出“控制其他细胞”的“蛋白质”（包括氨基酸、肽类分子、胆固醇类等各种“激素”）。这些蛋白质是如何被制造出来的？答案是：细胞中的基因。那么什么又是“基因”？或者说原子、分子是如何运转而“变现”出我们的？

二、什么是基因

人体是由细胞构成的，每一个细胞包含有“23对”带有“遗传信息”的我们称为“染色体”的东西（图12-2）。每条染色体含有1~2个“DNA分子”；每个DNA分子含有上千个孤立的“功能单元”；每个孤立单元就被称为“基因”；一个细胞中总计含有约30000个基因。每个基因由超过100个以上的碱基对构成，细胞中“碱基对”的总数量是30亿对。那么是什么决定了基因会制造出拥有不同特性的蛋白质的？答案是这些碱基对的排列顺序。那么碱基对是什么？

“碱基对”指的是两对分子：腺嘌呤（A）、胸腺嘧啶（T）、鸟嘌呤（G）、胞嘧啶（C）（图12-3）。每一种碱基都是由不同数量的氧、氮、氢原子组合成的。

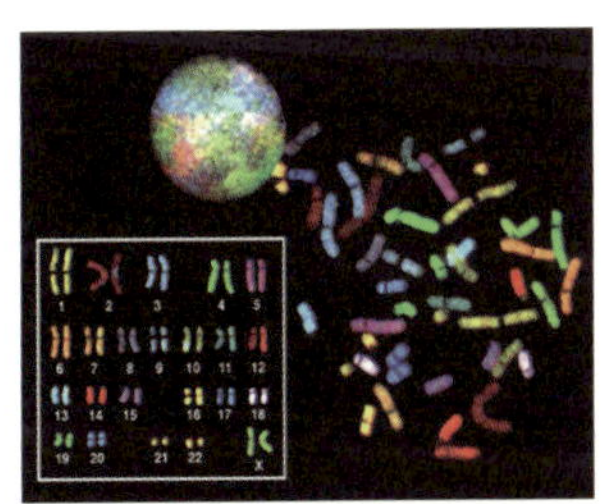

图 12-2 一个细胞中的23对染色体

比如“腺嘌呤”就是由5个碳原子、4个氢原子和4个氮原子共计13个原子构成的；“胸腺嘧啶”则是由6个碳原子、6个氢原子、2个氮原子和2个氧原子共计16个原子构成的。

碱基对在基因中的排列方式非常像“衣服拉锁”。与拉锁不同的是，基因的“拉锁”是由四种键咬合在一起组成的（图12-4）。

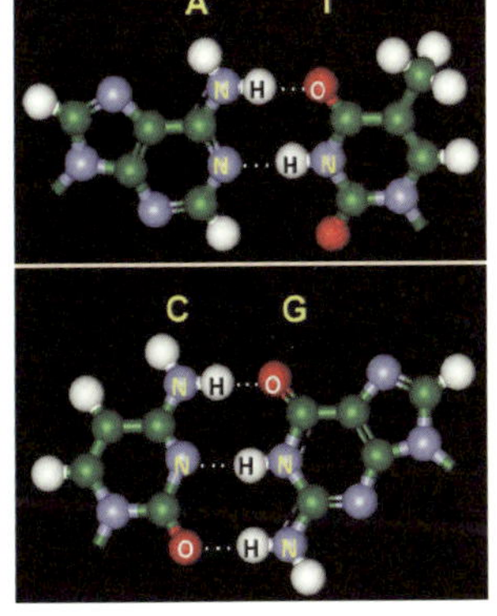

图 12-3 四种碱基分子

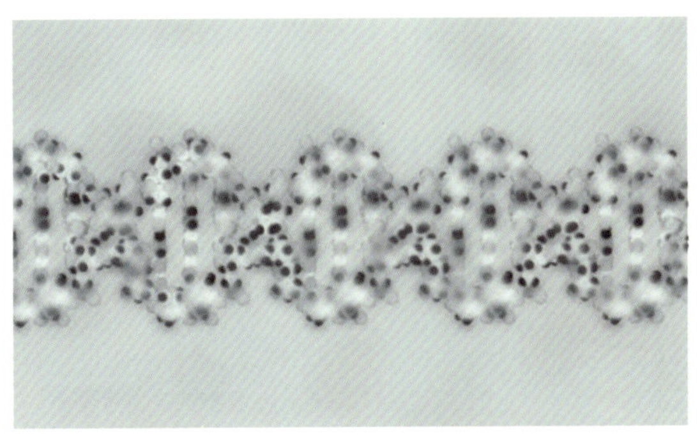

图 12-4 由碱基连接而成的基因链

那么基因是如何制造出蛋白质的？因为**基因是将氨基酸连接在一起组成蛋白质的，**所以我们先看什么是氨基酸。

三、什么是氨基酸

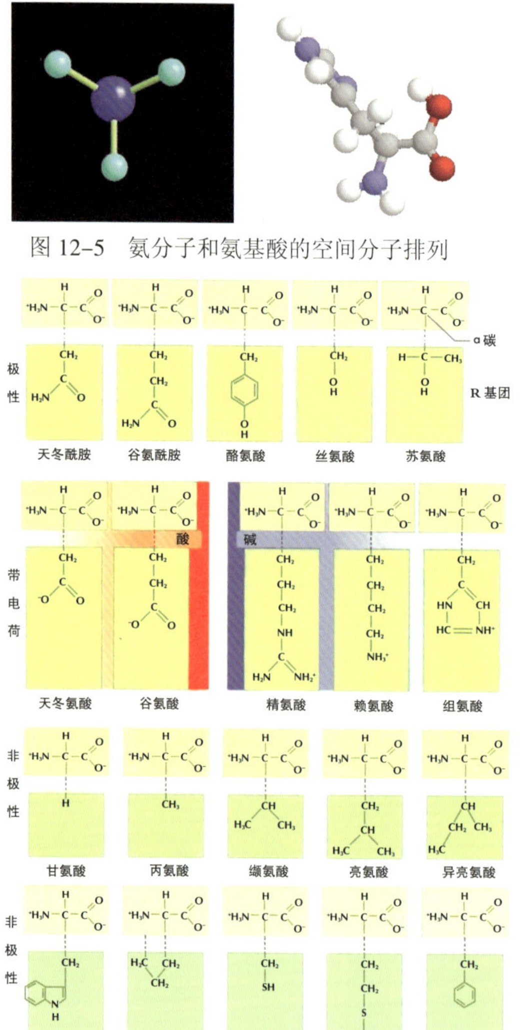

图12–5　氨分子和氨基酸的空间分子排列

图12–6　人体20种氨基酸的分子结构排列图

由1个氮原子和3个氢原子组构成的分子称为“氨分子”。氨基酸就是以氨分子为“基础”加其他一些原子（氢、氮、氧）组成的“大分子团”（图12–5）。

比如，最简单的“甘氨酸”是由5个氢原子、2个碳原子、1个氮原子和2个氧原子共计10个原子组构成的。复杂一点的如“半胱氨酸”则是由7个氢原子、3个碳原子、1个氮原子、2个氧原子和1个硫原子共计14个原子构成的。

自然界中总计有300多种氨基酸，构成人体的是其中的20多种。它们是：色氨酸、蛋氨酸、苏氨酸、缬氨酸、赖氨酸、组氨酸、亮氨酸、异亮氨酸、丙氨酸、苯丙氨酸、胱氨酸、半胱氨酸、精氨酸、甘氨酸、丝氨酸、酪氨酸、谷氨酸、天门冬氨酸、脯氨酸、羟脯氨酸、瓜氨酸和乌氨酸。

那么人体中的氨基酸来自哪里？答案：来自于我们所吃的食物，我们每天都在通过嘴吃入组建我们身体的“砖块”。

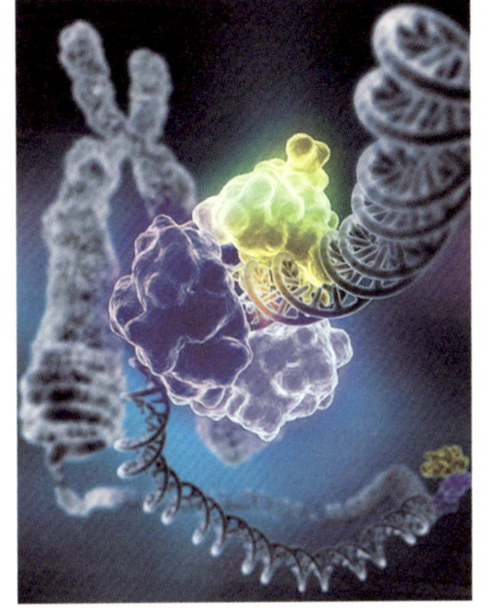

图 12-7　由多个氨基酸分子组联成的“氨基酸链”——“多肽”

四、什么是蛋白质

一个氨基酸是“一个氨基酸”；如果两个氨基酸连在一起就不再叫做“两个氨基酸”，而叫做“二肽”；三个氨基酸连在一起就叫做“三肽”；以至九个氨基酸连在一起叫做“九肽”；10~50个氨基酸连在一起的分子叫做“多肽”（图12-7）。50个以上氨基酸连在一起不再叫做“多肽”，这时就被叫做“蛋白质”了。所以**蛋白质就是由50个以上的氨基酸联结在一起组成的大分子团。**

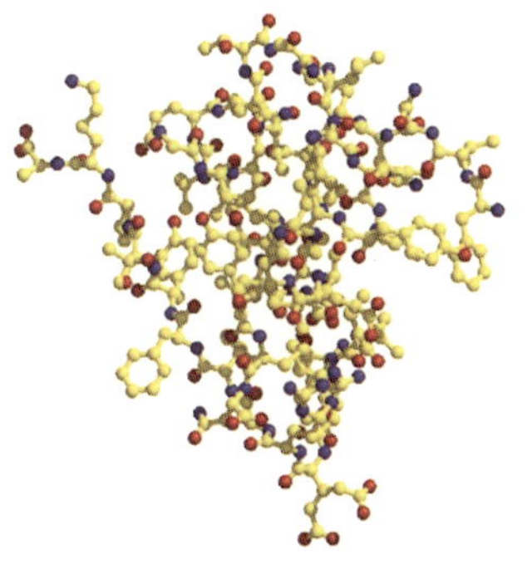

图 12-8　胰岛素原子、分子团

例如，“胰岛素”是由胰岛β细胞分泌的一种由51个氨基酸组成的蛋白质（图12-8）。我们血液中的红细胞是由550个氨基酸连在一起的“蛋白质大分子团”。

“蛋白质”是由氨基酸编排成的，那么宇宙有多少种蛋白质？

例如，请问：“老师，你多像我的妈妈……”和“老师，我多像你的妈妈……”两句话之间有什么区别？我们可以轻易看出，二者虽然文字是一样的，但所表达的意思却完全不同了。因此通过20多种氨基酸的随机排列，而其排列数目可以达到几百个氨基酸的分子团“几乎可以组合出无限的”特定排列顺序的蛋白质。由此说，拥有特定功能蛋白质的种类几乎是无限的。

五、蛋白质的功能取决于什么

如同扳手、钳子和钟表都是铁质的，是其结构决定了其功能一样，一个蛋白质具有什么功能取决于“氨基酸的排列顺序”。

比如同样是蛋白质，免疫球蛋白具有“杀灭细菌”的功能，胰岛素蛋白质有“转运其他分子”的功能，酶蛋白质有“剪切”其他蛋白质的功能，肌肉骨骼中的蛋白质是“建筑”身体的“砖块”。

氨基酸的排列位置非常关键，甚至于在一个蛋白质中，哪怕是一个氨基酸出现排列差异都会导致严重疾病。

比如，正常的血红蛋白是由两条α链和两条β链构成的。α链由141个氨基酸组成，β链由146个氨基酸组成。在β链上从末端开始第6位的氨基酸是“谷氨酸”，如果这个正常位置的氨基酸被“缬氨酸”所替代的话，那么就会直接导致红细胞由“扁圆形”变成为“镰刀形”（图12–9）。

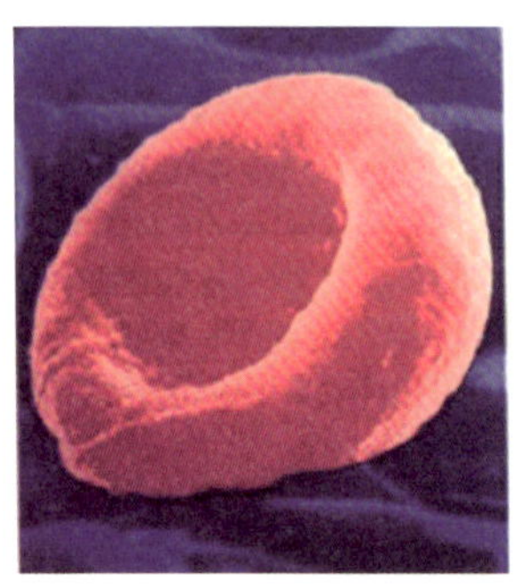
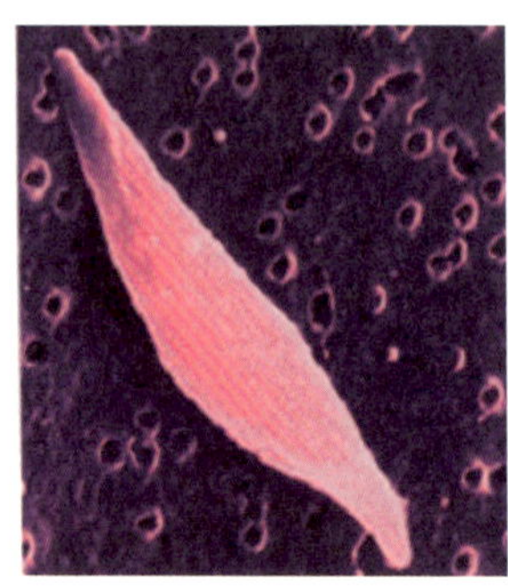

图 12–9　正常红细胞与镰刀状红细胞形貌的对比

红细胞这种形状的改变直接导致其结合氧原子的能力只有正常的一半，所以如果一个人的红细胞是“镰刀形”的话，他就会患上贫血症；同时这样形状的红细胞也不容易挤过毛细血管，结果就会导致这个人极度的疼痛。出现这种状况的人就被称为“镰刀状细胞贫血”(迄今为止还没有能真正治愈的药物)。

一个氨基酸的“排列顺序”可以决定一个人的生死，在一个分子中如果增加或减少一个原子也会导致一个人极大的变化。比如由胆固醇转化而来的含有19个碳原子的睾酮，如果由一种蛋白酶剪除一个碳原子的话就变成了雌激素（女人身体中有这种蛋白酶)。所以男人与女人只差一个原子。19个碳原子，你就能长出胡须；18个碳原子，你就能生小孩。

氨基酸的排列顺序既然如此重要，那么是什么决定了氨基酸会被排列成什么顺序呢？答案是**“基因的特定排列最终决定了氨基酸的排列顺序”**。

六、基因是如何组装出蛋白质的

当一段基因被能量启动后，就会如同“复印机”一样“复印出”一段“基因片段”，这个片段被称为“RNA”。如果把细胞比喻成“工厂”，RNA就如同带有指令信息的“图纸”。生产蛋白质的“机床”就是在细胞中称为“核糖体”的大分子团。

核糖体生产蛋白质的基本过程如图12-10所示，“核糖体亚基”依据RNA的指令(图纸)，通过“搬运工”tRNA将游离于细胞质中的氨基酸精确地排列出各种特定顺序的“多肽链”。

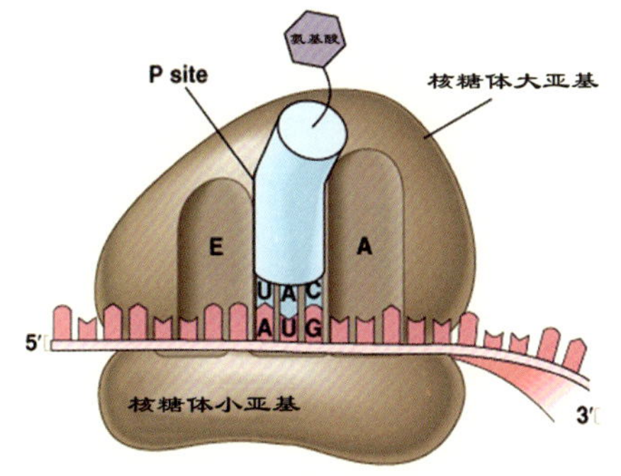

图 12-10 核糖体生产蛋白质的原理图

二肽、三肽、直到九肽可以是“链子”，但是到了多肽、蛋白质，氨基酸就会依靠其特定的排列顺序由其暴露在外部的原子具有的“电负性”而被“团”成一个球状。不同架构的“氨基酸球”就是不同的蛋白质。所以从另一方面来说，蛋白质就是一堆“由几种原子排列为特定序列的原子团”（图12-11）。在这里，我们不再感觉蛋白质像软糖一样软绵绵的，蛋白质更像是由一粒粒小石头堆积成的“石头堆”。

图 12-11　一个蛋白质就是一堆由几种原子排列为特定序列的原子团（上图为扫描隧道电子显微镜下真实的原子模样）

生命机能取决于细胞，问题是取决于细胞的什么呢？答案是“取决于细胞分泌出的具有特定功能的神经递质（多肽类）、生长激素、胰岛素、性激素、免疫因子、性激素和免疫球蛋白等一系列控制生命机能的‘中间分子’”。这些“中间分子”就是由氨基酸、肽链和蛋白质做成的。这些中间分子通过进一步激活其他细胞发生生命化学反应来实现对生命机能的控制。所以中间分子可被称为“第二级命令分子”。

下一个关键问题是：“第一级命令”是由谁发出的？也就是，是“谁”激活了细胞中的基因开始制造出各种“中间分子”的？

七、是谁激活了细胞中的基因

如果一个人死了，他身体中的任何细胞都停止了“分泌活动”，那么一个活人与一具尸体的区别在哪里？回答：区别在于神经细胞中的“电流活动”。也就是说，一具尸体虽然其身体中的神经细胞都还存在着，但是已经没有了“神经电流”的活动。

任何一个细胞（胃细胞、胰岛细胞、肌肉细胞、心脏细胞），如果没有接受到运动神经细胞传来的电流冲动的话，那么它们是不会“开工生产”任何蛋白质的。所以是神经纤维中的生物电流“点燃”了细胞（图12-12），让分泌细胞内部在瞬间产生大量的以钠离子（电磁场）为载体的电流能量。这样的能量也就启动了基因开始“制造”蛋白质的过程（实际涉及的分子生化反应非常复杂）。所以任何一个分泌细胞都是由连接它的神经细胞控制着的。这种直接连接细胞的神经细胞，我们称为“控制神经细胞”，也被称为“第一级命令”。

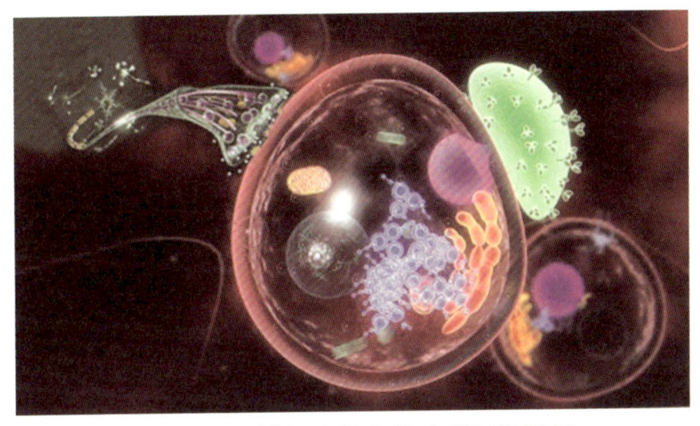
图 12-12 神经生物电流点燃细胞图示

八、是谁激活了控制神经细胞兴奋的

回答则是，“控制神经细胞”的“兴奋”是由更高级的神经细胞控制的。那么，更高级的神经细胞指的又是什么？

一个简单的神经反射通常包括三个环节：感觉神经细胞、中间神经细胞和运动神经细胞（也就是控制神经细胞）。人体所有生命机能全部在“运动神经细胞”的控制之下，某一运动神经细胞是否会被激活取决于“中间神经细胞”是否会被激活。中间神经细胞是否处于激活状态，则来自于两方面原因——低级的“感觉神经细胞”和“更高级的中间神经细胞”。下面以膝跳反射为例说明（图12-13）。

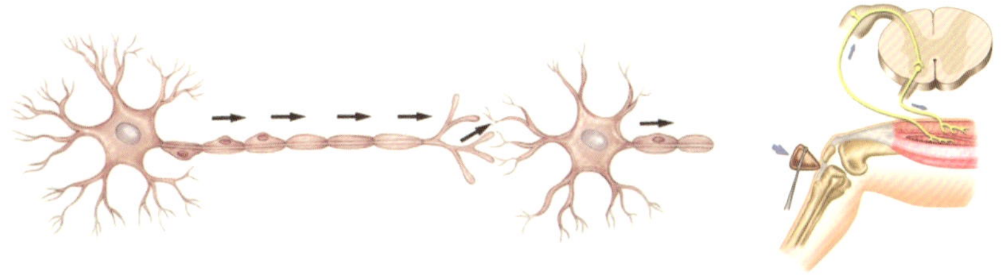
图 12-13 膝跳反射示意图

当用小锤敲击一个人的膝部，就会激发“感觉神经细胞”发生电流冲动。当这电流冲动运行到“脊髓”进一步激发这里的“中间神经细胞”兴奋时，电流冲动就会再次被传递到“运动神经细胞”，由此激发了腿部肌肉细胞发生收缩反应，这时你的腿就会弹跳起来。这种“感觉神经细胞—中间神经细胞—运动神经细胞”的反射过程比较简单，属于低级的“本能反射”。

在没有小锤敲击的情况下，一个人也可以让腿弹跳起来，这时中间神经细胞和运动神经细胞的“被激活”不是来自“感觉神经细胞”，而是来自从大脑到脊髓传过来的“神经电流冲动”。

进一步地说，脊髓中的“中间神经细胞”具有了低级智能。这些神经细胞是对感觉神经细胞的“抽象”和“精致化”的表达。再进一步地说，脑皮层下脑神经系统（丘脑、小脑、神经核）是对脊髓中的神经细胞进行的“抽象”和“精致化”表达；而“大脑皮层”是对“皮层下脑神经系统”进行的“抽象”和“精致化”表达。所以，大脑神经细胞是最高级的“司令部”。因此，更高级的“中间神经细胞”就是“大脑皮层”。

再形象一点说，“大脑皮层”如同“司令部”，皮层下神经系统如同各级“集团军”，脊髓中的“神经核”如同是“一个可以独立战斗和完成特定功能的军队”。所有的感觉神经细胞都属于“信息兵”，所有的运动神经细胞都属于投入战斗的“战士”。由此你就可以一目了然：从士兵“逆向”上推到任何一个阶级都具有激活士兵的权力和能力。唯一能够激活所有“士兵”活动的只有“司令部”。其他“阶级的权利”都是越往下越是被局限的。

九、是谁激活了大脑皮层神经细胞活动的

此时此刻你在想什么？苹果？鸭梨？或者大象和老虎？无论你现在想到了什么，都是因为大脑皮层中某一处神经反射运行了，所以才产生了“此刻你脑中的意象”。反过来说，无论你主动想了些什么，你的每一个想法都会激发与“这个意象相对应的特定的神经反射”的运行。

如同电脑的软件与硬件是对同一种东西不同层面的描述一样(图12–14)，心灵的“硬件”是“神经反射”，“软件”就是“此刻你心中的念想”，所以直接运行“软件”就会导致在“硬件”层面上发生“即时的物理变化”。

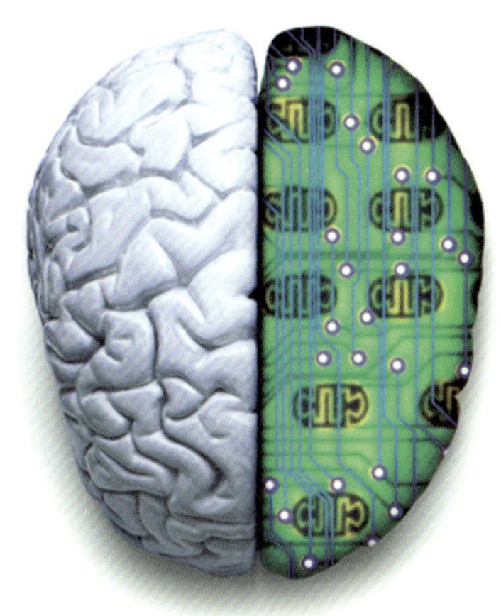

图 12–14　人脑与电脑硬件的对比图

现在，问题变得非常简单了，你完全可以通过“念想”来激发脑皮层中相关“神经反射”的运行，这种运行会进一步激发皮层下神经核中的神经程序的运行，进而激发“低级控制神经细胞（运动神经细胞）”的活动，然后再激发与特定控制神经细胞有对应联系的“生理细胞”流入“电流能量”，由此启动基因制造控制特定生命机能的“蛋白质”。比如，你现在就可以通过意念把腿弹跳一下，或者随意地去眨眼睛，或者通过想象性的内容让自己“多分泌些性激素”等等。

非常清楚地说，你的“整个大脑”控制着你身体的任何一处“神经细胞”的活动，你心中的“想法”即时影响着体内任何一处细胞内“生物化学”的活动。

既然如此，我们应当如何去控制生命机能获得健康呢？接下来要看，健康与什么有关。

第二节　脑与免疫系统

一、超级免疫力

如果一个人死了，只要几小时，身体就会被各种细菌、微生物和寄生虫侵入，一天后这个人的身体就会发臭，几天后整个躯体就会完全腐烂，只需几星期他就只剩下一具骨架了。那么在人活着的时候，是什么阻止了这“不幸”的发生？

答案是“免疫系统”。人体免疫系统有十分神奇的保护机制，专门抵御和刺杀各种细菌、病毒的侵袭，时时保护人体免遭“不幸”。

在你活着的情况下，正常免疫系统所发挥出的机能，能够保证你不会在一觉醒来后“身体会发臭”，而你只要能够在此正常发挥的免疫机能的基础上把你的机能免疫提高“1%~2%”，那么你的免疫力就会变得“非常强大”，完全避免98%以上的疾病，这包括感冒、胃炎、肝炎、癌症等各种细菌病毒的感染。

有什么方法可以主动提高免疫力？为了明确这点，我们需要了解一下免疫系统的运作机制是怎样的。

二、免疫系统基本构件

免疫系统由免疫细胞、淋巴组织、淋巴器官以及单核吞噬细胞组成。免疫系统核心构件——也是**最终对病毒细菌“执行死刑的士兵”**是免疫细胞。免疫细胞与人体内其他生理细胞有一个很大的不同是，**每一个“免疫细胞”事实上都如同是一个独立的“单细胞生物体”。它们能够在血液中自由游移的过程中“猎杀”其他细胞（癌细胞）和细菌。**绝大多数免疫细胞不能自行复制，而是由体内的“工厂”来统一制造。这个工厂就是“骨髓”。

三、免疫细胞如何刺杀病毒细菌

免疫细胞分为两大类。一类是“常规部队”——没有特定针对对象。它们是见到病毒细菌就大开杀戒的非特异性免疫细胞。这类细胞包括T细胞、LAK细胞、肿瘤浸润细胞、NK细胞、巨噬细胞等。

另一类是“特种兵”——具有特别针对对象。它们是见到病毒细菌就开始进行“扫描”，然后根据对方“盔甲”（细胞表面分子）

的特点做出专门针对（识别、穿透、附着）这种盔甲的“导弹”——抗体。然后“B细胞”就开始大量制造这种“抗体”，这样大量的病毒就被“导弹”杀灭了。这种免疫就叫做特异性免疫。

四、是什么激活了免疫细胞活性的

在正常情况下，人体每微升（如同针尖大小）血液中含有的免疫细胞数量在4000个至11000个。如同“一个处于睡眠状态的士兵是完全没有战斗力”的一样，免疫力的强弱取决于免疫细胞的“活性”。那么是什么控制着免疫细胞活性的？下面以免疫细胞刺杀癌细胞的过程为例说明。

一般情况下，人体内每天都会产生超过3000个的癌细胞，但为什么人们没有得癌症呢？原因是，你的体内每时每刻都在通过三种方式时时刻刻在“监视和刺杀”体内新生的癌细胞。

第一种方式：当“巨噬细胞”接收到“辅助性T细胞”释放的细胞因子后，就会被激活而开始“十分强力”地“吞食癌细胞”。

第二种方式：当“自然杀伤细胞（NK细胞）”被辅助性T细胞释放的干扰素激活后，就十分踊跃地开始执行“刺杀”癌细胞的工作。

第三种方式：当“辅助T细胞”被由巨噬细胞接触到癌细胞时产生的白介素-1激活后，就会制造大量的白细胞介素-2、干扰素和其他细胞因子。然后在被白介素-2激活后的“细胞毒性T细胞”发现癌细胞时，就会发射一种叫做“穿孔蛋白”的破坏性

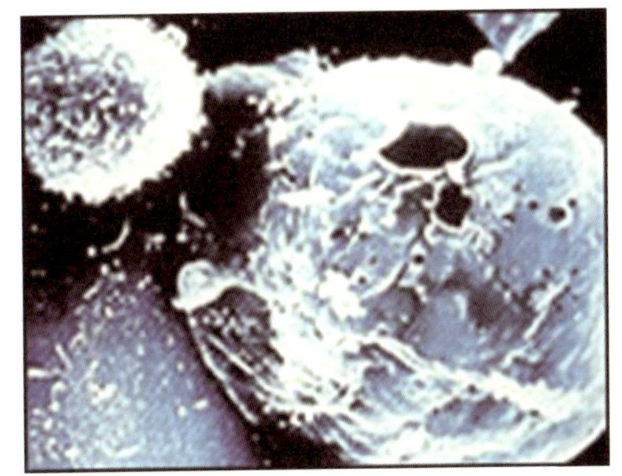

图 12-15　图为穿孔蛋白在癌细胞上打出了一个洞，癌细胞在很短的时间内死亡了

蛋白质（由基因制造），这种蛋白质就像是“炸弹”一样会在癌细胞表面炸出一个洞，癌细胞就被炸死了（图12-15）。

所以，就像一把特定钥匙会打开一把特定的锁一样，“免疫细胞因子”如同“钥匙”，而“锁”就是每一个免疫细胞表面都含有的特定受体分子。当某种免疫细胞因子与特定免疫细胞“表面受体”结合后，这个免疫细胞就被激活了。所以能够激活细胞的“信使”是各种免疫细胞因子（包括各种白介素、胸腺肽、干扰素和肿瘤坏死因子等）。

实际上，直到30年前科学家才确认免疫细胞间存在着这些种类繁多、功能奇特的特种蛋白质。到这里我们可以清楚地看到，“免疫因子”是激发免疫力的关键，那么这些免疫细胞因子一开始来自哪里呢？又应该如何主动增强分泌的量呢？

五、这些免疫细胞因子来自哪里

下面以“膝跳反射”为例加以说明。在皮肤中存在的感觉神经细胞称为“感受器”，在肌肉中存在的神经细胞及其所连接的肌细胞称为“效应器”，脊髓中的神经细胞核群就是“中枢处理单元”。感受器、中枢处理单元和效应器就构成了一个简单的“智能处理系统”。腿部肌肉细胞的最终被激活是由“神经递质”来完成的。“神经递质”是如何“激活肌肉细胞”的？

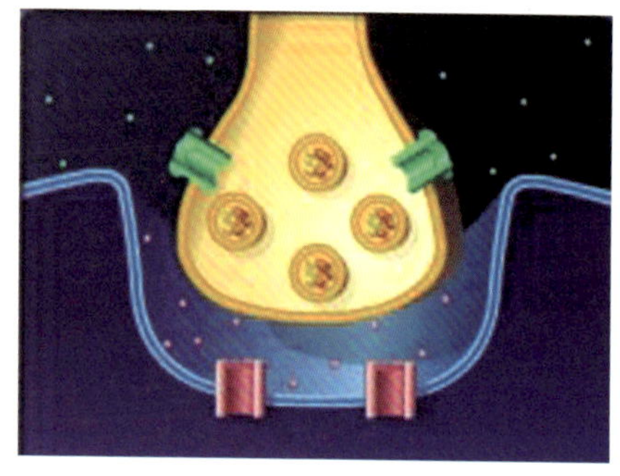

图 12-16　突触与细胞膜

在膝跳反射中，神经信息的运行路线是“膝部感受器—脊髓中枢处理单元—效应器神经细胞（也就是控制神经细胞）”，当“生物电流”运行到与肌肉细胞相连接的效应神经纤维的“末端”（突触）时（图12-16），就会释放出一种称作“乙酰胆碱”的“神经递质”（常见的神经递质包括乙酰胆碱、谷氨酸、甘氨酸、多巴胺、γ-氨基丁酸等几十种）。然后，神经递质分子抵达肌肉细胞膜上，与上面的“受体分子”结合，由此改变受体蛋白分子的构形，这样就如同打开了一道“门”，细胞膜外大量的带正电场的钠离子（由你所食用的食盐而来）瞬间就会涌入到细胞内，生物化学反应瞬间爆发了，由此即引发了肌肉细胞的收缩和腿部的“弹跳反射”。

在整个膝跳反射过程中，我们可以清楚地看到，决定释放神经递质的根本原因是一开始“感受器”的被激活，而现在我们最关心的、也是最关键的问题是，免疫系统中的“感受器”是什么？是谁激活了“免疫感受器”？

当人体受到极微量的病毒、细菌侵袭时，存在于肝脏、脾脏、骨髓、淋巴结、肺泡及血管内皮处的大量“吞噬细胞”，首先发现“敌人”并对之吞噬杀灭（吞噬细胞内含有“溶酶体”，其中的溶菌酶、活性氧物质、活性氮物质直接杀死病菌，蛋白酶、核酸酶、脂酶则像“火炉”一样将细菌体熔解）。

如果病毒细菌没有得到有效控制而开始大量繁殖时，吞噬细胞在吞食细菌病毒后，就会把“敌人的尸体碎片”（抗原）提交给T细胞、B细胞（B细胞开始依据抗原为模板制造与之对应的抗体），同时巨噬细胞会释放激发其他免疫细胞的各种“免疫递质”（注：为了与“神经递质”相对应，所以用“免疫递质”来表示调控免疫系统的“信息分子”）——白介素、干扰素。这样免疫系统就像被捅了的“马蜂窝”，细胞毒性T细胞、辅助性体细胞、LAK细胞、NK细胞、更多的“巨噬细胞”都将被迅速激活，在它们“刺杀敌人”的同时，还会释放出大量的自己所特有的“免疫递质”（白介素、干扰素），这样更大量的免疫细胞及整体的免疫系统都被进一步激活了。

免疫递质在激活整体免疫系统的同时，会把自己的“战斗情况”上报给大脑。那么免疫递质是怎么上报给大脑的呢?

例如，你在真实上是无法“摸到”冰是有多么凉的，因为当你的手摸到冰时，冰会激活你手上、皮肤对冷热敏感的神经细胞发放电流到脑神经系统中，所以才会让你体验到“冰凉”的感觉。也就是说，我们摸到的不是冰的“凉”，而是一个对“冰凉”敏感的特定感觉神经传入的“电流冲动”。

同样机制，生命机体中存在着大量对“免疫递质”敏感的神经细胞（如同对“凉”敏感的触觉感觉神经细胞），当这种特定的对免疫递质敏感的“免疫递质感觉神经细胞”被“免疫递质”（如同冰的温度）激活后，就会被转化为“生物电流”上传到调控免疫系统的大脑中枢的相关皮层，由此大脑中枢马上就会对“危险”做出反应（如同部队将前线战争情况上报给中央，中央会调兵遣将集运粮草给部队强大支持一样）。

比如当一个人感冒时，大脑在接收到“免疫递质”的信息后，会激活下丘脑处体温调节中枢，让人的体温暂时升高1℃~3℃，以便抑制感冒病毒的复制速度。

最关键的是，大脑也会同时发出以电流信息为载体的各种指令信息，激活免疫器官（骨髓、胸腺、脾脏、淋巴结），让它们开始大量制造免疫细胞和分泌出大量的可以进一步加强激活其他免疫细胞的“免疫递质”。

近年来让科学家感到惊奇的是，大脑不仅通过激活免疫器官去分泌免疫递质，而且大脑神经系统也会分泌出直接控制免疫细胞活性的“免疫递质”。比如心理神经免疫学研究发现，许多神经递质同样具有激活免疫细胞“活性”的作用。这也就直接证明了，大脑神经系统直接分泌的相关的“神经递质”控制着人体免疫力。

事情已经变得十分清楚了：如果医生用小锤敲打你的膝盖会引

发你腿部的弹腿反射，同时你也可以通过意念把腿弹跳起来一样，病毒细菌的入侵可以激活你的免疫系统，同时你也可以通过意念激活你的免疫系统的“腿”，使其弹跳起来。

因此，激发免疫细胞活性的免疫递质来自于两个地方：①被病毒细菌和其他免疫细胞刺激后，免疫细胞会自己分泌免疫递质。②来自于脑神经系统分泌的免疫递质和神经系统刺激免疫系统器官内细胞分泌出的免疫递质。**无论来自于哪方面的刺激，最终启动的都是免疫细胞或神经细胞内的基因开始制造氨基酸、蛋白质类“免疫递质”。**

最后的科学事实是：我们可以通过大脑主动刺激免疫系统大量分泌“免疫递质”和控制激活免疫细胞的活性，进而极大地增强自己的免疫力，治愈严重疾病和获得健康。那么下一个问题是：如何去运用“大脑”呢？

第三节 如何学会训练控制免疫力

一、心灵的可塑性

在电脑中，软件指的是电脑的程序，硬件指的是电脑电路板中微电路的结构（图12-17）。电脑微电路结构之间的联系是固定的，

图 12-17 电脑电路板微电路图与神经细胞图

是由人直接设定的，因此电脑程序无论怎么运行都不可能制造出“新的电路连接”。就是说电脑的功能是“死的”，是被事先限定了的。人脑则完全不同，人脑是“活的”，是有意识的；人脑有一个“自由意志”，可以“随意”连接神经细胞之间的联结。比如，一个人可以瞬间记住一句话，也可以一次就学会把篮球投入篮中，还可以很快学会与人对弈象棋。而由电脑控制的“投篮机器人”只能去投篮，它要想学会“对弈象棋”，则必须需要人重新设计它“脑中”的程序。所以电脑只具有人们为其设计制造出的“刻板”能力，而我们的大脑神经系统具有几乎无限的“可塑性”。

在前文中，我已经清楚说明了在20年前世界心理学界发展出的“心理神经免疫学”，阿德尔已经十分清楚和确定性地通过“条件反射”证明了生命机体免疫系统完全受着人类脑神经系统的控制，同时，阿德尔实现了通过“条件反射实验”建立起了激发或抑制免疫系统活性的条件反射。

现在最关键的问题是：如何在我们的脑中塑造出控制某个特定生命机能的“神经程序（心灵程序）”？或者更清楚一点地说，如何塑造出一个控制免疫系统的“神经反射”？为了能够清楚理解，我们需要知道能够塑造脑神经系统的两种机制：经典条件反射和操作条件反射。

1. 经典条件反射。

条件反射分为“经典条件反射”和“操作条件反射”。经典条件反射是诺贝尔奖得主俄国生理学家巴甫洛夫在对狗所做实验中发现的。其实验过程是，把食物显示给狗并测量其唾液分泌量。巴甫洛夫在这个过程中发现，如果随同食物出现的同时伴随着一个与分泌唾液无关的刺激（如铃声），狗就会逐渐“学会”只有铃声但没有食物出现的情况同样会“分泌唾液”。

一个原来毫无关系的刺激与一个能引起某种反应的刺激相结

合，使得动物学会对那个“无关刺激”也做出同样神经反射反应的过程就是“条件反射”。

从另一方面来看，如果机体不具有分泌唾液的非条件反射，狗就永远不可能形成相应的“条件反射”。所以条件反射是生命机体适应环境变化过程中在非条件反射基础上形成的反射。条件反射的本质是“非条件反射”。

2. 操作条件反射。

“操作条件反射”由美国心理学家斯金纳提出。其原理是，在一个木箱内装有一个操作用的杠杆和一个提供食物强化的食盘。只要动物触碰到杠杆，食物盘就会出现一粒食物，结果动物就会逐步学会主动去按压杠杆以获得食物。这种先由动物做出一种操作反应，然后再受到“强化”，进而使受强化的操作反应概率增加的现象就是“操作性条件反射”。由此，斯金纳提出人和动物有两种“习得性”条件反射行为：一种是通过建立“经典式条件反射”方式习得的“应答性行为”；另一种是通过“操作式条件反射”习得的“操作性行为”。包括人类在内，任何动物的学习过程都是从这两种条件反射方式中获得的。

非常清楚地说：此时此刻，你脑中呈现出的任何“想法”（等同于意念、思念）都是“条件反射”。因为在你生下来时，脑中是没有什么“想法”的，你只具有非条件反射的能力。也就是说，从会叫妈妈开始到现在你脑中的任何“想法”都是后天习得的。那么你是如何习得的呢?

因为经典条件反射是“被动”接受刺激的学习方式，而操作条件反射是“主动”激发刺激的学习方式，所以对于一个动物来说，90%以上的学习获得的神经反射都是通过“经典条件反射”的方式习得的。但对于人来说，因为人极具主观能动性，所以你的“思想”90%以上都是通过“操作性条件反射”习得的。例如，你会去主动看书、主动聆听教育内容、主动练习获得一种技能、主动去想象任何一个情景（而动物则没有这种能力，因为只有在遇到情况时，脑内才会呈现出相关“意象”）、主动去思考一个问题、主动去学习任何一个东西，以便形成自己的思想。

二、如何塑造控制免疫力的神经程序

最终的问题出现了：如何去把你脑中的主动产生的意象与控制免疫能力的那部分脑在神经系统层面上（等同于“心理层面”）获得连接呢？也就是说，如何去建立一个“只要你一去想象某个意象，就会激发控制免疫能力的脑神经的被激活”，而进一步激活免疫系统呢？

你的大脑由1000亿个神经细胞组成，你脑中的任何思念、想法、控制任何生命机能的神经反射都是神经细胞之间的连接模式。在你出生之前，控制生命系统中的反射都是先天性的“非条件反射”，现在你脑中所有的“思念”都是后天形成的，所以都是“条件反射”。

条件反射之所以会存在，或者说条件反射存在的意义只有一种：能够激发出“非条件反射”的反应，所以条件反射是为了非条件反射“而存在的”。每一个条件反射都与某一个非条件反射直接相连，你的每一个“条件反射”都会激发某个特定的非条件反射的反应。

从以上我们可以清楚地看到，能够将两个原来无关的神经细胞连接在一起的模式是（即形成条件反射的方式只有两种）：经典条件反射和操作条件反射。所以如果要想建立一个可以激发免疫系统的神经联系，也必须通过这两种建立条件反射的方式进行。那么如何通过训练在脑神经系统中建制出可以控制激发免疫力超强发挥的技能呢？

1. 经典条件反射的建制。

经典条件反射的公式是：无关的条件刺激→非条件刺激→非条

件反射。

例子：

第一步：铃声→食物→狗流口水。

第二步：铃声→流口水。

因此建立激发免疫力的方式是：第一步：铃声→能够激发免疫力的刺激物→免疫力被强力激活处于巅峰状态。

第二步：铃声→免疫系统处于被激活的巅峰状态。

现在的关键问题是：让狗流口水的非条件刺激物是“食物”，而能够激活免疫力的“非条件刺激物”是什么？

更清楚地说，要想建立一个激活免疫能力的“条件反射”，免疫系统的激活状态必须要在明显超出“常规发挥状态”的情况下才能够建立起激发免疫力的条件反射——也就是你的免疫力必须要在被“强力激活”的状态过程中，条件反射才可能被建立起来。所以问题是，我们怎么知道自己的免疫能力在何时处于被“强力激活”的状态呢？进一步地说，在什么样的情况下，什么样的刺激物会激发免疫系统处于“强力的激活状态”？

在和平年代，国家的军队会处于监视、警觉和小规模的冲突当中，而一旦有大规模的入侵者，整个的国家军队才会处于全军作战中。人体也是一样，保护我们人体的“军队”当然就是免疫系统，一般情况下，人体免疫系统处于监视、警觉和小规模的战斗中，而一旦遇到大规模的入侵，免疫系统就会处于“全面激活”的状态。

那么入侵人体的“敌人”是什么？很简单，就是病毒细菌。所以机体每一次被细菌病毒大规模侵袭的时候，就是免疫系统被强力激活的时候。最经常出现的大规模的“侵袭者”就是感冒病毒，所以一个人的每次感冒，都会激发免疫系统处于“强力被激活”的状态当中。

进一步地说，感冒过程是建立能够激发免疫力条件反射的最佳时机。如何建立呢？我们再看建立条件反射的公式：配合刺激：铃声→食物→狗流口水。条件反射：铃声→流口水。

所以在发生“食物→狗流口水”的过程中，任何“类似铃声”的刺激都具有成为建立条件反射的“条件”。而建立能够激发免疫系统的“条件”，同样可以是在感冒过程中遇到的任何刺激，比如“看电视、唱一首歌、服用一种药物、嗅到花香、吸一支烟、思考一件事情、想象一个情景”等。因此，凡是你能够想象得到的刺激都具有与激发控制免疫系统的神经系统的结合能力。

但是，为什么在我们每一次感冒痊愈后，那些在感冒过程中曾经经历过的刺激没有形成激发免疫能力的“条件”呢？原因来自于两个方面：强度和消退。

（1）**强度**。

如同要想把两根铁棒焊接到一起需要将焊接位点的温度达到800℃以上一样，要想把一个“无关刺激”与非条件反射的反应“焊接”到一起，“无关刺激”激发脑对它的关注强度也要够“温度”才行。

进一步地说，在一个条件反射被建立起来的过程中，并不是每一个伴随非条件反射而发生的无关刺激都会成为条件反射中的“条件”。只有那些强度足够大，能够获得脑将能量聚集中到这个刺激上的刺激，才会获得让脑将这个无关刺激“焊接”到非条件反射上的机会。

比如，在把食物呈现给狗的同时，除了铃音以外会有许多的刺激发生，如风吹了狗毛、小鸟的叫声、汽车与人的声音、狗的呼吸，但是为什么只有铃音会成为“条件”？答案是：铃声的刺激强度足够大，以致引发了大脑对它的“注意”。

（2）**消退**。

什么是条件反射的消退？

在经典条件反射中，当某一个条件反射被建立后（铃声→流口水），如果引发非条件反射的刺激（食物）长期不再伴随条件刺激（铃声）的出现，那么铃声对唾液分泌的反应就会越来越弱，直到最后消失。这一过程就被称为条件作用的消退。条件反射消退的原因来自于两个方面。

一方面，在“神经程序层面”上条件反射的消退。这一消退不是业已形成的条件反射的消失，而是由于铃声多次没有伴随食物出现的情况下形成了另一个“条件反射”——即形成并建立起了抑制“铃声→流口水”这一条件反射的“反射”。

另一方面，在“神经细胞层面”上条件反射的消退。这一消退的原因是缺乏重复的操作。就是说，一个条件一旦通过多次与非条件反射形成“条件反射”后，如果长期得不到重复操作的话，这个条件反射就会逐步消退了。其消退的机理是：两个神经细胞间一旦形成联系，如果长期不被“关爱”激活的话，就会逐步“分手”。

根据以上两点，可以清楚地看到，我们在感冒过程中发生的“无关刺激”之所以不会成为能够刺激免疫能力增强的“条件”原因如下：

第一，这些刺激的强度不够。

第二，因为没有“重复地”强化刺激，所以即便有所形成，也会被“消退”。比如，感冒过程中及痊愈后，我们很难重复去操作同一个特定刺激：唱同一首歌、看同一部电视、嗅同一种花香、思考同一件事情、想象同一个情景。

那么如何通过经典条件反射的方式建立可以激发免疫能力的条件反射呢？

事情已经很简单了，方法是：

第一，条件刺激的强度要够；

第二，条件刺激要“重复配合”非条件反射。

那么在一个人的感冒过程中，什么样的刺激具有“极强的”可操作性呢？

在凡是能够刺激“眼耳鼻舌身意”的强烈刺激都具有成为条件反射中“条件”的框架下，我们看什么样的刺激可以作为预选。可以作为预选的有：喝糖精水、听同一首曲调强烈的歌、一个强烈的意念、念同一句话（阿弥陀佛）、重复听到同一声调的鼓声、看同一部电视剧（如同睹物思人样的机制）等。

人类的进化，让大脑对重复出现的刺激进化出了一种防御机制：对自然界中重复出现的刺激会产生疲劳，以致对其敏感性会逐步下降。那么在以上刺激中，哪一种刺激最适合我们用来操作？

想象一下，假设你每天都在听着同一首歌、重复听到同样的鼓声、重复看同一部电视剧，那该有多么令人心烦呢？所以最适合作为刺激的是**想象一个情景**（注：对想象的“精致化”就是“意念”）。原因如下：

第一，“想象”可以招之即来，挥之即去，所以是最方便操作的。

第二，“条件反射”的建立需要一个非常重要的条件，即引发大脑注意的“强度”。人脑每时每刻接受到的信息量是巨大的，而只有百万分之一的信息会得到脑的注意形成你脑中的“意象”，所以凡是在人脑中形成意象、意念的信息，其刺激强度都足以达到焊接非条件反射所需要的“800℃”(实际在我们感冒过程中，每一个意念都具有激发免疫能力的作用，然而这些意念之所以最终没有起作用的原因是，我们不是每一次感冒都会想着同一个意念，而我们感冒过后从来没有想着去重复操作这个意念以激发免疫能力)。

既然确定“想象”是最好的“刺激”，但是重复什么样的想象是最好的呢？

比如，重复“想象”咀嚼“山楂”行不行？

答案是：不行。因为这更多的是会让我们流口水；重复想象老虎或一只苹果的意义也不大。重复念叨“阿弥陀佛”是可以的，但是这个词句不具有针对性。而**“想象自己的免疫细胞正在刺杀病毒”**是最好的，因为其与我们要想达到的目的直接相关，而且具有精准的针对性。

所以，要建立可以激发免疫能力条件反射的“条件刺激”，最佳的首选是“想象免疫细胞正在刺杀病毒”。

注意：不要怀疑自己没有这种建立条件反射的能力，因为就算是一种被称为加利福尼亚海鼻涕虫的蜗牛，虽然脑神经系统只有20000个神经元，但它照样可以通过经典条件反射的机制建立条件反射，获得对它自己生命机能的控制（正因为如此，才让现在的神经科学家经常利用这种蜗牛的脑来研究有关脑神经系统学习的情况）。而你脑细胞的数量是这种蜗牛脑细胞数量的500万倍，所以你的大脑更具有这种能力，而且是超强的。

2. 操作条件反射的建制。

操作条件反射公式：

第一步：按压杠杆（无关刺激）→食物出现在盘中（反应）→刺激获得强化（按压杠杆成为有关刺激物）。

第二步：经过多次配合后，就会形成牢固的神经心理联系：按压杠杆（无关刺激）→食物出现在盘中（反应，即是“正反馈”）→更强烈地去按压杠杆。

应用在激活免疫系统方面，可以进行如下配合：

脑中想象一颗山楂会让你流口水，想象玫瑰花会让你联想到爱情，想到初吻会让你分泌性激素，想到失恋或一只张着血盆大口的老虎会让你大量分泌肾上腺素，那么要想激发自己的控制免疫脑皮层中的神经系统，我们应当去想什么？

很简单，你不会想象一个鸭梨，因为想象鸭梨只能让你的脑及生命系统产生对“鸭梨”的反应——如流口水，你也不太可能去想象免疫系统变得虚弱无力，那么会去怎么想呢？回答：**只有去“想象”免疫系统变得非常强大和在强劲有力地“刺杀病毒”，这样才会激发你的免疫系统。**所以用“操作性条件反射”去操作激发免疫力的配合是：想象免疫细胞在刺杀病毒细菌（无关刺激）→免疫细胞被强力地激活（检测不到）→无强化（没有反馈）。

从以上可以清楚地看到，这种“操作条件反射”有一个弊端：如果你用手去投篮球，会通过“每次投篮是否会投中”以及“差多少会投中”的强化刺激（强化分“正强化”和“负强化”）为“反馈”，调整你下一次投篮时手臂肌肉的用力力度及方向而获得准确将球投入篮中的技能。但是“想象免疫细胞正在十分强劲地刺杀病毒癌细胞”却无法获得病毒癌细胞被大面积歼灭的反馈。就是说，我们通过想象去操作了，但是却看不到免疫细胞被激活的“反馈”（也就是说这种配合只有操作而无强化），那么我们又依靠什么来强化操作的强度呢？

三、如何获得操作性条件反射的正反馈

几天前曾与一位居士对话如下：

某居士：老师最近在写什么文章？

高月明：关于如何控制生命机能的文章，已经写了快两万字了。

某居士：请问老师如何控制生命机能呢？为什么会写这么多字？

高月明：如何控制？方法很简单。现在你把手举起来，你可以做到吗？

某居士：当然可以啊。

高月明：好！就这么简单。

某居士：啊?！既然这么简单，怎么还要写那么多的字呢？

高月明： 因为我们控制“把手举起来”是很简单，但是如何举起免疫系统活性的“手”却是十分艰难的。艰难的原因，让人感到不可思议的并不是我们没有这个能力，而是人们“从来没有去尝试过”，所以要用许多文字来让人们相信我们真实地拥有这个能力，而且只要用一个如“抬手一样简单”的动作就可以进行操作。（对话完毕）

1. 为什么人类会“忽略”这种能力？

原因是，人类绝大部分的思想行为都由“操作性条件反射”习得的，而建制出操作性条件反射的关键是“反馈”。如果没有“反馈”的强化作用，操作的“强度”就会逐步减弱直至最后消失，所以对于一个反馈微弱甚至看不到反馈的“神经反射”，几乎没有人想着去操作它。

比如我们的呼吸是自动运行的，所以呼吸是一个“非条件反射”。我们也可以通过主动的意识控制让自己做几次“深呼吸”，这种主动控制是后天形成的条件反射。我们之所以会轻易形成这种条件反射，是因为我们可以对呼吸的整个过程中所发生的一切变化，通过胸部、肺部的感觉神经细胞时时监测作为强化刺激。同时，我们可以通过这些监测反馈回来的信息，随意调整呼吸的频率和深度。假设没有这种监测的话，我们当然也不会被“憋死”，因为呼吸系统会自行运作（比如植物人的呼吸是正常进行的），但是，我们就不会对呼吸做出尝试性的控制，也不会获得有意识做出“深呼吸”的技能。而“免疫系统”就如同是我们监测不到的另一“呼吸系统”。人体中的任何机能都是在大脑的控制之下的，我们之所以没有去开发训练这些生命机能（免疫力及各种器官内所分泌的激素），就是因为我们用眼睛或其他感觉监测不到其反馈，所以就都被忽略了。

最终在没有反馈的情况下，我们如何对本能神经反射控制下的生命机能做出训练，就是下面我要谈的关键内容。

2. 物质的思想。

当手指被针刺到时，你会感到脸部疼痛吗？你能够分辨出针刺部位是指尖还是手掌处吗？你是否有分辨出猫叫和狗叫的能力？你是否会学会将线精准地穿入针孔内？你是否会区别“男”与“女”这两个字所代表的意思？你是否能够对行驶过来的汽车速度做出明确的判断？

现在脑科学研究的技术已经可以对人脑中的神经细胞做出非常细微的监测，这样的监测已经证实，你每时每刻所接收到的刺激，都会激发脑内一个特定的“感觉神经细胞”的活动，而你的每一个动作也都是由脑内运动神经细胞的激活所激发的。

你的一切思想、行为和感觉都与脑内相关特定神经细胞的活动有“精准的”对应；没有任何一个思想、行为和感觉能够超越脑神经细胞的活动而独立发生。所以你之所以能够分辨针刺的部位、分辨狗叫与猫叫、能够精准地穿针引线、分辨汽车的速度、知道男与女的不同，关键就是你的大脑皮层中都有表征这些刺激的“神经细胞”。

所以，**思想并不是“虚无缥缈”的东西，而是基于以大脑处理神经信息为物质基础的物理过程。**就像关闭开关、电灯就会灭掉一样，如果我们截断了某一神经通路，与之相对应的“心意”（思想）功能也就停止了。比如脑科学家在一个人说话的时候，通过电极刺激方式造成相关神经系统的传输短路，就可以直接让说话者无法说出一整句话或计算不出平时很容易计算出的算术题。

再比如，脑科学家研究显示：一位大脑损伤的患者听音乐时，分辨不出是伤感的还是欢快的音乐（她失去了辨别“音乐情感”的判断），然而他们还是会看着悲剧而落泪。就是说仅仅是“辨别判断”音乐与情感联系的神经线路被损伤中断了，其他神经线路（音乐引发情感体验的非条件反射）则一切完好。

所谓“重复的训练会导致肌肉的强大”，脑神经科学研究显示：用一个月装修你的房子，将导致你代表“家具”脑区的扩大，而在动物园工作一个月将改变代表“动物”的脑区的深度和广度。任何的训练都会导致从“器官”到表征控制此器官的脑皮层中特定神经程序的变大、变强。

所以你脑中的每一个想象出的“意象”都会激发与此意象内容直接相关的“神经反射”，同时也都会激发相应神经反射所控制的“生命机能的生理反应”。最终，**“想象”可以主动地、有意识地启动脑内引发特定的“物理过程”，而这才是真正的心灵力量。**

3. 看不到但却存在的反应。

在现在的“心身”科学实验中，让一个人想象自己的初吻或者有关“性”的内容，一分钟后对其进行抽血检验，在他血液中会检测出性激素比一分钟之前有大量的增加，这是我们在血液检测仪器上看到的“反馈”，这个“反馈”就是操作条件反射中的“强化刺激”。实际如果不通过血液检测仪的检测，仅通过身体上的反应也会获得这种“强化刺激”。

比如，任何一个人在努力想象有关“性”的内容时，他的生殖器就会即时产生强烈的反应，这种控制不同于肌肉运动中“神经细胞直接连接肌肉细胞”的控制，而是由“神经细胞—生理细胞—激素—生理细胞”来控制。也就是说，最后控制生理细胞的信息介质是由“激素”来控制的。所以从另一方面来说，如果一个人不分泌性激素的话，他的性器官是不可能获得“激活”的。而这种“激活”由于是要分泌相关的激素（比如胰岛素、肾上腺素），并且要随血液运行到相关器官内，就需要一个反应时间，所以这种激活过程相对于把手举起来来说，是缓慢和逐步发生的。比如让一个人直接用“意念”让自己的“性器官”出现性反应是不可能的，他只有去想象与此有关的内容时，其生理器官才会逐步引发强烈的反应。

进一步地说，**激发免疫能力的方式也是最终由“激素”为介质激活的**。而激活的过程也是缓慢的，那么有多“慢”呢？现在的心理生命科学同样证明，当一个人努力想象自己的免疫细胞在刺杀病毒时，一分钟后，检测血液后就会发现激发免疫系统的激素“干扰素、白介素”量的明显增加。由此而来，免疫细胞的活性也变得明显活跃起来。

如果通过想象激发免疫系统能够有一个“有如练习投篮球”一样“反馈”的话，人类在进化到“拥有可以用手扔石头的能力”的时候，就会有人通过“想象去操作激活免疫系统”的方法去治愈疾病了。所以正因为这种反馈“非常隐秘”，所以只有在科学飞速发展的今天，当人们了解了自己的生命系统，进一步确认了脑神经系统与免疫系统之间直接确定的联系之后，才会出现有人对通过想象去激活免疫系统的超强发挥做出尝试，并获得积极有力和确定性的结果。

所以在日常生活中，一个“会去应用通过想象激发免疫能力超强发挥的人”是极为罕见的，因为只有极少数的人相信可以通过“心灵”激发免疫反应，所以也极少有人会做出“尝试”。在现实生活当中，能够通过这种方式获得健康的人则更为罕见的原因，是因为只有极少数人能够在没有“正向加强反馈”的情况下，去恒久地坚持努力下去。绝大多数人都是“半途而废”，因为人们很容易怀疑和否定自己。

所以在用“操作性条件反射”去控制生命机能的方式中，有“十分明确的反馈”就会加强对操作性条件反射的操作——比如练习投篮球，但是对于非肌肉性生命机能的控制——分泌激素、免疫递质，因为在我们身体上能有的感觉能力范围内无法获得正反馈，就需要我们以坚定的信念、信心来强化支持其“重复的操作”。而坚定的信念、信心来自于你对自己生命系统的学习理解。

那么具体如何去操作呢?

四、如何想象才能激发强大的免疫力

一个人吟念一首诗的时候，会激活与“诗词内容”相对应的脑皮层细胞及其所连接的生命生理细胞的活动。一个人回忆第一次被狗咬到的情景时，他的肾上腺激素会瞬间大量释放。无论是念诗还是回忆被狗咬的情景，都是“想象”的过程。所以，是分泌性激素，还是分泌由恐惧引发出的肾上腺激素的关键取决于“想象的内容”。

所以，一个人只要了解免疫系统的运作机制并去想象“免疫细胞极度活跃地刺杀病毒细菌”，那么这种“想象”就会激活大脑皮层相关区域，然后会继续激活“下丘脑、垂体”区域中直接与控制免疫系统对应的神经核的发放神经电流到控制免疫系统的神经细胞的兴奋，由此激活免疫系统产生反应分泌出的各种神经递质、免疫递质，从而再一次激活在血液中巡弋着的免疫细胞。然后一切都被启动了，免疫系统会制造出更多的免疫细胞；而被激活的免疫细胞会分泌出更多的“激活其他免疫细胞”的各种“干扰素”。这样，免疫系统的活性会在短期内获得极大增强，而这一切的一开始源自于一个人的“想象”。所以下面我们就要看免疫系统的运作机制是怎样的，以供你用来想象。所谓“知己知彼、百战百胜”，我们先看我们的“敌人”：病毒与细菌。

1. 病毒与细菌。

人体是由一百万亿个细胞构成的，所以人是一个多细胞“生物体”。而细菌（图12–18）则是由一个细胞组成的完全独立的生物体。虽然一个细菌的身体只有人类细胞的1/100大小，但其繁殖速度却比人的细胞快多了，一个细菌只要几个小时就能复制出几百万个“自己”。如果把人体比喻成

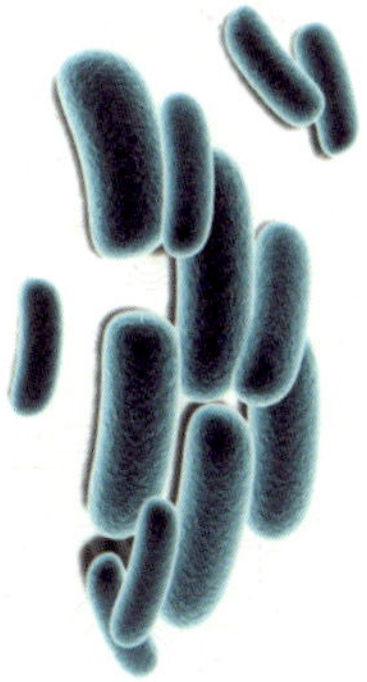

图 12–18　细菌照片

“海洋”，细菌就如同遨游在我们身体“太平洋”中的鱼。

与细菌不同的是，病毒（图12-19）却不是生物，只是由一些蛋白质包裹着的DNA片段。人体DNA由30亿个“碱基对”组成，而病毒的碱基对只有100万个。所以病毒没有能力制造更多的东西，它要想繁殖自己，就必须要接近人体细胞，将自己的DNA注入人体细胞，然后病毒的DNA利用人体细胞中的营养物质开始“复制”新的病毒微粒。最终，人体细胞不是迸裂死亡释放出大量的新病毒，就是新病毒颗粒从细胞膜被析出，人体细胞依然存活，这时我们的体细胞就成了“病毒工厂”（图12-20）。

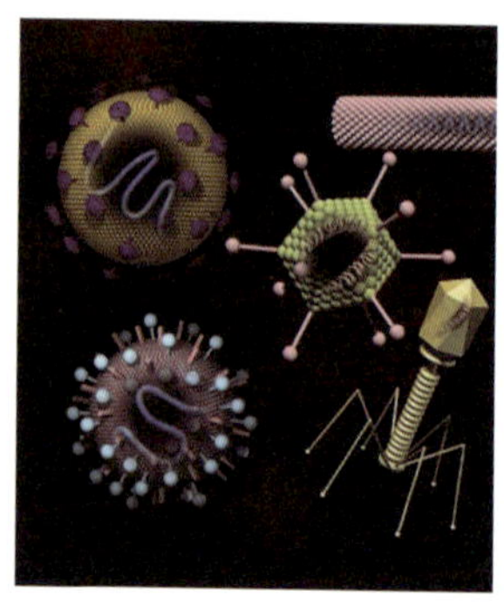

图 12-19　各种类型的病毒

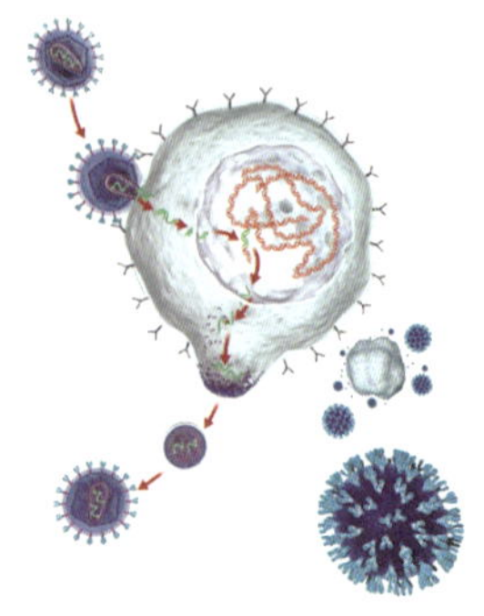

图 12-20　病毒在侵入、繁殖和离开细胞的过程

2. 如何想象。

下面以我为例，说明如何通过想象去激发免疫力。当时我学习了以下三点内容：

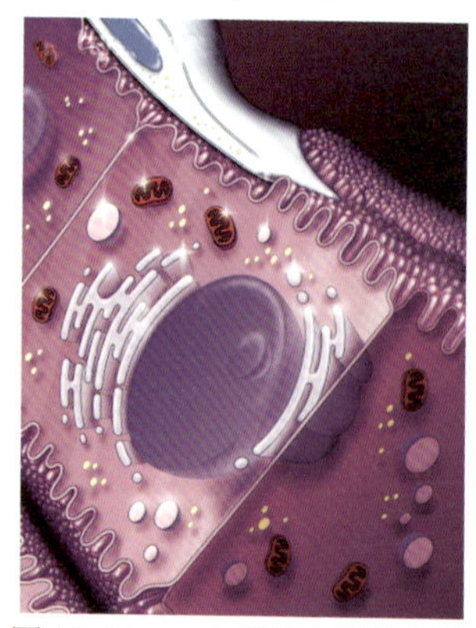

图 12-21　一个肝脏细胞的照片

第一点，学习清楚了肝脏的位置、大小、细胞以及肝脏具有什么功能。

比如，人体的肝脏重1.5公斤，由3000亿个肝细胞组成（肝脏细胞的照片如图12-21所示）。肝脏解毒和再生能力非常强，就算一次性被割除75%，剩下的部分不但完全可以完成生命活动所需的正常生理功能，而且会在短期内恢复成一个全新的肝脏。

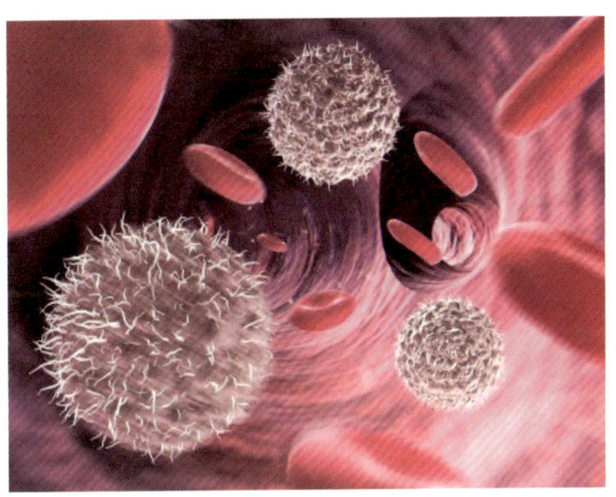
图 12-22 血液中的红细胞和免疫细胞——图中的白色细胞

第二点，学习清楚了免疫系统、免疫细胞（图12-22）、免疫递质、干扰素是如何起作用的，基因是如何制造出免疫递质的，什么可以激发免疫力，心灵是如何控制免疫能力的。

第三点，乙肝病毒长什么样，乙肝病毒的发病机理是什么，病毒是如何侵犯肝细胞的，免疫细胞是如何刺杀乙肝病毒的。

比如，对乙肝病毒的描述如下：

“乙肝病毒”又被称为“嗜肝病毒”，是因为这种病毒只能侵入到人的肝细胞中进行繁殖。一个“乙肝病毒颗粒”的直径只有42纳米（图12-23）。乙肝病毒分为外壳和核心两个部分，外壳厚7~8纳米，是由“脂质双层”和“蛋白质”组成的囊膜。脂质双层内含有S抗原、前S1和前S2抗原，它们在一起又构成了外壳上大、中、小三种蛋白形式，统称为乙肝表面抗原（HbsAg），也就是人

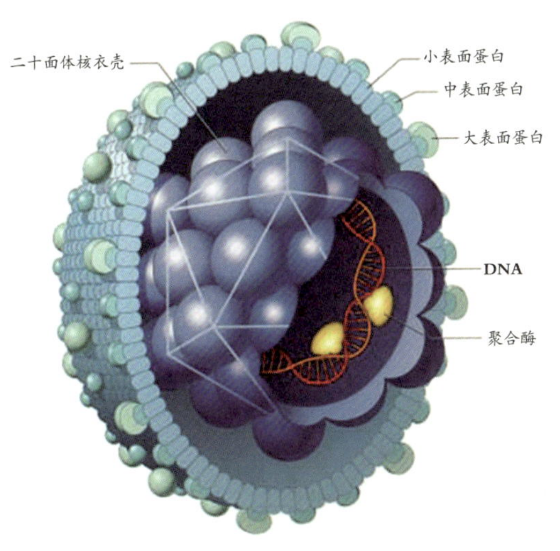

图12-23 乙肝病毒（HBV）结构

们俗称的澳抗（澳抗：一开始是从澳大利亚土著人血清中分离出来的，当时以为是当地民族特有的一个遗传标志，所以称之为“澳大利亚抗原”）。而到后来才知道就是乙肝病毒表面抗原，所谓“抗原”其实就是会引起机体抵抗反应的元素，而与之相对的，机体中可以识别并抵抗抗原的元素就是“抗体”。

乙肝病毒的核心颗粒直径为28纳米，呈二十面体立体对称。它的表面由乙肝病毒的核心抗原（HBcAg）组成。病毒颗粒的核心部位是环状且有缺口的“DNA双链”和依附在上面的“DNA聚合酶”。乙肝病毒属于小病毒，其基因组比已知最大的病毒“基因组”小几百倍，即乙肝病毒DNA仅由3200个碱基对组成（“天花病毒”由20万个碱基对组成）。表面抗原和核心抗原都是由这些DNA编码出来的。

乙肝病毒致病机理是怎样的？

乙肝病毒并不直接伤害肝细胞，人体肝细胞受到伤害是由我们自己的免疫系统在清除乙肝的过程中引起的。要想理解这种机制，就要先看当“乙肝病毒”侵入到肝细胞内时，是如何繁殖的。

在医学上，病毒的繁殖被称之为“复制”。病毒的复制需要两个重要因素：催化剂和模板。“催化剂”是乙肝病毒“DNA聚合酶”。乙肝病毒的“基因组（DNA）”是由两条螺旋的DNA链围成的一个“环形结构”，其中一条较长负链形成完整的环状，另一条较短的正链呈半环状。

在病毒感染肝细胞后，半环状短链的DNA会以较长负链为模板，在催化剂“DNA聚合酶”的作用下延长自己形成完整的环状。这时的乙肝病毒基因组就形成了一个完全环状的双股DNA——又叫做“共价闭合环状DNA（cccDNA）”。由此乙肝病毒原始“复杂模板”就形成了。模板形成后，病毒基因会以其中的一条模板，利用肝细胞基因中的酶和DNA聚合酶的催化作用，一段基因、一段基因地开始复制，形成病毒新的负链和正链。

最后就像“将汽车零件组装成汽车”一样，病毒DNA中包含的一些程序，会指导病毒自发组装成新的病毒颗粒。组装过程也会经常发生错误，这样组装后的“乙肝病毒”就形成了三种类型：组装正确的病毒称为“大球型”，拥有完整的病毒基因可以自行复制；组装错误的病毒被称为“小球型病毒颗粒”及“管型颗粒”（图12–24），这些病毒因为没有病毒基因，所以就不具有自行复制的能力（现在医学上通过检测一个人的乙肝病毒DNA是否呈阳性的方法，来确定一个人的血中是否具有“大颗粒”病毒，并确定其传染性的强弱及病情）。

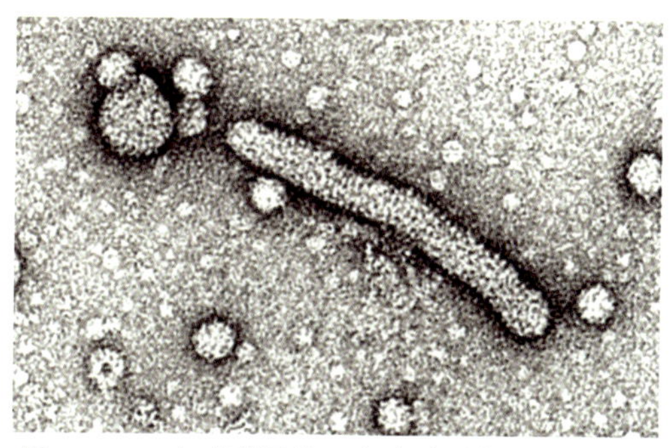

图 12–24　大球型颗粒、小球型颗粒和管型颗粒

“乙肝病毒基因”制造出的“抗原”会依附在肝细胞膜上，当人体B细胞在血液中发现“敌情”后即开始制造出能够“中和”敌人抗原的“抗体”。抗体与抗原结合形成“抗原抗体复合物”，然后具有强大杀伤作用的天然杀伤细胞（NK）、细胞毒性T细胞、巨噬细胞、杀手细胞（K）通过以识别肝细胞膜上的“抗原抗体复合物”为标记，对被感染的肝细胞做出“刺杀性”的攻击！为了能够彻底清除病毒，免疫细胞在攻击病毒的同时，会毫不犹豫地将肝细胞与病毒一并杀死。所以是我们自己的免疫细胞伤害了自己的肝细胞，但这种伤害是必需的，因为只有这样才能最终彻底清除病毒。

如果一个人的免疫功能正常，免疫系统就会在短期内彻底清除病毒。这就是我国有近一半的人口曾经感染过乙肝病毒，但大部分人体内没有乙肝病毒的原因。

如果一个人的免疫功能调节紊乱，那么免疫应答不会一次性清除病毒。病毒在免疫能力较弱的时候会大量繁殖，免疫能力较强的时候，肝细胞又会受到大面积损伤，由此就会导致一个人出现间歇性的肝细胞损害，成为慢性乙肝患者（所以凡是慢性乙肝者，都是免疫功能低下及免疫功能调节紊乱者）。

所以彻底治愈乙肝的关键是能够持续性增强自己的免疫能力，以致让自己的免疫能力能在一段时间内处于正常或者超强发挥的反应状态。一个人能够维持自己的免疫功能超强发挥在3个月以上，他就会彻底清除体内的乙肝病毒。

如果一个人的免疫功能发挥正常，他是永远不会患上癌症的，而且即便患上癌症，只要能够恢复自己的强大免疫力，就会彻底清除体内的癌细胞。如果一个人想通过免疫力治愈癌症，他就可以在脑中“想象免疫细胞刺杀癌细胞”的过程，这样就会激发自己的免疫系统了。

具体如何想象呢？

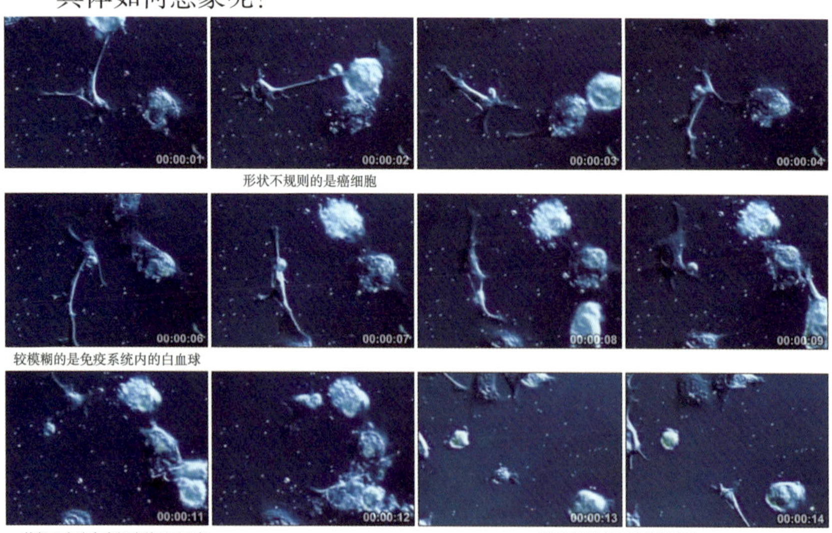

图 12-25　人体免疫细胞刺杀癌细胞的电子显微镜照片

图12-25是一组电子显微镜下的真实的人体免疫细胞刺杀癌细胞的过程。对于癌症患者，只要努力地多看几遍这部短片（或图片），然后努力去想象患癌症的器官内，免疫细胞正在强有力地刺杀癌细胞就行了。

进一步地说，你对某种疾病的病理过程了解得越清楚，你脑中所激发出的神经反射与能够激发免疫系统那部分的脑系统就连接得越直接、越紧密，靠想象和意念激发的免疫力的强度也就越大。

五、最终如何学会训练控制免疫力

通过以上论述，对于如何训练控制免疫力及任何生命机能的答案已经变得清晰和简单：

第一，大脑有直接激活免疫系统（免疫器官）分泌出免疫递质并激活免疫细胞和激活生产免疫细胞“工厂”的能力。

第二，我们只有将自己的“意念”与控制免疫系统的“那部分脑皮层”之间建立起神经联系，就可以通过我们的“意念”控制免疫系统。

第三，作为一个人类（包括任何的动物）的大脑，我们只有这两种建制神经程序的方式。这两种方式也是所有动物获取任何技能的训练方式，没有第三种方式（也许你会认为“思考”是第三种，其实思考是想象的过程，所以也属于操作条件反射的方式）。所以，**通过“心灵训练控制生命机能”的训练公式是：经典条件反射的“焊接”+操作条件反射的“主动控制”。**

具体到仅是训练控制免疫力方面操作的方法是，用一个刺激内容让两种建立神经联系的机制都对其产生作用：

第一，当你的免疫系统被“强力”激活时（如感冒），你用“想象免疫细胞刺杀病毒细菌”的想象内容作为经典条件反射中的“条件刺激”去训练自己。

第二，当你的免疫系统没有被“强力”激活时（如感冒），你用“想象免疫细胞刺杀病毒细菌”的想象作为操作条件反射中的“操作刺激”去训练自己。

所以“经典条件反射焊接 + 操作条件反射的主动控制”是综合起来的最佳训练控制生命机能的方式。

也许你会问，我每一天满脑子都是各种思念，为什么我们看不到“思念”引发的生命生理的改变呢？

答案是：虽然每一个思念都即时影响着体内细胞发生化学反应，可这就像是，“你用一根燃烧着的火柴快速在一块木板上移动，无论多长时间你也无法点燃这块木板”一样，因为我们的“思念”很难能够较长时间地“制心一处”，所以这种“心灵引发生理细胞变化”的影响只会在“微弱应答的变动当中”移动，由此日常生活中的“思念”引发出的生理变化，很难有一个能够达到可以用眼睛（或知觉）看得出变化程度的生命体征的改变。

在日常生活中有一个奇怪的现象：“正面积极”的心身反应不容易被人们看到（虽然不容易被看到，但是却时时刻刻影响着我们的健康身体），但是“负面消极”的心身反应却容易被人们感知到。比如，当因为一件“忧虑事情”让你彻夜难眠时，这种变化就会被你看到了：如面容憔悴，一夜愁白头，由于免疫力低下会让原在免疫系统控制下的病毒细菌开始大量繁殖而引发出牙齿肿痛、咽喉发炎等等病症。这种奇怪现象的原因是所谓“百年三万六千日，不在愁中即病中”所引起的。

为什么一个人很容易生活在“愁病”中？

只有“木头”才能“无欲”，所以修行修的不是“如木头一样”。“欲望”是人类的本能，也是快乐的源泉。所以欲望不是“罪”，而贪欲则是“罪”。人类“焦躁痛苦”的根源来自于贪欲，由于无尽的“贪欲”就会引发无尽的“焦虑痛苦”，由此身体才会处于“焦躁痛苦”引发出的“心身疾病当中”。**只有“发大菩提心”**

才能彻底消除焦躁痛苦。

一个人从生下来后就开始试图训练用“意念”去弹跳自己的腿（最后学会了走路和跑步），但是一个活到60岁的人却从来没有想过试图去通过一种方式训练激发自己的免疫系统以增强免疫力让自己变得更健康。所以，关键是“认识和观念的改变才会产生奇迹——**即一个人首先要认识到自己的免疫系统是可以通过意念来控制的，否则即便活到90岁他也不会去运用这种‘天生就有的本能能力’”。**

所以，奇迹，人人都可以创造，之所以有人没有去创造“奇迹”，是因为他“不愿意”去创造！

更清楚一点说：学习训练的关键在于“相信并努力训练下去”。虽然这点对于意志不太稳定的人来说比较难，但是毫无办法，只有如此，因为事实就是如此。

永远记住：“科学禅定”就如同各种“体育锻炼”一样，完全是一门在相关科学理论指导下的“技术”，是一个人人都可以学会、应用、并对心身健康有实际效用的方法，否则即是亵渎人类科学和佛学！

附　录

专访高月明：生命涅槃绽开科学禅定之花

精彩对话

○ “禅”是一种在身心安静状态下进行思考的过程。
○ “定”指的就是将“心”专注在一个地方的意思。
○ 如果没有定力，禅几乎没有实际意义。
○ 如果让我重新经历一遍生死磨难去修炼个什么禅定，我宁愿死去，因为那过程太痛苦！
○ 只有禅定才能获得“般若智慧”。
○ 你可以“很聪明”，但“开悟”则是另外一回事。
○ “对立与统一”是逻辑性的问题，而“心物一元”则是非逻辑性问题。它们之间有着本质区别。
○ 一切即是感知，感知即是一切！

专访对话录

文化中国： 您和“禅”的缘分很离奇，竟然和“生死”有关。以您的亲身经历，您能解读一下“禅”与“生死”的关系吗？

高月明： 准确地说，是“定”和“生死”有关。为什么呢？我们看一下什么是禅、什么又是定，你就会清楚了。

什么是禅？

禅只是梵文dhyana的发音，当古人把这个发音所表达的意思翻译成中文的时候，就被表达为“思维修”——对思维的修炼。更清楚地说，“禅”是一种在身心安静状态下进行思考的过程，所以有时人们也把这个发音表达的意思表达为“静虑”——静静地思虑。比如，我们经常在书中看到有人“禅悟”出了什么，他的意思是说：这个人在深入思索当中领悟出了什么道理。

什么又是定？

梵文samadhi的发音读作“三昧”。当把三昧的发音翻译成中文意思的时候，就被表达为“定”。那么“定”到底是个什么意思呢？简单说，“定”指的就是将“心”专注在一个地方的意思。一个人能够将“心”专注在一个地方的时间越长，就会随着时间的延迟而使得“定力”——即人的精神“专注能力”获得不断加深、加强（更深的定则不用专注而用“境界”来表达，因为那已不是用专注能表达得了的）。

关键的问题是这种“定力”有什么用？用一个比喻说明一下。

如果你一触即离地触摸打火机的火焰，就算摸上一千次，你的手指也不会被烧伤。而你只要持续地停留在火焰上三秒钟，只要一次，“质”的变化就出现了——你会被烧得很痛。如果是一小块猪肉的话，就会被烧焦。这就是“量变引发质变”的效应。

“定境”也是一样，当一个人能够获得体验到定境的能力，以及持续停留在定境中的时候，他就获得了非常强大的“心力”（想想一块肉在火苗上烧上十分钟会是什么样）。这种强大的心力就可以让人对一个问题获得最深入的思考（另外，在最深的禅定中已不是思考，而是体证和证悟）。所以禅表达的仅是思考的过程，或者仅意指对思考的“修炼”。而能够驱动这修炼的力量就是“定力”。如果没有定力，禅几乎没有实际意义，因为它仅是表示“思考”的意思。

“禅”是佛学中所特有的“表达思考”的意思，而要想对禅获得实际应用，必须依靠“定”来驱动“禅”——即驱动思考。比如修行佛法的总原则是“以戒为定基，因定而生慧”，而不是因“禅”而生“慧”。

在佛学中，禅与定是一体的。之所以叫它为“禅定”，只是音译（禅）与义译（定）的结合。另外，古今文化中之所以谈禅的人非常多，是因为能够深入学习领悟佛学的人绝大多数是古代高级知识分子，这也就导致了他们将佛学中“禅”的思想引申和运用到绘画、诗词、书法和其他方面的原因。比如元朝诗人元好问诗云：“诗为禅客添花锦，禅是诗家切玉刀。”

所谓“初宜专修，后可随宜”，因为一个人所有的生命机能全部在大脑控制之下，又因为如果一个人能够发挥本有的生命机能的话，那么他就可以治愈任何疾病。所以当你获得了“定力”，你既可以运用这种力量去做深入思考（禅修），也可以用这种力量去“控制生命机能治愈疾病”以挽救自己的生命。进一步准确地说，是定力驱动我的大脑控制了生命机能的超强发挥并治愈了疾病，而不是禅（深入思考）让我治愈了疾病。

文化中国：您把神秘的“禅定”与“科学”连在一起，是出于什么目的呢？是自悟的“轨迹”还是出于读者的需求？

高月明：讲一个故事说明一下。有一位富翁要选一位勇敢的女婿，许多优秀的小伙子都过来争夺，然后富翁将所有的人带到了一个有十几条鳄鱼游来游去的水池前说道：“谁敢跳下去游到对面，谁就是我的女婿。”过了许久，突然有一位小伙子跳了下去，而且很快就游到了对面。当富翁和记者们围过去要他谈谈是怎么游过来的时候，这位小伙子只说了一句话：“我就想知道，是谁他妈的把我推下去的？”

如果让我重新经历一遍生死磨难去修习个什么禅定，我宁愿死去，因为那过程太痛苦！所以我是被死神推到“鳄鱼池”中修习禅定的，并非出于“信仰”或“读者的需求”。当然，我在修行禅定之初开始“信仰”了，而且通过禅定验证了信仰的内容。

知识改变命运，教育成就未来。世界上最有价值的东西不是黄金，而是知识。而我实践出的“新理念”不是某一个人想去经历就会得到的。比如说，假如一个人为了修习禅定去故意经历我的生命磨难，那么在绝大多数情况下他会死去。因为那不是单纯坚定的努力就能解决问题的，还需要许多“机遇和机缘”。所以，在我逃脱死亡后，就“发愿”将我实践出的科学禅定新理念传授给需要它的人，以破除迷信、弘扬佛之正法和宣传科学健康的思想。

文化中国：以现有的科学“断见”，能够系统地解读“禅定”吗？

高月明：这只是你个人认为的现在的科学是“断见”的，然而却不是真实情况。真实的情况是，几代世界顶尖的物理和数学科学家们经许多年的研究争论，在1982年用实验打破了贝尔定理后（1995年，日内瓦核子物理研究所用光子再次证明了1982年的结果），现今的“新物理科学”已经不再是“断见”了。物质世界就如佛祖所说是“空”的，这个空不是什么都没有的空，而是“真空生妙有”超越逻辑辨别的“非逻辑性的空”。

对于通过心理学、脑科学、生命科学以及物理学是完全可以解读禅定的，这一点请详细阅读我的文章，它会给你一个清楚的答案。

文化中国：“禅定”的最终目标是什么？是超越“生死”，还是“开悟”？亦或是“解脱”、“成佛”？

高月明：佛学的最终目的是为了“断惑”以解脱生死。而“惑”必须由“般若智慧”才能砍断。如何才能得到般若智慧呢？只有禅定才能获得般若智慧。要想修定又必须以持戒为根基。所以佛祖将佛法的全部修行内容归结为三个字：“戒、定、慧”，即“以戒为定基，因定而生慧”。所以，佛学禅定的目的是通过禅定获得“断惑的般若智慧”进而解脱生死。

文化中国：如果无意“解脱成佛”，只把“健康”作为学禅定的动机可以入门吗？

高月明：如果无意“解脱生死”，只把健康作为学禅定的动机是完全可以入门的。因为禅定从另一个方面来说就是一种技能，而技能是人人都可以通过练习获得的。

文化中国：在您的文章里，对聪明和禅定关系的解读很精彩，《佛说三世因果经》中有“今生聪明为何因，前世诵经念佛人”，您觉得通过诵经念佛得到的聪明智慧和通过禅定获得的智慧有“异曲同工”之妙吗？

高月明：没有异曲同工之妙。“今生聪明为何因，前世诵经念佛人”这是福德报。这种通过果报而得到的聪明是“世俗智慧”。通过禅定获得的智慧是“般若智慧”。什么是般若智慧呢？为了明确般若智慧，我们先看一下什么是世俗智慧。

简单地说，“聪明”就是对事物之间规律性联系的明晰。而通过对事物之间规律性联系进行的计算，即对未来可能发生的事情和必然发生的事情作出的预测就是“世俗智慧”。这种智慧也被表达为“远见”。我们从“自古倒背《孙子兵法》者多如牛毛，能真正成为流芳千古将领的人却凤毛麟角”这一点，就足以看出真正具有“远见”是多么不容易了。

比“远见”更高级的世俗智慧则是道德。

什么又是般若智慧？

古代巴利文Paññā的发音读作“般若”，当把这个发音所表达的在禅定中获得解脱生死的“东西”翻译成中文的时候，就无以名之，姑以名之为“智慧”了。因为被翻译为了智慧，这也让许多人在理解般若智慧时，总是从世俗智慧的概念上去理解，这种理解就犹如缘木而求鱼——最终肯定是白费力气！所以为了跟世俗智慧相区别，一般人们用音译而不用意译来表达这个“东西”。当你证悟到宇宙生命的终极实相，你就获得了这个“东西”，你就“开悟”了！

你可以非常有文采，逻辑性极强，知识也可以非常渊博，有高度超人的智商，头脑反应极为敏锐，但“开悟”则是另外一回事。

文化中国：学“禅定”需要什么条件？“禅定”是否难学？是否人人可学，以至于普及？

高月明：在心身健康上，禅定就是一种经过几千年许多古德验证为有效的可以获得超强心力的，最佳心身健康训练法。只要你能抱着科学正确的态度认识到，禅定是可以通过艰苦训练获取“心灵力量”的一项技能运动（即脑运动），那么只要你想学，就像学骑自行车一样，人人都可以学，而且人人都可以学会，也当然可以普及到大众中。

文化中国：作为老师，您认为当代学“禅定”的人容易走入的误区有哪些？

高月明：自古以来真正去修禅定的人是较少的，因为“相对来说”，学佛的最高境界和核心法门就是“入定”。“比较来说”，这个最高境界也是最难修的，因为它很少谈佛议理，只讲实际修定。比如，古代许多庙里专修禅定的和尚，绝大多数人修了一辈子也没有尝到“定中滋味”，只是在道理上明白而已。为什么禅定这么难修？很大原因是古人对禅定包装得太厚重了，下面用一个笑话说明一下。

有父子二人在街上买了一个包子，回到家里，两个人就开始吃这个包子。结果吃了三个月后，咬到了一块石碑，只见碑文上写道：“此处离馅还有28里。”

就是说，自古以来一代又一代的“别有用心者”，以及未悟的古代大德们，对佛学禅定一层又一层涂抹的“迷幻色彩”太浓重了，以致越涂越厚重，让本来可以一口咬到馅的包子皮厚得“不得了”，最终能够得到真传直入定境者也就“了不得”了！

所以人们修习禅定最容易走入的误区是，许多人认为通过某大师的灌顶、加持、专心念咒和一些复杂仪式就可以逐步入定（还有许多误区，由于篇幅所限，故请参阅本人博客文章），实际上要想修入禅定必须要有正确的认知和脚踏实地去努力才能获得。例如当你把禅定视为一种通过艰苦训练就能获得的“心灵力量”的脑运动时，“包子皮”就缩小了“一万”倍了。当你把通过禅定获得健康的途径理解和运用为通过“心”在定境中的力量驱动大脑控制生命系统超强发挥的功用时，你就切实拿到了用禅定获得健康的钥匙。

文化中国：“科学禅定”解决了哪些传统“禅定”不容易解决的问题？“科学禅定”有什么奇特之处？

高月明：科学禅定从整体上彻底涤除了古人涂抹在禅定上的神秘迷幻色彩，通过科学解析佛经里的修定指导内容，科学渐次地修习禅定，以最简单、清楚、直接的方式去修入禅定。

只有当科学进展让人们知道了木炭、铅笔芯和钻石都是同一种碳原子时，才有了人工钻石的出现。同样，当你从心理学、脑科学和物理学去思考、训练、运用禅定，逐步领悟到一个“临界点”时，突然就打开了另一个“空间”，发现禅定有一个速成方法，其健康功用又是神奇和不可思议的。

文化中国：为什么佛法有“以戒为师”，而你却为什么说“发了清净心不必去持戒”？

高月明：如果你是一个想改邪归正的小偷，就要时时警戒自己不要再去偷东西，这时就需要“以戒为师”地去发清净心，发这个清净心的目的就是为修禅定打基础。如果你是警察，就不必去时时警戒自己了。因为真发了“清净心”和“大慈大悲心”，戒的内容是自然而然发生的事情，当然不必拘泥于形式。

文化中国：您用现代科学理论解读了“实相”是什么，即“心物一元论”很有新意，我也是第一次“闻听”。请问“一元”是否可以理解为辩证法中的“对立与统一”呢？

高月明：“对立与统一”揭示了自然界及人类社会中事物的运

动、变化、发展的根本原因在于事物内部的矛盾性，此矛盾性推动着事物的发展。所以简单地说，对立与统一是世俗智慧，也是逻辑性的问题。

而“心物一元”是佛祖所讲的“空”。这个空不是什么都没有的逻辑性的空，而是“离心无境，离境无心，境由心生，心生种种法生，心灭种种法灭”的“空”；也是“空即是色，色即是空”超越一切逻辑辨别的“非逻辑性的空”。这个空既是佛性，也是本心。所以“对立与统一”是逻辑性的问题，“心物一元”是非逻辑性的问题，它们之间有本质区别。

文化中国：除了“道可道，非常道”，以及“譬如饮水，冷暖自知”等前人“成语”，您最想用哪句话在理论上说“道”释“禅”？您会如何描绘“空”与“悟”的感受？

高月明：“生命宇宙的实相”是“一切即是感知，感知即是一切”。就如同你无法将自己所品尝到的辣椒的“火燎燎”辣味的感受真实地传递给另一个人一样（比如，你会说“辣”是火燎燎的感觉，而听到的人也只能是想到“火”的灼热，绝不会感受到你舌头上的“辣味”），对“实相（空）”的“悟”也是不能被描述的——在佛经中表达为“以指指月，指非是月”，描述的只能是实相带给人们的结果（性空缘起），以及通向证悟到实相的途径（禅定）。